律师
职业的精神

章敬平 等
著

中信出版集团｜北京

图书在版编目（CIP）数据

律师职业的精神 / 章敬平等著 . -- 北京：中信出版社，2022.5
ISBN 978-7-5217-3638-0

Ⅰ.①律… Ⅱ.①章… Ⅲ.①律师—职业道德—研究—中国 Ⅳ.① D926.5

中国版本图书馆 CIP 数据核字（2021）第 198222 号

律师职业的精神
著者：　章敬平　等
出版发行：中信出版集团股份有限公司
（北京市朝阳区惠新东街甲 4 号富盛大厦 2 座　邮编　100029）
承印者：北京诚信伟业印刷有限公司

开本：787mm×1092mm 1/16　　印张：23.5　　字数：274 千字
版次：2022 年 5 月第 1 版　　印次：2022 年 5 月第 1 次印刷
书号：ISBN 978-7-5217-3638-0
定价：69.00 元

版权所有·侵权必究
如有印刷、装订问题，本公司负责调换。
服务热线：400-600-8099
投稿邮箱：author@citicpub.com

目 录

致读者	您好，陌生人	III
序	律师职业的精神	IX
前 言	金杜为什么是金杜？	XIII

第一章	没有随意，只有自律	001
第二章	没有节操会毁掉职业生命	037
第三章	边界与分寸	065
第四章	所运与国运不可分离	085
第五章	专业的价值	119
第六章	没有本土化就没有国际化	155
第七章	做律师需要有企业家思维	179

第八章	中国律师的历史机遇	199
第九章	时间是挤出来的	223
第十章	律师的修养离不开艺术之美	241
第十一章	不单打独斗	261
第十二章	放下自我	289
第十三章	女律师需比男律师更努力	317

后 记	不妨当作历史书来读	337
补 记	虽不能至,心向往之	341
致 谢		345

致读者
您好，陌生人

您现在看到的这本书，是我为陌生的您特意重写的。

本书原名《金杜内话》。顾名思义，就是金杜律师事务所内部的话，是内部人说给内部人听、写给内部人看的。起初，我们没有公之于世的打算，只在内部印刷了一两千册，发给金杜全体员工看。但没想到，墙内开花墙外香，向我们借阅的同行越来越多，我们就觉得索性公开出版吧。

既然要公开出版，就会给陌生人看，就要有公共价值，那么这本书的公共价值在哪里呢？这本书又是给谁看的呢？在我的想象中，陌生的您可能是资本市场生态圈中的企业家、审计师、评估师、金融专业人士，也可能是法学院学生、律师、法官、检察官、公证员、教授。在我的想象中，陌生的您还有可能是一个没有上过法律专业课程，工作内容跟法律没有关联的读者，比如本书的策划编辑韩老师——她非常天真地希望像她这样的陌生人也能喜欢这本书。

如果陌生的您是一位企业家，翻完这本书，您可能会发现，您多年多次聘请过多位律师，而您对他们和他们所在的行业并不了解。您不知道您的律师在跟您谈合同的时候是怎么想的，在为您提供法律分析意见的时候又是怎么想的。您有没有想过，为什么律师提供的意见有时候会让您觉得左右为难。我不知道您是否因为律师不肯为您的某一个决策提供非此即彼的意见而恼火过，如果是，那您就更应该看看这本书。在这本书里，我们的资深合伙人会告诉您，律师的工作在于分析，而做决策是您的任务；他们的价值在于降低您的决策风险，而非鼓励您冒险一搏。

如果陌生的您跟我们一样，是资本市场乙方生态圈的成员，本书可能会让您发出心有戚戚焉的感慨。我想，无论是审计师、评估师，还是券商投行人士，您可能跟我们的年轻律师一样无数次苦恼过"乙方问题"，对乙方地位耿耿于怀。在这本书中，我们的资深合伙人、金杜全球首席运营官、从华尔街一路打拼成欧美一流律所管理合伙人的李孝如律师，直言所谓的乙方问题是一个伪问题。本书中，还有两位女合伙人说自己原则上不跟客户吃饭，也不与客户交朋友。听上去，他们简直就是"乙方问题"中的两股清流，颇似反其道而行之的独行侠。

如果陌生的您是一位法官、检察官，或者是一位警察、公证员，也请您有兴趣的时候稍加翻阅。作为法律从业者，我们同为法律职业共同体的成员，虽然我们的工作职责、工作范围、工作方式不同，但我们的使命相差无几——我们都是法治的信徒，我们在法律职业精神层面应该是息息相通的。本书中，我们的资深合伙人钱尧志律师距离吉林省高级人民法院副院长的位置曾只有一步之遥，他30多岁时受邀加盟金杜，牵头筹建争议解决部门，他的"下海"经历在他的人生中堪称起伏不平、波澜壮阔，这也可能是让您为之心动的片段。

如果陌生的您是一位法学院教授，那我希望得到您的指正。作为冷静的思想者和批判者，您从十几位对话者的讲述片段中看到的，一定不是金杜从 0 到 1、从 1 到 N 的创业史，而是中国律师行业 40 多年的发展史。金杜的探索不专属于金杜。金杜的历史是中国律师行业发展史的一个章节。金杜国际化的探索本质上是一家中国律所试图与国际一流律所一争高下的雷鸣。放之四海，金杜在国际化路上的阳光和风雨，是中国律师行业国际化征程的笑与泪。如果您从书稿中梳理出过去 40 多年国办所（即国资律师事务所）、涉外律师事务所、合伙制律师事务所、国际化律所的中国律师之路，您就可以让学生理解中国律师行业的崛起与国运和全球化的关系。

如果陌生的您是一位律界同人，我特别希望您能看到我们的坦诚。本书不是"金杜传"，而是自己人说与自己人听的"内话"，书中解释了金杜为什么是金杜，不是为了炫耀，而是希望我们的"内话"不但对后来者有所启发，也希望在它出版之后具有供同人品鉴的公共价值。这就是我们没有另起炉灶、粉饰讳言、大修大改的原因所在。金杜为什么开办艺术中心？金杜为什么要把办公室装修出互联网公司的风格？金杜在国际化征程中有哪些教训？我们是怎么跟内部人解释的，就怎么告诉广大同人。此外，对于前几年同人跟金杜探讨最多的所谓的"金杜模式"，我们也一并和盘托出。这个想法最初是怎么来的，对金杜的发展有什么意义，在真实世界有什么样的弊端……我们都在资深合伙人对话中如实体现。我们诚挚地希望，"内销转出口"的"金杜内话"，不是十几个金杜合伙人对一两千个金杜青年律师、青年合伙人的絮叨。如果您读到最后一页，发现我们的探索与教训对您所在的律所具有少走弯路的镜鉴意义，那我们将本书公之于众的目的就实现了。

如果陌生的您不仅是一位律界同人，还是新手律师或合伙人，那么，本书对您或许不无裨益。这本书稿的出发点就是写给新律师、新合伙人看的，这是一群资深合伙人——有的已经年过八旬——跟青年律师、青年合伙人的围炉闲话。它有点儿像柏拉图和学生关于"理想国"的对话，看起来是一个人和一群人在聊天，但是没有哪句话是信口开河的。书中的每一个问题几乎都是从新手的角度提的，我们希望新人能从前辈那里管窥律师或合伙人成长的方法论和价值观。虽然金杜和中国很多律所不一样，很多问题都有浓郁的金杜特色，但是就职业成长而言，无论是方法论还是价值观，并没有金杜与非金杜的本质差别。请问，到律所报到的第一天，您有没有想过，有一个尚未出生的人几十年之后会像中华全国律师协会会长王俊峰一样，会把您苦心经营多年的律所合并，而他会成为您职业生涯中一等一的合作对象？您不要以为我在讲笑话，因为曾任香港联合交易所主席、香港特别行政区行政会议非官守议员召集人，如今金杜香港办公室的合伙人夏佳理律师，就在这本书稿中对我说，他刚刚做律师的时候，金杜的创始合伙人王俊峰还没有出生，而他们第一次见面谈的就是这样里程碑式的合作。所以，如果您有穿越时光、洞察未来的雄心与想象力，本书中的很多细节都会给您心潮澎湃的代入感。与那些只讲共性和规律性的书不同，好几位资深合伙人对同一个问题的回答有时候是相反的，那些答案闪耀着个性的魅力。如果您追求卓尔不群，那您可能会感慨自己遇见了灯塔。

如果陌生的您是一名法科生，我会觉得为难，不知道怎么说才好。鉴于本书十几位对话者的业界地位，法学院的教授可能会建议您将本书当作参考书读一读。读完本书，有的人可能豪情满怀，有的人可能望而却步。前者会为本书中处处闪耀的律师职业的精神所感染，涌起"大丈夫当如是也""彼可取而代之"的霸王气概；后者可能会觉得我既不属于"清北系"，又不属于金杜缘深的"吉大系""贸大系"，这样的职业理想情怀高不可攀。即便属于三大系，但身为女性，在男性比例较高的律师行业该怎么办？我想，本书对法学院女生来说，可能是一本指南级的参考书，它会清楚地告诉您，忙是律师职业最鲜明的特征，对女性很不友好。但是，本书中的北京大学学霸级女律师宁宣凤说，她没觉得做女律师有多难，生活和工作可以平衡；澳大利亚女律师、金杜全球管理合伙人阚思思（Sue Kench）觉得女律师虽然难做，但是可以做，可以做好，可以实现人生价值，还可以让家庭升华。

最后，如果陌生的您果真是一位没读过法律专业课程、从未与律师打交道的人，那我要恭喜本书的策划编辑韩老师，恭喜她的直觉得到了验证。她曾执着地认为，像您这样的读者会因为对律师职业的好奇心而喜欢本书，也会因为本书十几位资深合伙人的多人多面，修正了您关于律师职业的刻板印象而喜欢本书。假如您是热衷于为子女规划职业的父母，读完本书，您可能还会少一分"我家孩子吃不了律师这碗饭"的偏执，多一分"英雄不问出处"的惊喜。

序
律师职业的精神

十几年前，金杜创始合伙人王俊峰律师在哈佛大学访学。某个下午，他在法学院图书馆某个不起眼的角落偶然看到一本陈旧的书，作者是一位已故的美国法官。放眼美国历史上群星灿烂的大法官群体，这位法官谈不上耀眼。但王俊峰律师翻了几页，越看越激动，最后把它翻译成中文，之后由北京大学出版社出版了。

这本书叫《法律职业的精神》，金杜前台的书架上就有，金杜的很多年轻律师应该都翻阅过。我不知道有多少人会由此联想到：律师职业的精神是什么？律师作为法律职业共同体成员，应当具有什么样的职业精神？

如果你觉得这样的联想牵强附会、大而不当，那么请你想一想，王俊峰律师初读《法律职业的精神》十几年后，为什么香港赫赫有名的吴正和律师愿意花那么久的时间去说服香港律师界"教父级"的人物，本书中与我诚恳对话的夏佳理律师为什么心甘情愿地丢掉以他本人名字命名的律所品牌，改旗易帜为金杜香港办公室？

我不敢十分肯定地说他们的选择没有一丁点儿商业因素，然而，我也许可以肯定地说，抛开律师职业的精神，仅仅用商业因素解释他们的改旗易帜是对他们一生成就的蔑视，是对他们国际声誉的冒犯。我们的对话是在内部人与内部人之间进行的，没有谈这些宏大的问题与他们个人决策之间的关系，但他们都明确地表示，打造一个与西方大律所平起平坐的中国律所，建设一个总部位于中国的国际化律所，对他们有着极大的吸引力。

你可以把这叫作理想，也可以把这称为精神。

每一代人的精神建设都有自己的命题与条件。在2020年新冠肺炎疫情防控期间，每一次对话资深合伙人，我都不由自主地想，金杜创始团队的时代命题与现在年轻一代的时代命题有没有质的不同？资深合伙人所面临的条件与新合伙人有没有根本性的差别？资深合伙人能不能以他们的理想标准要求现在的青年律师？在如今这个时代，在互联网浪潮席卷全球、企业家精神照耀大地、一夜暴富的神话四处开花的背景下，跟青年律师讨论律师职业的精神是否不合时宜？

为此，我跟约一半的资深合伙人对话的时候，都问过同一个问题：做律师如此辛苦，做企业家如此富有，如果可以重新选择，你愿意做企业家还是律师？

有的资深合伙人没有掌握问题的背景，只是谦虚地说，他有自知之明，做不了企业家，言下之意是"非不为也，实不能也"。而夏佳理律师则笑着说，重新选择的话，他还是乐意做律师，因为喜欢这个职业。

2020年6月9日晚，我在北京跟王俊峰律师聊起这个问题。他觉得我这个问题本身不对，暗含着律师不如企业家的价值判断。他的意思是，律师与企业家赚多少钱确有区别，但社会价值并无高下，只是价值的体现不同罢了。就职业精神而言，企业家有企业家的职业精神，律师有律师的职业精神，两者也无高下。

王俊峰去美国西海岸的加州大学伯克利分校法学院读完博士后，又去了哈佛大学访学，之后担任了十年中华全国律师协会会长。结合自己读书求学、辞职下海、创办金杜、参政议政的个人经历，他感慨万千地说，做律师不能不谈钱，谈钱没什么不对，可是，谈着谈着，脑子里就只剩下钱了，谁再说律师职业的"精神"就会笑话谁迂腐，这就不对了，这就是忘记初心了。

他说，20世纪90年代初，他30岁时，离开机关，放弃当处长的机会，下海创办金杜的时候，做律师不像今天这么赚钱。那时候，他心里老憋着一股劲儿，就是想跟国际律所平起平坐。他心里老想，做法律服务没那么多高科技的东西，凭什么我们不行？

我们对谈的那天晚上，王俊峰刚刚参加完全国人大常委会法制工作委员会（以下简称"法工委"）的会议，有点儿疲惫。说到这里，他的疲惫一扫而空，有点儿激动。由此，他从金杜这个集体与国家、社会、行业的关系，谈到了律师职业精神的践行。

那天晚上，我们聊了很久。他说："过去说心怀理想、不忘初心、感恩时代、感恩历史，有人以为这就是合乎时宜的漂亮话。其实不然。金杜能有今天，固然与大家点灯熬油的努力分不开，可是，没有改革开放，没有邓小平南方谈话，没有律师行业改革，没有法治国家建设，没有全面推进依法治国的总目标，金杜怎么可能在20多年内走过西方大律所历经百年才能走完的路？我们不能把成功完全归结为我们自身的勤奋、聪明、运气。"

在他看来，金杜的年轻律师应该把金杜的未来与中国律师行业的未来结合，与法治国家、法治政府、法治社会的历史进程联结，而不是心心念念地赚点儿小钱。如果你惦记着回馈历史、回馈时代，你就会自觉扛起我们对律师行业的历史责任，你就会觉得我们念兹在兹的律师职业的精神，不是虚无缥缈的书中的话。

他所说的"我们"，指的是金杜人。

这番话，是他作为金杜创始合伙人说给金杜人听的，但是，你将其当作中华全国律师协会会长说给全国律师同人听的，又何尝不可呢？

前言
金杜为什么是金杜？

金杜为什么是金杜？

金杜为什么能在 20 多年里走完欧美大律所历经百年才能走完的路？

外界一直好奇，想知道"金杜模式"究竟是什么，它与金杜创立 20 多年就成为国际知名律所有无因果关系？

对每一个刚刚加入金杜的实习生、律师助理来说，对每一个从外所引进的新律师、新合伙人来说，"客户至上""团队合作""追求卓越""精诚奉献""协同共享"……在很多组织里都能看到的场面话，为什么会成为金杜的核心价值观？

置身金杜，我们每一个人在每一个具体的法律场景里，如何让客户通过我们的身体力行、言谈举止，感受到金杜文化价值观的内涵，体会到金杜念兹在兹的律师职业的精神？

诸如此类，不仅对"新金杜人"是个问题，即便是"老金杜人"也不见得知之甚详。所以，创始合伙人王俊峰律师希望资深合伙人现身说法，由个人历史触达金杜历史，让今天的年轻律师、年轻合伙人，跟随前辈认识金杜的历史与今天，由此观望未来，理解并传承金杜文化价值观，能从践行律师职业精神的大视野省察日常工作的烦琐与疲惫。

这就是本书的缘起。

除我之外，参与对话的13位资深合伙人都在中国律师界奠定了自己的职业声誉，有的在亚太律师界乃至国际律师界也可谓声名显赫。他们都在金杜历史上留下了自己的足迹，潜移默化地说明为什么金杜因国际化而生、为国际化而生。

考虑到未来20年、50年乃至100年，那些希望独立研究金杜历史的人和以金杜为视角研究中国律师行业发展史的人，能够看到一手的可信赖的资料，我们按照口述史的一般原则与方法，为资深合伙人录制了音频、视频，以便未来的法律作家能够从他们不同的方言当中感受他们的念想、梦想与理想。

以对话而非述评的方式呈现本书，是因为我希望本书作为内部印刷品的最初的目标读者，即金杜的年轻同事，可以看到资深合伙人近乎原汁原味的话，有一个与前辈在纸上对话的机会。总的来说，这本以对话形式呈现的书着重于分享，而非宣教，是资深合伙人与年轻律师之间的对话，而非前者对后者的灌输。

本书中，抛给资深合伙人的多数问题都不是从我作为提问者个人的好奇心出发的，而是从年轻律师的角度替广大读者发问的，特别是那些向多位资深合伙人提出的相同的问题。比如，如何看待律师工作的辛苦？如何平衡工作与生活？

我很希望读者能通过本书感知以下五个方面。

[一] 理想主义与现实主义

经历过金杜成立十周年庆典的合伙人，可能还记得这么一句话：希望为理想而来者将获得金钱；为金钱而入者从金杜收获理想。

前几天一位合伙人跟我聊到这句话时很激动，满脸理想主义。不知从什么时候开始，也不晓得究竟是什么原因，理想主义成了一个你一开口别人就笑，说你迂腐的词语。然而在金杜创始合伙人身上，在受访的资深合伙人的话语中，你能强烈地感受到理想主义对你的冲击，只不过每个人的理想主义面向的事物都不一样。

我们看这 13 个对话者，他们身上都有一个非常鲜明的特点：既有现实主义的一面，也有理想主义的一面。无非是有的人理想主义的色彩更浓郁一些，有的人现实主义的色彩更强烈一些。一个没有理想的人肯定走不远，一支没有理想的队伍更不可能走得远。金杜创所 20 多年，能够走到今天这一步，与创始合伙人团队起步时的理想主义特征有着鲜明的关系。

今天，可能很少有刚刚入所的年轻律师知道，本书对话者钱尧志律师是应王俊峰律师的邀请，放弃了省高院副院长的拟任机会加盟金杜的。你可以在钱律师的谈录中体会到他二十多年前的理想主义。我特别想问俊峰律师，邀请一位三十七八岁的拟任副院长，底气何来？凭什么相信他会来？

没有理想主义对理想主义的激荡，你难以想象仅仅靠一沓钱就能搓出一根撬动地球的杠杆。

金杜香港办公室的吴正和律师在本书对话中跟我表示，他特别想参与建设一家外国人瞧得起的中国律所。我很惊讶，这位年过七十的老先生从未在内地接受过爱国主义教育，哪儿来的这样的理想？

有意思的是，本书的对话者之一夏佳理律师作为一个中印混血的境外人士，居然也因为理想主义放弃了他与吴正和律师以个人名字命名的律所，与金杜合并。

这里的理想主义就是打造一家在国际上有一席之地的由中国人创立、总部在亚洲的国际化律师事务所。

如果没有理想主义，刘延岭律师可能就不会离开原国家工商行政管理总局（以下简称"原国家工商总局"），王玲律师可能就不会离开贸促会（即中国国际贸易促进委员会），王俊峰律师也不会创办金杜。他们30来岁的时候放弃国家机关处长的位置，在今天仍然算得上非凡之举。我问过俊峰律师：你是从东北偏远地区来的，一无所有，到了北京，当处长了，也经常出国，已经进入首都的机关圈，为什么还要辞职？不担心风险吗？他说：当然担心，一辞职，就意味着没有了"组织"。从大学生到国家干部，都是有组织的，可以骄傲。一出来创业，就没有领导批评指导了，不安全感、恐惧感就都出现了。可他还是选择辞职，从表面上看，是因为他联名上书要求调离不进行改革的处长，被上级领导批评了，实际上是不甘平庸，想做大事。他梦想着创办一家能与国际律所平起平坐的律师事务所。他跟我说，那时他才30岁，也不知道这根精神支柱是什么时候在心里立下的，可能这就是理想主义吧。

王俊峰律师说，他们当年离开国家机关，跑到宾馆租办公室，办律师事务所，远不像今天这么赚钱。跟大家一样，他们也有柴米油盐的算计，但真不是为了钱才做律师的。

俊峰说，他希望年轻人用理想主义建设自己的诗与远方，理解前辈的核心价值观，践行法律职业精神，把金杜的未来与律师职业的未来，与法治国家、法治社会的历史进程联结，而不是简单地赚小钱。

一位合伙人同事非常希望我能把资深合伙人理想主义的光折射到年轻律师的脸上，使他们能够从理想主义的角度，理解金杜核心价值观中的"追求卓越"，理解金杜为什么能够成为今天的金杜。

虽然说我们今天面临的情境和二十多年前创始合伙人所面临的情境完全不一样，今天的年轻人感受到的生活压力要比当年的人大得多，但不管怎么样，我们还是希望每一个渴望进入金杜，也如愿进入金杜的人，有理想主义的色彩。

在理想主义之外，我们也能够非常清晰地感知现实主义的一面。理想主义与现实主义在宁宣凤律师的世界中没有先后，是同时存在的。宁宣凤律师几次转换业务频道，她说自己每一次都会认真地评估即将调换的新频道对事务所是不是有商业价值，如果没有，她就会果断放弃。时隔多日，我仍能清楚地记得她这一句话，还能够清楚地记得她当时的表情。

在与我对话的13位资深合伙人中，宁宣凤律师可能是理想主义色彩最浓厚的一位，这是一位看《红楼梦》能眼泪哗哗流，看《金瓶梅》能流连忘返的人，却在每一步的选择中都会考虑现实主义问题。

[二] 甲方与乙方

究其性质，本书既非资深合伙人个人传记，又非金杜传。我们最主要的目的是请资深合伙人给青年律师职业成长建议，包括怎么做合伙人，怎么带团队，怎么理解金杜。着眼于此，你会在书中看到每个对话者都会回答一堆共性问题，比如怎么看待律师职业的乙方地位。

在日常工作中，年轻律师对于我们的乙方地位经常会耿耿于怀，有的甚至因此选择离开律师职业，宁愿去甲方做法务。

究竟怎么看待这样一种现象？这是连合伙人都没有办法回避的问题。在对话中，我们会遇到各种各样个性化的回答，但中心思想其实是一致的。没有几位有成就的合伙人会觉得所谓的乙方地位是一个困扰大家的问题，他们每个人都解决了这个问题。不是说你要壮着胆子给自己加油，告诉自己乙方不比甲方低微，而是你只要认真学习，努力做业务，成为一个术业有专攻的顶尖专家，有能力把金杜"客户至上"的文化价值观落到实处，就会拥有与甲方平等讨论问题的地位。

当前中国破产业务领域最有影响力的律师刘延岭对这个问题的回答可能更极致化，他曾说：作为一个律师，每天和部长、省长、市长讨论工作，向他们汇报方案，为他们提供建议，为什么会觉得自己没有面子呢？

王俊峰律师说，刘延岭做破产案件，三天两头跟高官打交道，其经历貌似不可复制，其实不然——创造价值的律师不管在哪家律所都是备受尊重的。就全社会而言，律师作为乙方偶尔会遇到的不愉快，的确有我们目前所面临的职业环境现实的一面，但是关键在于你自己。

在家族背景令人称奇的李孝如律师看来，所谓甲方和乙方是一个伪命题，他说他做律师以来，根本就没有想过甲方、乙方的概念，每天只知道小心地把活干好。更令我们吃惊的是，他用哲学的眼光看这个问题，认为一个人在无数环境中都是乙方。

徐萍律师对客户关系的看法似乎与当下流行的看法相左。她说，一个优秀的律师全心全意把客户的事情做好，不用去特意维护客户关系，客户也会牢牢地跟他走。客户选择律师，是因为律师的专业能力、敬业精神或者细致的工作，而不是因为他能维护客户关系，或者常常请客户吃饭。

诸多资深合伙人在本书中委婉地建议年轻律师，没有必要为乙方问题而纠结，不要把敏感和自尊变成自己对于职业选择的误会。

宁宣凤律师对所谓的乙方问题也不以为然。她没有宣教式地谈论金杜"客户至上"的价值观，在她看来，这是一种礼貌、一种尊重。就像你去饭店吃饭一样，你愿意饭店的服务员对你爱答不理吗？你总是希望别人对你是笑脸相迎的，这是非常正常的心态。

[三] 铁律与风格

阅读这本对话录时，你可能会产生困惑，为什么同一个问题的答案完全不一样？谁对、谁错？比如，要不要跟客户交朋友？要不要跟客户吃饭？

宁宣凤律师的回答是她原则上不与客户交朋友；徐萍律师的回答是她一年下来也难得和客户吃一次饭。但是，在两位男性资深合伙人王立新律师和刘延岭律师的观念里，做律师就是要和客户交朋友，而且从合伙人到律师助理，不同层级的人要和不同层级的客户分别交朋友。

过去，我觉得王建平律师毕业于北京大学，学成于哈佛大学，又在美国做律师多年，是不是对维护关系和交朋友这样的事比较抵触。在海口，我们聊到这个问题的时候，他不但认为律师要和客户交朋友，还把律师能够撬动多少社会资源、有多少朋友似的客户当作一个律师是不是大律师的标志性特征。

如果大家平时和王建平律师、刘延岭律师、王立新律师有过交往，你不会因为他们鼓励大家和客户交朋友，就觉得他们是卑微的曲意逢迎的人。你也不会觉得宁宣凤律师和徐萍律师是那种孤傲的、唯我独尊的人。他们在生活当中都比较好相处，两位女律师对待客户有不同方式，可能是因为她们对客户关系的理解不同，也可能是因为她们在工作中的方法论不同。

每一个有志于学习前辈且受甲方乙方问题困扰的人都可以多看几遍他们对这个问题的理解，甚至可以主动联系他们或登门请教。无论你是一个坚持不与客户做私人朋友的律师，还是喜欢把客户变成私人朋友的律师，这都是你自己的选择，无所谓对和错。

总的来说，这就是风格的多元化，它不像事务所秉承的"客户至上"的价值观这么刚性，只要你始终牢记"客户至上"这条铁律，你怎么和客户打交道都是自己的选择，是由你的性格和工作风格决定的。

[四] 和而不同，美美与共

本书中，不少问题在不同的人那里得出的答案可能是相反的。在这种情况下，有志于学习前辈的年轻律师应该何去何从？

比如，刘延岭律师说：你要专注于某一个领域，做该领域的专家，把你的标签贴得越细越好。我们给他鼓掌，认同这种说法，律所里从战略上、从全局上都鼓励大家这么做。

但是，宁宣凤律师不是这样的，她从外商投资做到国际贸易，从反垄断做到数据合规，业务跨度大，就像一个大学生拿了多个学士学位。你要想学习宁律师，首先得是位超级学霸，否则还是按刘延岭律师所说的路径拾级而上吧。

再比如在个人性情、行事风格方面，受访的资深合伙人之间彼此差异也很大。这时候，你要向谁学习？自然是向谁学习都行，只要不东施效颦就好。子路豪侠勇猛，颜回安贫乐道，孔子认为都挺好。每个人的性情风格都是独特的华美之处，或因为先天禀赋，或成于后天经历，没法生搬硬套。再说，行事高调不代表待人接物不谦卑，为人低调不等于待人接物不热情。

我们希望年轻律师从对话中感知的不是资深合伙人外在的个性，而是内在的共性。比如，内心的谦卑、对专业主义的信仰、平等待人的精神。王俊峰律师作为金杜全球主席，时常被外界称为"王主席""俊峰主席"，在本书中，他希望我们一直称之为"俊峰律师"，也是希望金杜年轻律师眼中的他与大家在精神上是平等的。

我们还希望年轻律师注意，资深合伙人对彼此迥然不同的个性风格的包容，以及他们内在价值观的一致性。

对话宁宣凤律师的时候，我们聊到她与金杜管理委员会业务委员会的一次冲突。本书定稿的时候，我与一位金杜合伙人商议要不要删除这一段，以免大家误解宁律师，误以为合伙人之间有冲突。商议之后，我们认为完全可以保留这段，一来，宁律师有雅量，应公之于众；二来，我们希望大家能看到真实的金杜、真实的资深合伙人，看到合伙人之间是如何彼此包容、解决工作冲突的。

在对话中，钱尧志律师跟我说，他在金杜和澳大利亚万盛国际律师事务所（以下简称"万盛"）合并的那次庆典活动中致辞，想来想去，最想说的就是"宽容"这两个字。他觉得在金杜这个大家庭里，团队合作、协同共享的意思不是说你要找到和自己尺码相同的人，而是要找到和你三观一致的人，至于表达方式、个人脾气，没必要强求一致。

钱尧志律师说，他在金杜是"土派"，宁宣凤是"洋派"，他很崇拜、钦佩她的"洋"。宁宣凤律师说,她和钱尧志私下里老是互怼,她特别不能接受钱尧志用东北话说"你们老娘们儿",但她由衷地认为,钱尧志律师其实一点儿都不土,他不仅法学功底深厚,还有坦荡荡的君子之气。我想在此强调的是,他们都是单独跟我议论彼此的,完全不知道对方对自己的称赞。

也许,这就是王俊峰律师憧憬的君子之风。他一直希望金杜人,特别是金杜合伙人要有"君子之风,和而不同","美人之美,美美与共"。

[五] 苦与乐

前几天,金杜学堂的执行院长汪蕊和我说,他们不久前招录的一批学生,各方面条件都很好,毕业院校、家庭背景、口才长相,都是一等一的。他们中的多数人没有经历过生活的窘迫,没有像王建平律师的妹妹做出牺牲、供哥哥读书那样的经历,也没有宁宣凤律师所说的,有兄弟姐妹、侄子侄女需要照料。所以,年轻一代在职业生涯的选择上,在工作岗位的去留上,就很难有上一代律师"为稻粱谋"的约束。

年轻一代对苦乐的感受很可能与资深合伙人不同。在这种情况下,在金杜工作的他们如何理解组织,如何理解组织沉淀的文化,又如何理解资深合伙人所谓的传承,是他们需要思考的问题,也是资深合伙人需要思考的问题。

的确,有宁宣凤律师这样能平衡工作和生活的高手。但是对多数人来说,做律师、做合伙人一定是辛苦的。我向夏佳理律师请教如何平衡工作与生活,他直白地表示自己平衡得不好,有愧于家庭。金杜全球管理合伙人阚思思也向我坦言，她长期出差，很少陪伴孩子。虽然她欣慰于自己有个好丈夫，但是爸爸毕竟不能替代妈妈，她只能告诉孩子，生活并不完美。

我在对话中还没有听到哪个资深合伙人觉得律师生活有着诗人般的惬意，没有人否认这是一份很辛苦的工作。如果你不是一个吃苦耐劳的人，那么很难让人相信你在这个领域里面会有什么前途，这是一个真实且残酷的结论。每个资深合伙人都不会向年轻的后来者讳言这一点。要不要继续做这份节奏紧张的辛苦工作，是每个人自己的选择。有感于此，我在对话张毅律师的结尾写了一句话：希望年轻律师从张毅律师的话语中体悟，当幸运来敲门时，你应该如何迎接它。

我相信这样的辛苦应该来自内心的自我驱动，与外部的压力无关，也不来自金钱的诱惑。你看，王建平律师做过手术，一直处于康复之中，如今在海口开疆拓土，依然念念不忘怎么为后来者在海南开个好头。如果你不喜欢、不信奉金杜"精诚奉献"的核心价值观，那你无法勉强自己做这份工作。作为金杜最早的外国合伙人，德裔澳大利亚人肖马克（Mark Schaub）律师在对话中说，自己一不工作就无聊，希望自己能像爸爸一样，83岁了还在工作。这看起来似乎难以理解，但他的老搭档徐萍律师说，没有对这份工作的热爱，你自然觉得工作很辛苦，但如果你对律师这一行抱有兴趣，你就会觉得"爬山"虽然很累，但因此能欣赏的"风景"更美。

有一位资深合伙人说：我们做律师的老觉得做律师辛苦，那是看不到其他行业的累。你想有所成就，成为社会精英，那你能找到不辛苦的职业吗？在很多律所，争辩这份工作是否辛苦是一件很无聊的事。

至于把自己的辛苦归结为合伙人的压榨，在金杜更是无稽之谈。

所有的辛苦都是为了自己的职业理想和未来而奋斗。律所不同于公司，没有哪个合伙人可以让自己的孩子继承自己的合伙人份额，包括创始合伙人在内的全体资深合伙人。换个角度看，他们也在为年轻律师奋斗，因为这家事务所终将交到年轻人的手中。今天的实习生、律师助理可能就是明天的合伙人，会在未来享受资深合伙人创造的平台价值。

我们建议年轻律师坦然接受律师职业的辛苦，并不是一味鼓励大家做"一箪食，一瓢饮"的苦行僧。我在本书中不断追问夏佳理律师对中国画的欣赏与收藏，也是希望年轻律师能够从这位前辈的经验中，体会工作和生活如何平衡的艺术。

在忙碌的职业生涯中，如何培养兴趣，就像涵养自己的浩然正气一样重要。也许如何用兴趣平衡自己的工作和生活，才是年轻律师应该向资深合伙人去讨教并自己体悟的问题。这是金杜艺术中心希望向大家传递的信息，也是我们希望通过对话告诉大家的。

无论是做律师还是看一次风景、收藏一幅画，本质上都是一个自我修行的方法，一个观察世界、认识自己、让自己快乐的方法。你过得是否快乐，本质上不在于辛苦与否，是忙还是闲，而在于你在追求理想的路上，创造了什么，奉献了什么，享受了什么。

第一章

没有随意，只有自律

律师小传

没有随意，唯有自律

王玲律师不是科班出身，她的本科是金融专业，是命运让她当上了律师，成了中国涉外银行融资业务的先行者、飞机租赁法律业务领域的先驱，多次被国际法律专业媒体评为"年度最佳管理合伙人"和"年度杰出银行业务律师"。

她低调至极，在媒体上抛头露面的次数极少。如果没有看过这本书，即使是律师同人，也很少知道中国有位传奇女律师叫王玲。如果说严谨是金杜大多数合伙人的基本特征，那么她就是这个特征的集大成者。从她身上，你看不到美剧《律政俏佳人》式的夸张，她的低调、严谨、中正、平和、分寸感，以及她微笑的样子，犹如20世纪初叶走来的教养良好的知识分子。

王玲——金杜律师事务所主任

1982年，考入中央财经大学国际金融系国际保险专业，英语很好，数学很好，但非学霸。

1986年，与日后成为金杜创始合伙人的王俊峰一起，被分配到中国贸促会环球律师事务所（以下简称"环球所"）国际金融部，成为一名专职律师。与她不同的是，王俊峰的本硕专业都是法律。

1986年，中国开始实行律师资格考试。1988年，她认真地首次参加补习班准备律考，恰逢其时，司法部出台鼓励政策，像她这样有律师实务经验的人无须考试，通过业务审核也可以拿到律师资格证。慢慢地，她从一个起初对律师行业毫无概念的人，变成一个喜欢上律师职业并取得终生成就的人。

1992年，"中国海外上市第一股"华晨汽车集团控股有限公司在纽约证券交易所成功上市，她是这个项目的中国律师。当时，中国证券监督管理委员会（以下简称"证监会"）还没有成立。她在没有指引的情况下悄悄摸索，忙活了一年多。

1995年，当上处长，也结婚了，因担心自己成为"温水中的青蛙"，遂联系老同事王俊峰，下决心放弃分配的房子，辞职下海，加入金杜，把金杜的飞机融资租赁业务做到中国第一。很少有乘客知道，中国早期的空客和波音公司的飞机，都是她作为律师"买"到中国的。

2001年，赴美国杜克大学法学院攻读法学硕士，平生第一次以学生身份入读法学院。

2010年，被《亚洲法律杂志》评为"年度最佳管理合伙人"，之后再次获得该奖项。她说，她很幸运地赶上了中国法律服务行业发展的好机会，是金杜抓住了这个好机会，她得以参与其中。

王玲律师是中国资本市场"抛姓露名"最多的金杜律师，因为每一份证券业务法律文件都需要她签名。

我与王玲律师的对话是分两次进行的。第一次对话，我的着重点是她个人的成长史，比如她的职业生涯是怎么放光的，她是怎么变成今天的自己的。第二次对话，我们侧重于金杜发展史，比如金杜是怎么创立，又是怎么成为国际大律所的。

比较而言，我与王玲律师的对话与本所其他合伙人是有区别的，我的落脚点始终在于如何从主任的视角理解金杜。因此，我会问她实习生招聘制度的设计、金杜艺术中心的设立，也会问她事务所的装修为什么有IT（信息技术）公司的风格。从国办所到合作所，再到合伙所，作为中国法律服务行业飞速发展的参与者、见证人，她的对话既有对宏观趋势的讲解，又有对个体命运的喟叹，值得细品。

[一] 非科班律师

您在本科学的是国际保险专业，不是法律专业，那您为什么做了律师？

1986年，我大学毕业，统一分配工作，分到了贸促会。入职后进行二次分配，去了贸促会下设的环球所，就当了律师，基本是属于组织安排，谈不上有多少个人选择。

贸促会成立于1952年。新中国刚成立的时候，西方国家对我国实行经济封锁和禁运，我国通过贸促会开展民间外交经贸往来。1979年以后，对外开放政策实行，贸促会的工作范围转移到促进中外经济技术合作的轨道上，关注引进外资和外国先进技术，它就变成了一家全国性的对外贸易投资促进机构。

贸促会很重视英文，我的英文较好，又学的是国际金融，按照组织分配的原则，去贸促会也算专业对口。

二次分配到贸促会环球所做律师，在当时也能理解。当时该律所除了招收法律专业的毕业生，还招收英语、金融、外贸等专业的毕业生。

环球所的前身是贸促会法律顾问处，1979 年就设立了。1984 年，经司法部批准，设立"中国环球律师事务所"，是中国改革开放后最早成立的律师事务所之一。金杜有不少合伙人都是环球所出来的，比如王俊峰、叶渌、宁宣凤、王军、赵晓红，还有我。

您于 1982 年考大学，为什么会想着学金融专业，跟家庭有关系吗？

跟家庭没关系。我父母在大学工作，兄弟姐妹中没有学金融的，全家的专业都跟金融没有关系。我当时考大学其实想学外语类专业，但不想学纯语言类的专业。因为我的数学成绩还可以，所以就选了金融，觉得学金融有一定的专业性。

您上大学的时候是不是成绩特别好？

不是，我上大学时不是所谓的"学霸"。

您家里面有学法律的氛围吗？

没有，我们家的人跟法律界没有关系。

那时候您在北京能够感觉到金融专业有前途吗？

当时还没开始自由择业，都是统一分配。我不是特别强烈地说一定要读这个专业。因为我当时学文科，可选的专业不是太多。相对来讲，我觉得对金融的兴趣更大些。

[二] 我没参加过司法考试

您是什么时候开始参加律考的？

我大学毕业后被分配到贸促会环球所当律师是在 1986 年。这一年，中国刚刚开始实行律师资格考试制度，每两年考一次。第一次全国律师资格考试是 1986 年 9 月举行的，我刚刚到环球所，没有参加这一次考试，以后也没有考过，我的律师资格证是通过考核而非考试获得的。

我取得律师资格是 1988 年的事。那年，我已在复习准备律考，为此还去参加补习课。后来所里突然通知我们，说有两年以上律师业务经验的人员通过考核就行了，不需要参加考试。考核由司法部主持。贸促会环球所报送我们的材料，由司法部审核。

[三] 开始工作时对律师没概念，做着做着就喜欢了

您是什么时候决定要以律师职业为自己的终身职业的？

工作几年之后，我觉得我不需要再换一个职业了。第一，律师是一个专业性很强的职业。第二，工作中不断有新东西，我永远面临新问题，这能够满足我的好奇心和求知欲。第三，我因为能帮客户解决问题而高兴。

刚开始那几年，您的工作感受如何？天天都想些啥呢？会想要调到部委机关吗？

我当时没想那么多。贸促会是很好的单位，我做了两三年之后只是想我什么时候能做得更好，因为我认识了英文特别好，法律业务也做得特别好的同事。于是，我就跟现在新入所的

年轻人一样，想着再过两年，我也会做得不错，又过几年，我可以做得比他们还好。所以，我那时候不会想要不要调去哪个部委工作。另外，我在环球所做的是专业性的工作，我正好喜欢。

也就是说，您刚开始并没有做律师的概念，但是您做着做着就喜欢上了？

是的。我比较幸运，那个时候进入律师行业不难。要是现在，没有法律基础就会很难进律所。

您在取得律师资格之后出过庭吗？

出过庭，但很少。我一开始就做非诉讼业务，包括外商投资、银行融资业务等。

20 世纪 80 年代，哪些银行需要法律支持呢？

主要是外资银行，它们在中国有代表处。外资银行给许多合资公司，特别是合资酒店，提供贷款融资支持，需要中国律师为它们提供法律服务。

当时我们做了很多"中国第一单"。我刚参加工作时，律所就已经代理了大亚湾核电站的大型复杂贷款融资项目，是中国银行给大亚湾核电合资公司提供的贷款融资。当时我代表外资银行完成了与中国工商银行、中国建设银行各自第一笔双边外汇贷款。

当时，外资银行为什么愿意找中国内地的律师替它们谈判呢？

必须得找。

第一，中国内地律师有资格。根据中国法律的规定，境外律师不能提供中国法律服务。

第二，沟通有难度。中国内地律师可以帮助外资银行进行有效的沟通。

第三，能力不一样。对比之下，中国内地律师能够真正理解中国法律法规的要求，能够确保外资银行的交易符合中国法律。

中方企业会找中国律师吗？

中方企业很少找律师，当时国内对聘请律师达成商业交易的理解和概念较弱。

[四] 放弃分房，不当处长，辞职来金杜

您这么安静的人，1995 年，31 岁，也结婚了，为什么还要离开环球所，加盟金杜？是创始合伙人王俊峰"忽悠"您的吗？

还真不是俊峰"忽悠"的，是我主动找的他。

回头想想，原因大概有两点。

第一点，我希望自己有更开阔的发展空间，可以做一些事情，让人生多一分意义。当时俊峰他们出来创立金杜，选择的是合伙制，不是合作制，有体制上的优势，我感觉发展空间更大。那个时候，市场上大部分律所都是合作制的。合作制与合伙制仅一字之差，实际差别却很大：合作制是全体律师拥有律师事务所，只要是律师就有权参与事务所管理，相当于集体所有制，不稳定；合伙制就像我们现在这个样子，由合伙人出资设立，其他律师之于事务所是被聘用的关系。

第二点，我希望与志同道合的人一起做事。当你做到一定程

度的时候，突然发现有高兴的事却没人分享，遇到难题的时候也没人商量，你就会觉得，如果能与志同道合的人一起做事就更好了。

您辞职到金杜，会付出体制内的代价吗？

我放弃了贸促会给我分的房子。那年正好要分房，当时我是处长了，分的那一套房子还很不错。但我后来想了想，还是放弃了。

我在贸促会工作了9年，再继续工作的话，我担心能力会被磨掉。另外，因为我跟俊峰他们几个都熟，所以想出来。

在我们的想象中，在机关里刚过30岁就当上处长的人很少有愿意出来的。为什么您跟俊峰当了处长，还有走出"围城"的冲动？这与1993年律师由"国家法律工作者"的公职身份变成"社会法律服务者"的律师工作改革有没有关系？

在时代背景下，从辞职下海的群体的角度来看，应该有关系。但是，每一个人的情况可能有所不同。

我们那个时代，贸促会毕竟不是部委，它的业务性质强，尤其在环球所，主要以法律服务业务为主。

就我个人来说，我对权力没那么在意，觉得当个处长虽然挺好，但是我没觉得这个权力对我有多大的吸引力。当时，我只是有点儿心疼放弃分配的房子，没觉得损失了其他什么。

我们有多位合伙人为了加入金杜舍弃了不少。我觉得关键在于关注的是眼前利益还是长远发展。

您觉得今天的90后能做出您当年那样的舍弃吗？

我们那时候，可能跟整个社会氛围相关，对钱和权并不看重。

那个时候就算到金杜，赚的钱也没多到哪儿去，只是比在机关工作灵活。大家在乎的是发展空间和做业务的空间。

对您来说，进金杜是不是不存在业务开发的困难？您过去的客户会不会跟着您来金杜？

跟着我的客户确实出乎我的意料。当时，我以为只有一些老客户因为相互信任会跟过来，没想到跟过来的老客户有那么多。

我来金杜之后，好多外资银行客户就跟过来了，现在说起来，我还觉得很有意思。早上一上班，秘书把门打开，发现一地的传真，然后特高兴地跟我说：王律师，有你的传真。那时都用热敏纸，秘书担心传真机里的纸会用完，就在下班前换上一整卷纸存在机器里面。第二天早上，他们看到一地的传真就特高兴，知道生意来了。

您喜欢这样的场景吗？觉得有意思吗？

有意思，大家都很高兴。那时候，外资银行拿来的协议都是几十页、上百页的，不像中资客户，一份借款协议只有两三页。当时，市场上很多人不了解非诉讼业务。我们有一个做诉讼业务的年轻律师看到这么多页协议，还是英文的，就问我：王律师，那么多的文件传真，你真的会一页一页看吗？我说：当然看了，我不但一页一页看，而且每一行都会看，否则你就不明白上面说了什么，那你怎么跟客户交代？然后他说：那么多文件看得多头大。我说：不头大，相反，很有意思。现在的一些年轻律师可能体会不到我们当时的感受。

以您的资历和资源,您要是想离开环球所,还可以去其他律所,为什么独独选择了金杜?

还是因为人。做事情还是要跟自己比较熟悉、信赖的人在一起。第一,心里觉得踏实。第二,容易沟通。我跟俊峰他们四个金杜合伙人在一起工作了那么多年,又和俊峰是同一年被分配到环球所的,互相了解、彼此信任。

您在贸促会环球所,对俊峰的印象是怎样的?

那时候环球所很小,大概有二十多人,分在三个处。

我们那一届大约有七个人入职环球所。开始的两三天,我们一起参加岗前培训,相互之间很快就熟悉起来。那时候我就看得出,俊峰对新鲜事物有热情。

[五] 金杜的创立,有偶然也有必然

俊峰是怎么进的环球所?您能说说俊峰当年的故事吗?

他是吉林通化人,他妈妈是那个年代少有的中学毕业生。他从小就爱读书,考上了吉林大学法律系。本科毕业那年,他担心自己进不了北京,就报考研究生。当时他只报了两所学校的国际政治专业研究生,一个是北京大学,一个是中国政法大学。但是阴差阳错,他又回吉林大学法学院就读了。

研究生毕业那年,俊峰有个同学的哥哥跟他说,贸促会比较好,既有机关性质,又有公司性质,出国机会多。

贸促会的全称里有"国际"两个字,俊峰因此很想去看看。他考研之前以及读研究生期间,对"国际"兴趣浓厚,特别痴迷国际法,所以他就到了北京,直奔贸促会。当时他们班

有三个人是一起到贸促会的。

俊峰他们被分到了法律部，法律部下面有几个单位：仲裁委员会、法律顾问处、环球所，其中环球所和仲裁委员会都是独立性比较强的。他们到了法律部以后，先到法律顾问处，等待第二次分配，当时比较受大家追捧的是仲裁委员会和环球所。

俊峰一直说，如果不把他分到环球所，他这一生可能就不当律师了。

当时，中国成立了三大涉外律师事务所：一是贸促会的环球所；二是中国国际经济咨询公司的中信律师事务所；三是商务部的长城律师事务所。其中，贸促会的环球所是最早成立的，当时环球所的主任是任建新，他后来担任过最高人民法院院长。任建新的律师证是001号，就是在环球所拿的特批。俊峰在贸促会的法律顾问处待了几天，分配结果就出来了。他进环球所的第一天就见到了张冬青，后来跟他出来创立了金杜。

俊峰在环球所做了不到七年，就出来创立了金杜。

俊峰是从东北偏远地区来的，一无所有。到贸促会后，不足30岁就当综合处的处长了，也有分配的房子了，还出过国，已经进入首都的机关圈。当时他辞职会有很大的牺牲，为什么还要在30岁的时候辞职创立金杜？

当时律所的几个年轻人想推动单位改革，遇到一个不做业务的处长，影响他们改革，大家"群起而攻之"。俊峰是主要牵头人之一，联合所有的人签名，要求贸促会调离这个处长。

后来，贸促会的领导给他们开会，说他们反映的情况都有道理，但无论如何也不会允许他们自下而上罢免干部。最后，确实把处长调走了，但也把俊峰从环球所调到了仲裁委员会，不让他再做律师了。这是让俊峰辞职的导火索。

俊峰跟你说过，他辞职出来创立金杜有必然，也有偶然。他所说的必然，可能是 1992 年邓小平南方谈话，指明了社会主义市场经济体制建立的方向，以及 1993 年的律师体制改革。他所说的"偶然"，按我的理解，就是指上文这根导火索。

其实，那个时候，比俊峰还着急推动他出来的，是环球所跟他一起出来的三个同事：刘刚杰、张冬青、白彦春。再加上俊峰的两个同学，一个是原国家土地管理局的周岩，另一个是最高人民法院的刘玉明。周岩本来是让俊峰看看能不能把他调到环球所。俊峰说：我要出去了。周岩说：你出去，我就跟着你出去。

那个时候很多人想出来，前提是你能不能办下律师事务所执照。这是一个挑战。三个同事和两个同学推着俊峰申请律所执照，俊峰就把执照办下来了。

这就是我知道的，你也知道的俊峰辞职创办金杜的过程。当然，说得是否准确，得由俊峰确认。

[六] 运气好，赶上了中国法律服务市场的机会

从生意的角度说，您有客户，那您去提成制的律所工作肯定比在金杜赚得多。这笔账，您当时算过吗？

没有。我知道金杜不是提成制的，这没什么。

您刚进金杜的时候，分红和大家一样吗？

不一样。这相当于有一段考察期，我毕竟比人家晚进所两年，所以我的分红打了折扣，但好像第二年就和大家一样了。

听说您刚刚下海做律师时，基本不需要跑业务，也不用跟客户见面，是这样吗？

我的客户有一点不同：大部分都是国外的律所或者国外的银行，我们是见不着面的。

刚开始做律师的时候，很多人最担心的是找不到客户，跑不来业务，这个问题您就没有。

只能说我离开环球所的时候没有。那些年一路做下来，客户已经有一定的积累了，所以那个时候我不会担心没客户。

我听跟您年龄差不多的律师说，他们很早就把中国市场经济很负面的一套学会了，所以很痛苦、很挣扎。您没有过这种感受吧？

我基本上没有。我们大概有 70% 的客户是外资客户，你的业务能力好，客户就会信任你。

我们有一个客户是美国进出口银行，它在我们做的飞机融资交易中起担保人的作用。担保人很厉害，比较强势，外资银行贷款能不能放，是担保人说了算的。如果在交易中涉及中国法律或者中国公司相关问题，担保人会经常说：这个问题，如果王玲说行，那我们就行。

您最早做飞机融资租赁业务是什么时候？那时候中国的飞机都是以租赁方式获得的吗？

一开始有买的，但大部分都是租的，因为太贵了，那个时期的中国航空公司买不起。我在环球所的时候就开始做飞机融资租赁业务。1995年，我到了金杜，这些客户基本都跟我来金杜了。当年正好赶上两部重要法律出台，一个是《中华人民共和国担保法》，一个是《中华人民共和国民用航空法》。其中，《担保法》是10月1日生效，在这之前，相关抵押设置仅能靠《中华人民共和国民法通则》那一点儿原则性的解释支持。《担保法》和《民用航空法》出台后，飞机抵押担保的设立就有了具体的法律支持和依据。所以，这两部法律一出台，交易结构就要变。

1995年9月，我刚准备从环球所出来，想休息一两个月，因为之前加班很厉害，一直连轴转。我跟客户说：我准备辞职，会休息一段时间，再到新单位上班。客户说：不行，你不能休息，新法一出台，我们就需要有新的结构，新的结构一定要在交易之前，即在10月新法生效之前确定。

谁跟您说的这番话？是哪个客户？

好像是美国进出口银行和其他美国商业银行。他们的律师也说：不行，你现在就得跟着我们一起工作。你到新的律师事务所没关系，我们继续跟着你，继续做。

结果我就真的没休息成。

那个时候的交易结构，是美国律师搭建的还是我们自己搭建的？

我们跟他们一起搭建的。

那时候中国还是借外债的时代，一架波音747要价1.4亿多美元，中国航空公司买不起的，只能靠借款。航空公司很难直接借款，要以融资租赁的形式用租金来体现，实际上相当于融资借贷。国内有银行担保，境外有银行担保，还要由境外机构持有飞机的所有权,所以交易结构特别复杂。但是为了引进飞机,我就帮客户根据新的法规重新搭建交易结构。

中国国内最早跟波音、空客公司做的飞机生意,都是您做的吗?

融资这一块很多是我做的。当时我主要代表波音公司或者境外银行,比如花旗银行、美国进出口银行。交割时,有时出现程序性的审批问题或文件没有到位等问题,外资客户就会授权我们代为处理。我觉得这是对我们专业的信任。

那时候,中国引进飞机相关业务确实有很多是我代表境外融资方或者境外银行做的。所以,俊峰有时候会念叨,飞机业务有85%以上都是王玲做的。其实,早期阶段我做得多,后来这部分业务市场做大了,我们的比例自然不会一直这么高,但金杜飞机融资团队一直是市场上最好的主力团队。

您回头看自己的律师生涯,从一开始对律师职业没概念到担任金杜律所主任,会不会觉得自己命好?

我觉得我还是挺幸运的。我们赶上了中国法律服务市场发展的机会,但这些是你回头看才能看到的。刚开始时只是努力做事,能做到什么程度就算什么程度。

整体而言,我还占了一个优势:当时在涉外金融领域和投资领域,只有环球和中信两家律所做得最好。

另外,我们说运气好,是指我们真的是中国法律服务行业发展的见证人,见证了从最初的国办所发展到合作所,再发展到合伙所,再到如今在国际层面也有相当大的影响力的律所。我们事务所整体上有很好的发展,能参与其中,我觉得很幸运。

[七] 去杜克大学法学院"补课"

我记得您写过一篇文章,提过您刚到昆仑饭店时的趣事。为什么一些简单的事情,您却印象这么深刻?

那时候,整个事务所的规模小,所以有些事多年后依然记得。当时的条件跟现在没法比,但大家都是开开心心的。比如,在昆仑饭店的时候,合伙人没有单独的办公室,一个办公室坐 6 个人,没有笔记本电脑,大家经常在办公室工作到很晚。我们常常在晚上 9 点多带着所有律师到附近的小餐馆开开心心地吃顿饭,再回去接着加班。出差回来,一进办公室,看到还有人在那加班加点,房间还是灯火通明的,心里的感觉就不一样,会特别温暖。

所以,好多人特别怀念那个时期,说律所规模小的时候感觉更温馨。

您买第一辆车是什么时候?

我没买车。直到 2001 年,我才学开车,是为出国深造做准备。当时我说:"我工作了那么长时间,需要去充充电,得去读一个 LLM(法学硕士),否则知识储备就不够了,做不动工作了。"

这跟买车有什么关系?

2000 年,俊峰在加州大学伯克利分校 LLM 毕业的时候,我去参加他的毕业典礼。到美国感受了一下后,我觉得确实应该出去,不能老闷在一个地方。当时我们做涉外业务,却不知道国外的法律体系里这些概念是从哪里来的。后来,我说要去充个电,他们说:"好,那你得先学开车,否则在美国连吃饭的问题都很难解决。"因为我申请的是杜克大学，地点在北卡罗来纳州，那里就像个大农村，真的是"穷乡僻壤"，没车不行。

我是在去美国的 10 天前才拿到的驾照，然后就带着北京的驾照去了北卡罗来纳州，买了我自己的第一辆车。我提前两周到美国，就是为了考美国驾照。还好，一次就通过了笔试和路考。我在美国一直开车，但是回国之后基本上不开。

合伙人应该很忙啊，所里为什么鼓励合伙人出国读书？

一开始，所里一个萝卜一个坑，走不开。等人员慢慢有了一定规模，大家就觉得可以轮流出去，在国内的合伙人和律师也可以帮你盯业务。

所以，那个时候，我们就鼓励事务所从合伙人开始，有机会就出去充实一下自己。张毅、徐萍、张永良都是工作好多年之后再出国深造的。

后来，我们觉得，也要给年轻律师更多开阔视野的机会。虽然学费很贵，但我们还是愿意在学费上资助年轻律师，让他们有深造的机会。

您在美国学习了多久？

一年。我一毕业就回国了，没有考 Bar（美国律师资格考试）。因为我没打算做美国律师的业务，再去花这个时间就不值得了。

从对事务所本身的建设来说，您觉得当时合伙人出去学习，相对于现在律师出去学习，有什么不同？

感受和收获肯定不一样。

毕竟成为合伙人就意味着已经工作了十年左右，他关注的除了法律知识，还有美国的文化、市场，国外律所的运作等。合伙人可以通过这个机会访问以前合作的或者是大家建议的当地律所。那时我们跟很多美国律所有合作，到那边拜访各家律所是比较自然的事儿，可以对它们的运作情况多一些了解。

拿资深律师来讲，工作了五六年，其经历与合伙人比还很少，他更关注知识，是从法学院的角度去学习的。

通常，去之前，我们会和资深律师聊，告诉他们不要闷头在法学院学习那一点儿知识，一定要走出校园，了解美国的文化。因为你将来在工作中做交易，尤其是跨境交易，要了解它背后的文化背景、社会背景。

[八] 金杜模式，不做万金油

我记得有一年俊峰给全所员工发过一封关于工作计时的邮件。工作计时这种安排是从什么时候开始的？跟外国律所的影响有关系吗？

有关系，收费工作计时就是从外资所传进来的。

我们开始做涉外业务时，基本上是按小时费率报价。我们也有一些常规业务不完全按小时费率报价。从国外引进工作计时，一是因为那时我们以涉外业务为主，外资客户多，习惯按工作小时费率付费；二是因为有利于项目管理。当时我们希望跟国际律所接轨，按国际惯例计时收费。

另外，事务所需要了解用工成本，填工作日志对事务所整体成本的把控有帮助。它不单单是收费依据，更是事务所运营管理的工具。这能让我们知道人员使用效率如何，费率跟市场是否脱节。

我们的业务部门是从什么时候开始划分的？

业务部门很早就开始划分了。我1995年来的时候已经划分了三大块业务：一是金融融资；二是公司业务，主要做FDI（Foreign Direct Investment，外商直接投资）；三是仲裁。如果把证券业务单独分出来，就是四块业务。

20世纪90年代，做证券业务需要资格证，不是什么律所、什么律师都能做的。俊峰和金杜另外两个合伙人是第一批考取证券从业资格的律师。说到证券业务，其实我参与了中国第一个所谓的海外IPO（首次公开募股）。当时我还在环球所，这个项目是跟华尔街一家律所一起做的，现在我办公室里还有这个项目的纪念牌。这个项目的市场影响力很大，是基于国内资产，通过境外公司在纽约上市的。

金杜的业务模式跟其他律所相比，有哪些不同？

金杜主要的特点，一个是一体化管理，另一个就是专业化分工。

我们坚持专业化分工，是因为我们坚信律师不是万金油，不能什么都做。所以，我们要划分业务部门，希望每个合伙人、每个律师都在细分业务领域走专业化道路，就像三甲医院各个不同科室的医生。这就是为什么这些年我们又发展出了债务重组部门、税务部门、劳动部门、合规部门。

在专业化分工的基础上，我们又坚持一体化管理，不搞提成制。2000年之前，每隔一两年，就有合伙人讨论要不要考虑实行提成制。每次讨论的结果都是不应该实行提成制，因为工作是大家一起做的,分不出每一分钱到底是谁赚的。比如这个案子是你拉来的,但因为它是我擅长的领域,是我把它谈下来的,事成肯定有你的努力和因素。所以,还是应该团队合作,算大账,不算小钱。

你注意看,一旦搞提成制,合伙人就会只关心他自己拉来的案子,不管这个案子是不是事务所的重点业务领域,是不是事务所想做的。他只要拉来一个案子,就一定会把那个案子放在最重要的位置,就不会重视事务所发展需要的公共建设,就很难跟团队融合。

所以,金杜不搞提成制,坚持一体化管理。有的客户不理解金杜的一体化管理究竟是什么。我们说:你把它当成公司制可能更容易理解,人、财、物都是统一管理的。

我理解,您所说的人、财、物一体化管理,跟我们内部所说的"团队合作""协同共享"的金杜核心价值观,以及外部同行所说的"金杜模式"都是一回事。但是,不管是哪种说法,刚刚加入金杜的新人听起来都觉得抽象费解,您能举两个例子说明吗?

我给你举两个例子。

第一个是中国石油天然气集团有限公司(以下简称"中石油")的项目。2013 年,该项目刚启动不久,李晓鸣正好从一家知名的华尔街律师事务所回来。当时拿下这个大项目,大家都特别兴奋。事务所希望让晓鸣发挥优势,就安排他上这个项目,原先已工作一段时间的两位合伙人主动淡出了。项目结束后,外人看到的是李晓鸣带着团队做得很成功,却看不到团队协作提供的保障,这也反映出只有金杜才能做到为了事务所的整体利益和客户的利益,让更擅长的人去做项目。

第二个例子是知识产权部门的设立。金杜最开始只有很小的一块商标业务,后来在俊峰的努力下,一支由 8 个合伙人组成的团队来金杜做专利业务,几乎从零开始,需要开发市场。我们的专利业务客户主要是境外客户,那我们就得出国和客户沟通,这一块业务还没收入,而出国费用很高,就要投入很多成本。至少头三年,事务所投入了很多,以支持专利团队到国外做市场开发。记得我们的专利合伙人很受感动,说:"这也就是在金杜才能做到。但我们觉得心里有压力,因为我们现在的业务还没能负担我们的成本。"三四年之后,专利业务逐渐进入良性循环,业务量逐步上升,现在我们的知识产权业务也是令我们骄傲的业务之一。这种投入和支持只有金杜这样有集体观念的一体化律所才能够做到。

[九] 合伙人应有君子之风

很多金杜律师听到哈佛大学法学院背景的律师来到金杜后,花了两年时间先做律师,再提升合伙人的故事,都会很吃惊。我们为什么对律师晋升合伙人如此严格?

如果你是客户,你在选律师的时候一定会在意律师是否有足够的经验。律师和合伙人之间其实是经验的差异、综合能力的差异。

金杜对晋升合伙人的把关比较严格,有的律师尚未准备好,没到晋升合伙人的程度,就等不及跑到别的律所了。金杜从成立的时候开始坚持的就是专业标准,而不是市场化标准,因为我们一开始就希望做质量最好的律所。

您觉得什么样的人才能成为金杜合伙人?

金杜最初的一批合伙人有不少是因为俊峰来的。我觉得俊峰的思路非常开放,但对人有要求,除了业务能力,还需要考虑为人,不是你单纯赚钱多就可以来金杜的。

你问过俊峰"一个金杜的合伙人应该具有什么样的风格气魄",他说"金杜合伙人应该有君子之风、士大夫精神"。那天他提到了两点,应该是我们的共识。

他提的第一点是,金杜的合伙人应该是金杜文化的承载者、传承者。他的意思是,不是一家人不进一家门,你既然是金杜合伙人了,就要承载金杜文化。他的原话是:"如果你不是金杜文化的承载者,我对你的本事就一点儿兴趣都没有。你就算搬座金山来,我也不稀罕。我要干的事不是赚多少钱的事,而是要有愿景,要跟国家、社会、行业、职业的发展相关联。"说到金杜"追求卓越"的文化价值观,他说卓越有的时候体现出来的是一种精神,金杜合伙人应该是 special guy(与众不同的人),special 是外国人夸人的一个很独特的说法,意思是你做了别人不能做或者不敢做的事情。

俊峰提的第二点是,金杜的合伙人要有使命感。他说话比较直接、生动,他的原话大概是:大家都一样,律师是一份工作,有饭碗的功能。但如果你仅仅把它当作饭碗就不行了,这就是平庸的,你再光鲜亮丽,如果只是为了做一个精致的自己,那我不屑一顾。

我们在市面上看到的合伙人，有的长袖善舞，俗话说就是吃得开。但我从刚开始认识您就觉得您内敛、不张扬，也不爱表现自己。您觉得我们的青年合伙人应该是什么样子的？

我个人建议金杜的合伙人不要过于张扬，更不能张狂。

因为你如果张狂，不把其他人放在眼里，早晚就要出事，也会给事务所带来很大的问题。这也是为什么我们早期的媒体政策比较低调。在做媒体的时候，我们的规矩是不妄议同行，特别是负面信息。

国际法律专业媒体给金杜或者合伙人个人的奖项，我们也希望合伙人不要过于张扬。我们得奖了当然是好事，但没那么重要。重要的是客户是否真的因为我们获得了价值。我们始终要清醒地知道，我们还有很多差距，不能被这些奖项冲昏头脑。

您会因为特别开心或者特别不高兴而突然掉眼泪吗？

没有，我从来没有兴奋到那种程度，也不会难过成那个样子。

您太理性了，情绪太稳定了，让我想到了那些"感时花溅泪，恨别鸟惊心"的女合伙人。你们性格不同，成就却一样杰出。看来，一个法学院学生未来能不能成为功成名就的合伙人，跟她感性与否没什么必然关系，是这样吗？

是的。金杜合伙人的个人性情、行事风格并不完全相同，有的人甚至差异很大。我想，外在的个性没那么重要，重要的是内在的共性，比如，内心的谦卑、对专业主义的信仰、平等待人的精神，这样的君子之风是金杜很多合伙人的共性。

[十] 招聘新律师的标准

我们选拔实习生的"铸金计划"是怎么一步步走到今天的呢?

我们的律师来源主要是应届毕业生,经过我们自己的培养,保证金杜的业务品质和后备力量。

之前,应届毕业生有一个问题,就是大部分人寒假在金杜实习,没多长时间就需要确定是否留用。寒假很短,很难判断人的真实素质。后来,我们就改变做法,参照国外律所招人的办法,通过暑期实习几个月的工作观察挑选符合我们标准的毕业生。

大约五年前,我说我们应该做一些推广的计划,校招的形式和内涵要有所变化,实习生来了要做集中培训。后来事务所管理团队和人力资源同事制订了专门计划,建议了"铸金计划"这个名字,并制作了一支小宣传片,"铸金计划"就这么启动了。

我们招聘新律师的基本标准是什么?

除了成绩,还要看他的综合素质。其中,我觉得责任感和上进心应该更重要。有责任感和上进心,必然会勤奋。做事情没什么责任感的人肯定不是我们的选择目标。

我们为什么设立金杜学堂?这是我们人力资源工作的一部分吗?

2017年,我们设立了金杜学堂。我的理解是,金杜学堂的设立是在事务所原有的律师培训体系基础上的提升,超越了事务所内部培训体系,将金杜的价值和资源放大,面向社会。在设立启动仪式上,我们还开了一个将近100人参加的专家顾问会议,俊峰以金杜全球主席的身份致辞。他表示,金杜学堂的设立虽然源自金杜内部培训，但是，满足内部培训的需求不是我们的初衷，我们的初衷是从内部培训延伸开来，培养一流的法商人才和具有特殊担当的青年领袖，提升中国律师行业的法律服务水平，给法律人带来更多的尊严。

我一直觉得，您应该去金杜学堂给年轻律师上一次着装课。我想起美国前总统奥巴马年轻时去律所实习，虽然穷，但咬牙买了西装，皮鞋不合脚也忍着穿。最近几年，我发现有些律师助理工资不低，可是着装不讲究，别说品位了，连正装都懒得穿，与您的反差极大。我听过好几位女合伙人夸赞您，衣服全是名牌，但是看上去很得体、很平实、很低调。您能说说对律师着装是怎么理解的吗？

着装本身带有仪式感。对我们律师来说，穿着讲究在本质上是对客户的尊重。

俊峰讲过一个他亲身经历的律师着装故事。

2014 年前后，俊峰去纽约 Wachtell, Lipton, Rosen & Katz 律师事务所拜访马丁·利普顿（Martin Lipton）。马丁在美国律师界很有名望，他是"毒丸计划"的发明人，在美国法学院读过书的人应该都知道这个在企业并购中的著名条款。

俊峰跟马丁有交情，是老朋友。马丁不但送过他一份当年手写的"毒丸计划"文本，还曾应俊峰之邀出席过我们纽约办公室在 2008 年的开业仪式，而且在开业仪式上说俊峰是他的朋友，赞美金杜是中国非常优秀的律所。

我们中国人说，有朋自远方来，不亦乐乎。马丁听说俊峰要来看他，也很高兴，就让他第二天来。第二天，去拜访之前，俊峰想：我是不是穿件西服？但因为不是正式访问，俊峰就穿了一身休闲装去马丁的办公室了。结果，他看到马丁穿了全套的盛装。俊峰向他道歉，而马丁说：这是你自己的选择。俊峰后来跟我们说，他觉得很后悔以一身"无所谓"的打扮去见马丁，显得对他不尊重。当然，俊峰压根没有不尊重对方的本意，他只是觉得他们是朋友，就是见个面而已。但对方是长辈，又是这么大名鼎鼎的人，他觉得这样做确实不合适，就感慨地说：仪式感不仅对自己重要，对别人也很重要。

[十一]"金杜"的名字与作家海岩有关

金杜创办的时候，为什么想着取"金杜"这样一个名字呢？

我之前听俊峰讲过。他说，当时取名字的时候，大家基本上是闭门造车。那会儿金杜主要做涉外业务，他们就想，一定要让外国人一看律所的名字，就知道金杜的体制模式跟他们的是一样的，是可以信赖的律师事务所。所以，需要先取一个英文名字。

当时，他们看到外国律所的英文名字都是用创始合伙人的姓组成的，包括全球知名大律所。他们就想找两个欧美人的姓拼成一个律所名字。

思路是有了，但他们一时想不出具体名字，大家就回家想，第二天来办公室再琢磨。当时取了很多个名字，最后 King & Wood 被选中了。

俊峰说，取这个名字时还有一段小插曲。大家觉得这个词太短了，显得不太厚重，想换成 Kingsley（金斯利），这也是一个姓。但后来他们觉得 Kingsley 音译成中文很别扭，找不到对应的信达雅的中文词。所以，最后他们决定还是叫 King & Wood，而且译成中文很容易，King 也很容易跟"金"联系起来。有了"金"，大家自然就联想到"金木水火土"，那另外一个字就需要既能包含一些"金木水火土"的元素，又能跟 Wood 的发音相近，就找到了"杜"。

当时，金杜的办公室在昆仑饭店，昆仑饭店的董事长是著名作家海岩，俊峰就请教他"金杜"这个名字怎么样。海岩说："金杜"这个名字好，含金、木、土，如果再加上水、火，五行就全了。你们可以在标志中设计红与蓝两个颜色，红色代表火，蓝色代表水。

就这样，律所的名字和标志齐全了。

我们与万盛在 2012 年的合并，被《华尔街日报》评论为"没有美国和英国律所参与的规模最大的跨国律所合并事件"。这么大的事件，据说取名也费了一番周折？

是的。我们合并万盛的时候，在 King & Wood 后面加了万盛的英文 Mallesons，当时有些合伙人很排斥。

但是，俊峰觉得发展是更重要的，因为名字墨守成规是不对的，特别是也要给别人空间。Mallesons 这个名字叫了将近两百年，一下子把它抹去其实不好。后来俊峰力排众议，把英文名字 King & Wood Mallesons 定下来了。但他说，中文就叫"金杜"，不要再加字了。

[十二] 装修成 IT 公司风格

我感觉，我们在 2018 年的这次装修，有点儿 IT 公司的风格。是这样吗？

是的。我们经常说俊峰的思路是超前的，他真的想将装修IT化，甚至是移动办公。因为他看到，一方面我们的办公室面积紧张，另一方面有好多位置因出差人员多，很多时候是空着的。

这次装修，俊峰主张在风格上打破传统律所给人家的概念，别那么沉闷。可以借鉴 WeWork（联合办公空间）这种风格，通过分享空间提高其使用效率。

设计师正式报方案之前，让我们填过一份问卷：我们最在意的是什么？我们心中金杜的文化、价值观是什么？我们好几位管理层合伙人像做游戏似的填完了。后来设计师又问俊峰想要什么样的效果，俊峰冒出这样一句话：我要的效果亦真亦幻。当时我就看到设计师稍微愣住了，但他的反应还是很快的，说：好，我努力去理解你的意见。

设计师第二次来的时候就带来了一段理念上的视频，展示了他认为俊峰说的亦真亦幻是什么样的，可以往哪个方向实现。俊峰看完后没说满意，但他说：至少你用心体会了我提出来的亦真亦幻的要求。

[十三] 合伙人的门不能上锁

我听说，对于这次装修，俊峰一开始希望合伙人不要办公室，有这回事吗？

当时，俊峰提出应该完全开放，合伙人不要办公室。但一说合伙人没有办公室，有部分合伙人都叫苦。

我们在澳大利亚的办公室是完全开放的，但它的密度很低，也就是说，它是用非常低的密度换取了这种开放的相互不打扰的模式。我们如果也按照那个密度装修，成本就太高了，而且中国的客户喜欢打来电话，让合伙人在开放的区域打电话实在是太困难了。

最后，我们取了一个折中的方案，即合伙人的办公室相对于过去小一些，外面的空间大一些，留了一些不固定的位置，供大家移动使用。

我们有的楼层还为律师留了冥想室，给律师们提供冥想中体会孤寂与平静的空间。

金杜成立 20 多年来，搬过五六次家，搞过五六次装修，我印象最深刻的是"合伙人房门不能上锁，而且要开着"，这是为什么？

我们 1996 年从昆仑饭店搬到富华大厦，2000 年搬到嘉里中心，2005 年搬到建外 SOHO，2006 年一部分人搬到北京财富中心，2010 年建外 SOHO 原办公室搬到了现在的环球金融中心，2018 年全部人员搬到环球金融中心。

早在 2000 年搬到嘉里中心的时候，我们就有一个理念：除了财务，合伙人的房间门不能安装锁，门应该开着。当时大家有一个共识：合伙人应该欢迎团队所有员工随时进来交流。在昆仑饭店，我们的办公室坐 6 个人，房间里有律师，律师就特别愿意听我们讨论问题。我们在贸促会环球所的时候，有些老专家也是这么带我们的，他们跟客户打电话时，我们觉得他们对话的内容对我们特别有帮助。所以，不能因为合伙人进了房间，它就变成了封闭的空间。

有一年，我们还试过在合伙人房间放一张小桌，让年轻的律师轮流坐进来工作。结果律师谁坐里头谁就特紧张，因为不敢多动，也不敢多说。坚持了一段时间，大家都觉得操作性不强，就放弃了。

虽然如此，"开门政策"一直是我们坚持的理念。这一次，我们设计装修的时候仍然考虑了这个理念，最直接的变化就是把合伙人的房间变小。合伙人的房间如果太大，他就不愿意出来，我们应该鼓励合伙人多走出房间跟律师交流，而且出房间后，他们还得有地方讨论。所以你能看到，我们景观很好的角落基本都布置成五星级酒店里的角落应有的样子，还有那些看似半休闲的不固定位置，都是为了鼓励合伙人走出房间，去这些位置，跟团队更好地融合而设置的。

装修设计总共花了多少钱？

数额我不记得了。这家设计师事务所的设计费比其他的要高许多，但设计师确实有一些特别的思路和品质。前台的艺术品是俊峰亲自选的，展示效果很好。

对我们来讲，装修风格应体现事务所的风貌，要让大家心情舒畅，能有好的精神面貌。客户进门也能感受到这是一家有朝气、有内涵、有品质的事务所。他们通过陈列的艺术品，可以感受到我们对艺术的讲究，最终感受到我们对法律服务品质的要求。

金杜为什么要在环球金融中心设立金杜艺术中心？展示空间、影像空间、画廊咖啡馆、艺术讲座、艺术电影赏鉴，这些跟人们对律所的印象完全不搭啊。

金杜艺术中心能够设立，跟俊峰和 Handel Lee（李景汉）两个人有直接的关系。

Handel 是金杜合伙人。他在华盛顿出生，在美国大学的法学院读书，先在世达国际律师事务所工作，后来到文森·埃尔金斯律师事务所，再到金杜，大概就是这样一条职业道路。跟律师身份比，行业外的人好像更喜欢把他看成中国当代艺术和时尚生活方式的推手。其先祖是清朝贵族傅恒，母亲是一名画家，所以他从小就受到了良好的艺术熏陶。1996 年，他在北京创办了四合苑画廊，后来投资开发了名气很大的"上海外滩三号"和北京的"前门 23 号"。

1994 年，他作为文森·埃尔金斯律师事务所驻华首席代表来到北京，我们把办公室分租了一块给他和他的团队，大家在同一个楼层办公，也就熟悉起来。后来他不当律师了，去做"上海外滩三号"项目。项目忙完后，俊峰跟他说：要不你到金杜来吧。他就到金杜工作了一段时间，之后又忙着做"前门 23 号"项目。等忙完了，他说还是想做律师，就又回来了。

据说，在环球金融中心这样的 CBD（中央商务区）建立金杜艺术中心很罕见。是 Handel 建议俊峰这么做的。这里汇集了银行家、律师、审计师等各种职业的人。Handel 认为，大家都可以在上班间隙到金杜艺术中心观看和体验艺术，希望艺术能真正成为他们生活的一部分，希望艺术能让硬邦邦的商业生态柔软下来。

俊峰看事情非常长远，他觉得金杜不应该局限在律师业务本身。他把自己这几年收藏的艺术品拿出来，支持 Handel 先做起来，通过金杜艺术中心宣传金杜品牌。

我们希望艺术中心给市场和我们的客户传递什么样的信息呢？

应该是多元性。

律师一天工作十几个小时，会希望办公环境或者办公氛围有一些变化，艺术恰好有潜在的修身养性的作用。我们现在人员多了，相当一部分人也很喜欢艺术，正好有场所让他们在喜欢的事情上放松片刻。

手 记：

对话王玲，我最头疼的是她特别不愿意谈自己。

站在年轻律师的角度，我很想通过对话让大家了解她是怎么走上律师这条路，怎么进入金杜，又是如何成为金杜主任的。她可能是律师眼中最熟悉的陌生人，因为我们出具的每一份证券法律文书上都会有她的签名。

但她总是习惯性地说事务所，说他人。我从王玲身上能够看到金杜倡导的低调——不宣传自己，强调集体，这个特征在她身上体现得非常明显。

通常情况下，我们见到大牌律师，很容易感觉对方"富有"。与王玲交往时，你很容易想到"清贵"这个词，她衣着昂贵，但不显山、不露水。她在回顾自己的往事时，态度都是淡淡的，有些欢喜，但不夸张。记得我问她会不会觉得自己"命好"时，她愣了一下，当时的表情让我觉得自己的问题非常唐突，但接下来，她在回答中把"命好"置换成了"幸运"。

她好像不是喜欢用语言描绘和定义自己的人，但我确实觉得她是个特别幸运的律师，一切都好像是顺理成章的：她不是法学院毕业的，也没有参加过司法考试，功成名就后，才去杜克大学法学院开始学院式的法律学习。

对话王玲的时候，我能从她身上感觉到很多水到渠成的东西，没有那么多刻意，也看不到特别的拼搏。当然，每一个做律师的人所经历的辛苦，在一字一句当中所付出的辛劳，背后的韧性、努力，以及自我挑战，肯定是不言自喻的，只是从她身上看不出"头悬梁、锥刺股"的勉强。

如果说严谨是很多金杜合伙人的基本特征，那她可能是这个特征的集大成者。我发现，在对话中，她特别喜欢说"比较"这个词，很少说"非常"。

在和她的交往过程中，我能够时时感觉到分寸感的存在。在和我们的私人往来当中，哪怕是几十元，她也会很认真地还给你。她在与人相处的时候特别不愿意给人添麻烦，总是希望尽可能地降低你的负担，尽可能少打扰你，待人非常客气、平等。在跟她相处的过程中，你会觉得她特别儒雅。

她说任何一件事都特别中正。持平之论从她的嘴里说出来，总会让你觉得非常自然。我从来没有听她对某个人或某件事恶评过，但她也不是那种很夸张的迎合型的人，不会对别人很夸张地赞美，总是很淡然地和人相处。和她相处总有一定的距离感，而这种距离感会让人觉得比较舒服。

这种长时间的成体系的对话能够帮助我们快速地梳理我们过去对她的印象。两次对话结束之后，我就会很容易理解为什么管委会让她当主任了。

大概在一年之前，有一次我们接待一家中央企业来访，王玲律师以主任的身份出面主持座谈互动。在主持座谈会的时候，你确实能够感觉到由她出面代表金杜，会让人觉得这是一家非常体面、尊贵的律所。她给人的印象不是单调的热情，也看不到任何敷衍。在互动当中，她没有乙方对甲方的讨好，全程显得稳重、得体、有涵养。

我当时闪过一个念头，如果王玲在美国，会成为大法官人选吗？在我们的对话过程中，这个念头一次又一次地闪过我的脑海。

年轻律师该如何向她学习？我觉得品性修养方面的学习很难，唯一可以向她学到的大概就是自律。从她身上能够看到强大的自律精神，无论是着装还是言谈，不管是工作还是私人交往，在她那里，没有随意，唯有自律。

第二章

没有节操会毁掉职业生命

律师小传

没有节操会毁掉职业生命

专业非常重要，但如果你不心系社会、不心系国家，只把它当一个赚钱的生意，干完活就回家，那你就把自己的位置定低了。

王建平律师就是传说中的"北大法律系 77 级"的一员。从团县委副书记到北大法律系学生，从留校北大到去哈佛大学法学院访学，从全国人大干部到美国法学院博士，从美国律师到金杜律师，他明显受过西方律师的影响，但没有任何欧美大律师的派头。他说话极为坦诚，没有京派京腔，朴素得像个孔孟之乡的中学校长。

他最为称奇的是年过四十加盟金杜，乐意从普通律师而不是合伙人做起。在他的朋友们看来，他以倔强之心成就了一段中国律师界的美谈。

王建平——金杜律师事务所合伙人

1957 年, 出生于山东省莱芜市,家中排行老大。父亲是退伍军人。家境贫寒,家风淳朴。

1977 年, 国家恢复高考,以团县委副书记的身份考入北京大学法律系,后留校任教。

1983 年, 访学美国哈佛大学法学院,无意之间,为之后十几年的美国法律生活埋下了伏笔。

1984 年, 任职于法工委经济法室,参与起草多部重要法律,练就了咬文嚼字的本事,养成了着眼宏观的视野,使之日后做律师受益无穷。

1988 年, 怀疑自己个性耿直,因而不适合留在机关工作,赴美国圣路易斯华盛顿大学法学院攻读法学博士学位。

1991 年, 取得法学博士学位,想去美国一家大律所的香港办公室。岂料阴差阳错留在美国岁月静好的中部小城,做了七年律师,什么都有,就是没意思。

1998 年年初, 感动于中国经济一日万里的发展,决意回国。先去香港,香港的居住环境、办公环境及方言让他很难受。

1998 年 5 月, 参加北大百年校庆,决定留在北京,在证监会副局级干部与金杜普通律师之间,选择了后者。

1998 年年底, 受命创建金杜成都办公室,赶上创业板风起云涌,成都办公室出师告捷。

1999 年, 晋升为合伙人,创下了放低身段,从律师做起,凭实力而不凭资历,拼业绩而不拼背景的"金杜美谈"。

2003 年，调任上海办公室，组建证券团队，苦干两年，正准备"大干快上"，却被脑部神经瘤拦住了。

2005 年，病愈之后，接手北京办公室的人力资源工作，创设金杜沿用至今的职级体系。

2009 年起，就任证监会第一届、第二届创业板发行审核委员会专职委员。回国约十年，终是以这样的方式进了证监会，实在是"造化娱人"。

2019 年，主动申请参与创办海口办公室。耳顺之年，看山还是山，看水还是水。

与建平律师的对话，是在金杜海口办公室进行的。2020 年 8 月 25 日上午 9 时，我到达海口办公室，建平律师已经在会议室工作多时了。彼时，他尚是金杜海口办公室负责人，他到这里是和海南作为自由贸易试验区的历史性事件联系在一起的。彼时，他刚刚安营扎寨，办公室还没有装修好，仍是创业的状态。

当时，他让秘书给他做一杯咖啡。

咖啡是一个中国人西方化的符号，我想从这个符号出发，请他谈谈在国外读书、做律师的经历对他回国做律师的影响。

[一] 从哈佛大学回来就不想在北大教书了

您是到美国以后开始喝咖啡的，还是出国前就已经喝了？

> 肯定是到美国之后。说实话，是我第二次去美国的时候才开始喝的。

您第一次去美国是什么时候？

> 1983 年。
>
> 我差不多还有半年就从北大毕业的时候，学校就决定让我留校了，系里已经给我发工资了，我准备留下来当老师。结果到 1982 年，国家决定派公费研究生出国，我就向系里申请，想出去看一看外面的世界。毕竟我是学法律的，都知道有两个法系，一个是大陆法系，一个是普通法系。我在大学期间恶补过英语，快毕业的时候，法律领域的英文阅读不成问题了，系里就同意了。当时学校还是希望我出去学习完再回来继续当老师。
>
> 我准备了一年，在 1983 年 6 月去了美国，到那边先上了三

个月的英语课，然后正式入读哈佛大学。

那时候学费是咱们国家的教育部出，生活费是哈佛燕京学社给的，这个组织资助从中国去美国的这些学生。它只提供奖学金，资助生活费，我到了哈佛大学还是住法学院的学生宿舍。

我在哈佛大学的那一年长了不少见识，也领教了美国人所谓的言论自由。有一次我听了一个马克思主义学者的课，还是蛮兴奋的。下课以后，我就跟他聊了几句，我问他：你在美国怎么还可以讲这个？他说：我只要不宣传暴力革命就可以。他指着旁边的两个人说：你看到那两个人了吗？我问：那两个人怎么了？他说：那是美国联邦调查局的人，我走到哪儿，他们就跟到哪儿，也就意味着我只要说话稍有不慎，他们要么立刻制止我，要么立刻带走我，这是一种无形的威慑。我说：明白了。

1984年毕业回国后，我就不想回北大教书了，感觉差异太大了，美国法律体系那么庞大、复杂，中国那时候只有几部法律。我们是1977级的学生，北大的老师给我们讲过刑事审判政策、民事审判政策，还有已废除的国民党的《六法全书》，再讲点儿苏联的法律，总的来说，没有完整的法律体系。我是搞研究的，没有法律怎么搞研究？得先立法，学者才能有东西研究。

所以我就想去立法部门。我有个同学就建议我联系法工委。那是我第一次知道法工委，于是我就到法工委的经济法室工作了四年。

您后来怎么再次去美国了呢？

1988 年，我第二次去了美国。原因是个人职业生涯受了一点儿挫折，我觉得自己可能太耿直了，不太适合做政府机关的工作。

正好那时候美国有一个法律代表团到全国人大来交流，我给他们当翻译。其中有一个行政法官叫史蒂夫·丹纳（Steve Danner），他对我说：你在哈佛只上了一年学，那你只弄懂了美国法律的皮毛，必须读 JD（法学博士）才能真正了解美国的法律。我说：读 JD 很好，但学费太高了。他说：这你不用发愁，你只要想学习，我就帮你解决学费的问题。

当时，密苏里州有一所圣路易斯华盛顿大学法学院，他认识那个法学院的院长，可以申请免除学费。我说：免了学费，那生活费怎么办呢？他说：我可以让学校给你申请一笔助学金，你在学校再打工赚一点儿钱。他就这样把我说动了。

最后，我报告法工委，说之前在哈佛的一年没有研究透美国法律，想再出国深造，法工委批准了。

就这样，1988 年，我去了圣路易斯，读了 3 年 JD。1991 年毕业后，我想到美国的大律师事务所去工作。但是如果跟美国大公司打交道，人家肯定首选美国土生土长的律师做非诉讼业务。那时候，从中国去美国的律师一般做的都是跟中国有关的业务，因为有双语的优势。我没办法，就在当地跟一个华裔律师做小企业法律服务，什么业务都做一点儿。我在那儿工作了 7 年。

一开始很辛苦。我爱人在 1989 年带着孩子和我会合，她在美国做过很多种工作,其实她在国内本来有很好的职业,为了我牺牲了自己的工作。

我做律师以后开始有些积蓄了,就做点儿生意,后来买了一些铺面,还买了两家快餐店。我爱人挺忙的,生活很充实。那是我职业生涯的一大阶段,就是30—40岁这个时间段。在美国生活非常安逸,因为在美国做律师很受人尊重。客户都是到我办公室来拜访。我买了大别墅和私家车,周末会带着家人去露营、烧烤。

[二] 不当干部,放弃安逸来当"小律师"

您为什么放弃美国安逸的生活,选择回国做律师呢?

到40岁左右的时候,我就有危机感了,觉得人好像不能老是这么赚钱,得想办法干点儿事业,所以就想回国。那时候我没什么可担心的,毕竟我们有一个小的购物中心的租金收入,有两家餐厅,所以有足够的收入来支撑家庭生活。就算我回国闯事业失败了,再回去也可以。

我虽然人在美国,但跟我在国内的同学们一直有联系。北京的同学在国内做上市这一块,深圳的同学做房地产这一块,都做得热火朝天的,跟他们交流的时候我就被刺激了,我说我想回来。

马上就回北京了?

一开始没有直接回内地。我的同学说:你要不就先到香港过渡一下。

我到香港,去了中国法律服务(香港)有限公司,是司法部在香港的窗口公司，很大的一块业务就是公证。我在那儿干了三个月，结果不适应。因为我在美国时都是在很开阔的地方工作，到香港之后，抬头只能看到天，很难受，每天都得跑到香港会展中心那边的海湾透透气，周末还会跑到深圳找同学玩。

还有一个问题是我学不会广东话，感觉压力很大。

您是什么时候决定离开香港回内地的？

1998年5月，我回北京参加北大的百年校庆，然后就不想回香港了，就想着在内地发展。那时候我还不知道金杜，我先打听的是另一家名气挺大的律所，那家律所的意思是我交入伙费就可以当合伙人。我说：我再琢磨琢磨吧，因为我不知道怎么当合伙人。后来，我辗转来到了金杜，一晃就是这么多年过去了。

1998年，金杜在全国的员工都不到一百人，上海只有十几个人，顾耀良老律师主持工作，张毅、李绍文和金立宇三个人跟着他。深圳办公室是史玉生在主持工作，当时可能也就七八个人。

您回内地的时候，做律师是唯一选择吗？为什么选择做律师？

还是这么多年执业履历的原因。我当时有几个机会，其中之一是证监会，它让我做法律部的副主任，是副司局级。我说我已经在政府机关干了很多年，就想着踏踏实实地做一点儿律师的事业。我不想回学校教书，总觉得自己才疏学浅，不想误人子弟。另外，我觉得自己没什么本事，不适合做企业家。

我觉得自己反正受了这么多年的正规法律训练——在北大读了四年法律专业,在美国读了四年法律专业,又做了七年律师——还是老老实实地做律师比较好,没什么其他想法,就喜欢律师职业。

后来我在给金杜的年轻人讲课的时候也说,律师这个职业,特别是在金杜这种平台,你只要好好努力,做到合伙人,再努力做到资深合伙人、满点合伙人,那你这一生积累的财富是相当可观的,在中国绝对能有中上等的生活了。另外,律师职业的风险比较小,你只要尽心尽力地干活,律师费就拿到了。而商业冒险可能会搭进去一辈子。

另外,赚多少钱算是止境?你个人能消费的又占比多少?所以如果你只认钱,就别做律师,有很多职业都能赚钱,还能赚大钱——当然,那些职业如果输可能就会输得很惨。做律师虽然很辛苦,但哪个行业不辛苦?

您刚来金杜的时候不是合伙人,是先从律师做起的,这是您提出来的还是金杜提出来的?

是金杜提出来的,管理层比较谨慎,觉得应该让我从律师做起。金杜刚开始答应我,做律师的月工资是两万元,结果几经折腾降到一万元。我说:好,就这么多吧。我是山东人,比较倔,认为反正是靠本事立足的,就算你让我当合伙人,如果我觉得自己能力不够,我也当不了;我要是能做,你不让我当合伙人,我也能当合伙人。

后来,俊峰总跟别人说:你看建平,来金杜不问待遇,最后不也做到合伙人了吗,你们都要向建平学习。我说:俊峰，你抠门，一开始给我定的待遇才两万元，你还扣了一万元。一万元是啥概念？我在美国做两天律师就赚出来了。但我毕竟想回国干事业，就忍下来了，用实际行动来证明自己的能力。

[三] 踏踏实实从律师做起

您这一证明，就成美谈了。那时候您的资历、学历，各方面都让人难以企及，而您还愿意从律师开始做起。

这是骨子里面的一点儿东西。俊峰后来经常在会议上说：建平干啥都很好，就是脾气有点儿倔。我不反驳他，因为这种倔是我们山东人的执着。我是很爱面子的人，不想占别人的便宜，如果我没有实力，我也坐不住合伙人的位子。所以，我还不如踏踏实实地从律师做起。

为什么会派您去创建成都办公室？您熟悉成都吗？

不熟悉。

我刚回国的时候选择做资本市场，第一个项目是中国光大集团股份公司收购丽珠医药集团股份有限公司。后来中石油H股[①]上市项目还没做完，所里就安排我去创建成都办公室了。找我谈话的合伙人小白说：建平，金杜在西南地区有发展，我找人算了一卦，你最适合到那里去。我说：你别忽悠我，你们想派我去，我去就得了。就这样，我到了成都办公室。天时、地利、人和，当时正好赶上国家在鼓励创业板发展，四

---

① H股指注册地在内地、上市地在香港的中资企业股票。——编者注

川人的资本意识是蛮强的，很多企业都张罗着上市。我整天带着那几个年轻人出去谈业务，有时一天连谈三四家企业，就把那一块业务做起来了。事务所的规模壮大后，有三四十个人。

金杜为什么后来让您去上海呢？

我在成都干了五年，也不知道俊峰是怎么考虑的，他说：建平，上海这边有大市场，我们在上海的力量比较薄弱，可能需要把你调到上海去工作。他可能担心我不愿意去，觉得好不容易打下一方天地，挺舒服的。但山东人就会认为，这是你看得起我，那我就立马把成都办公室交给别的合伙人，去上海。

我到上海的时候，当地办公室还没有证券团队，上海的证券团队是我组建的。

上海证券团队组建好，可以大干一场了，那您为什么又回北京了？

2003年，我体检时查出大脑里长了一个右耳听神经瘤，大概是一粒花生那么大。经过几番诊断和方案论证，我在天坛医院做了手术。医生说脑瘤对我的伤害很大，让我有一点儿面瘫了。我现在右脸这侧的神经还是不太灵敏，刚做完手术的时候更明显。后来我休息了差不多一年，俊峰和其他同事都很关心我。所里给了不少待遇，让我安心养病。所以我很爱金杜这个集体，有身在大家庭中的感觉。

[四] 中国律所的律师职级体系

听说金杜的律师职级体系是您建立的？

是的。病休一年结束后，我申请恢复工作，俊峰安排我开始做人力资源这一块。金杜人力资源的基础制度是我建立的。律师的定级制度，即律师助理、律师、主办律师、资深律师、顾问，是从那个时候开始实行的。

您那时候把金杜的律师体系设置为律师助理、律师、主办律师、资深律师、顾问，参照过外所的做法吗？还是您自己根据实际情况设计的？

我参照了外所的做法，也结合了金杜的实际情况。为了设计金杜律师体系，我做了好多调研，跟当时参与人力资源管理工作的合伙人及管理层合伙人一起反复研究过。

外国大所的律师职位中，除了合伙人，从低年级到高年级一般分为律师、资深律师、顾问。

我们国家其实是有律师职称的，早在1987年，就有了一级律师、二级律师、三级律师、四级律师、律师助理这五个不同等级的职称。一级律师相当于正教授职称，二级律师相当于副教授职称，三级律师是中级职务，四级律师和律师助理都是初级职务。

我们根据金杜的实际情况，结合外国大所和我国职称，设计出律师助理、律师、主办律师、资深律师、顾问这五个不同的职级。

我们对资深律师这个职级的要求是：做好当合伙人的准备，要具有带团队的能力，独自带着一个小团队就能做业务，没有重大案件把握不住的情况，就不需要跟合伙人商量。

"主办律师"这个词，中国没有，外国也没有，是您的独创，听上去像医院的"主治医师"，您当时是怎么想出来的？

这个我真的回忆不起来了。

但是主办律师这个位子是我们当时认真研究以后，觉得比较吸引眼球，才这样设置的。

我们主要还是想做点儿区别，让律师们感觉到身份有点儿不一样了，比如自己是三年级律师可能没什么概念，但要是自称主办律师，那自我的满足感还是挺强的。

[五] 美国律师与中国律师，行业地位有差别

对比您在美国做律师和在中国做律师的感受，有没有什么特别大的不同？

大的不同有两方面。一是美国社会对律师的尊重程度远远高于中国社会。我们做的很多服务都是要到企业的现场去，到企业老板的办公室去，但在美国，是客户到你的办公室来。客户让我去他那里也可以，但我要收路费。

二是普通法系的思维比较细致。比如起草合同文本，写声明与承诺，我们受西方的影响很大。特别是在起草一些法律文书的时候，得把每一种可能的情况写到，这么细致就是防止出现漏洞、误解等情况。

除此之外，我感觉美国律师行业对职业道德还是非常在意的。律师每年必须得修职业道德学分，不修完学分就不能过关。美国律师讲的职业道德的细致程度也是我们没法比的。比如你到法院出庭办一个案子，在电梯里边见到法官了，你和他打个招呼是不合适的。或者说，你想跟法官沟通也可以，但不能单方沟通，另外一方的律师也得一起参与。

做律师这件事，您是越做越喜欢，还是一开始就喜欢做律师？

我一开始就喜欢做律师。我第一次做律师不是在国内，而是在美国，那时候心里想的和回到国内心里想的，是不一样的。

在美国做律师，生活富裕，受人尊重，衣食无忧，但没有很高尚的想法。

回到国内，我还是喜欢这个职业，因为做律师让我感到自豪。在美国，虽然收入等各方面都不错，但我根本没机会接触大公司和大项目。回国之后，我马上参与了中石油上市、中国人寿保险（集团）公司（以下简称"中国人寿"）上市、中国北车股份有限公司上市等对国家有影响的法律服务项目。我参与其中，有一种躬身入局的职业自豪感。另外，我帮助一些民营企业从创业到上市，跟它们一起经历艰辛、见证成功、分享喜悦，也有很大的职业成就感。

您能举一个跟民营企业一起跋山涉水、披荆斩棘、分享成功的喜悦，因而独享律师职业成就感的例子吗？

珠海有一家公司是做激光打印的，这个行业原来只有美国和日本有。这家公司是几个人杀出了一条知识产权的血路，硬是在中国发展起了激光打印产业的，我很佩服他们。几年前，该公司在美国收购了一家很大的企业，是中国并购史上"蛇吞象"的经典案例。

像这样的客户，遇到大的事情一定会给我打电话商量，有时候人家会专门跑到北京，就为了跟我见半个小时面，聊一下。你说我有没有职业成就感？

在这次收购中，跟美国的谈判过程是很痛苦的，因为有美国国会中国经济与安全审查委员会参与，委员会提的都是很刁钻的问题。珠海那家公司聘的美国律师是从这个委员会出来的合伙人，连他都没办法解决问题。

在听证会上，客户一开始说自己做并购能给美国创造多少个就业机会等，话没说完就被美国官员打断了，说现在谈的不是就业的问题，而是国家安全问题。客户蒙了，不知道该说啥了。我们的徐萍律师于是接话说：你们国家关于安全方面的事项，我们都理解了，我们现在给你对应的方案，能解决你的问题。最后就谈成了。

所以这个客户到哪儿都说金杜好，到哪儿都说美国律所不好，说他深深地感受到中国企业往外走的时候，必须靠自己的律师，而美国律师把这件事当成赚钱的生意，他是不会从你的根本利益上去考虑的。

人家夸我帮忙办成了这个业务，夸我们团队的合伙人优秀。你说我开不开心？

这种职业的成就感是让我们热爱这个职业的一个很重要的原因。

[六] 我经常内心惶恐，睡不着觉

不少律师都喜欢表现自己聪明。但是从我进事务所接触您开始，我没有哪天感觉到您去刻意表现自己的聪明，反而是拙诚的样子非常明显。这是您的天性还是练习的结果？

怎么说呢？我个人觉得，我经常内心惶恐，总觉得自己的学识不够，会给人家搞砸了什么事情。客户的事，我会放在心上，晚上都睡不着觉。

另外就是职业生涯的经验积累，你只有很坦诚地把自己最真实的一面展现给客户，才能赢得人家的信任，而在律师这个行业里，信任是很重要的一件事情。现在这些企业家智商都很高，不要觉得你比人家聪明一等，这是不可能的。

法律服务市场竞争激烈，我们虽然不见得比客户和企业家聪明，可是，别的律师吹牛，而您不吹牛，就不怕自己吃亏吗？

就算吃亏也不能吹牛。我不敢吹嘘自己比别人高明到哪儿去。为客户服务的时候，除了专业能力与经验学识，服务态度也很重要。不吹牛，而是坦诚相告，不仅仅是职业道德，也是服务态度。我跟企业家交流的时候都非常坦诚，我做不到的地方一定会告诉对方。如果我告诉对方有的事我做不到，可他还让我帮他办，那我就全力以赴地帮他办。

我在美国做律师时，律师协会给我们上课，讲职业道德就是这样讲的。比如，来了一个诉讼案件，你要先做客观分析，哪些是你的优势，哪些是你的软肋，然后总结评估你对这个案子大概有几成把握。如果你只有五成把握，那你要如实告诉客户，客户听了如果坚持让你继续做，那你就全力以赴继续做。

[七] 没有节操会毁掉职业生命

有的律师特别把客户的事放在心上，总希望把客户的事办成，甚至为此托关系、逾越规则，到头来把自己搭进去了。对此，您怎么看呢？

我认为不值得。律师得保持自己的节操，不能为了一件事把自己的职业生命毁了。有来自各方的压力很正常，就看你怎么用智慧来化解。我经常跟我们搞证券的合伙人和律师讲，做证券业务如履薄冰，生怕哪天出了问题把我们搭进去。一个人搭进去，那金杜的整个证券团队就搭进去了。所以我跟我们证券业务的合伙人讲：我们真是合伙人，命是连在一起的，你自己搞砸了有可能把我们大家都搞砸了，所以绝对不能干不合规的事。

大家在争取案源的过程中偶尔会发现，如果拒绝商业贿赂，我们的竞争力就会被削弱。这种情况怎么办？

之前还有律师问我，拿一个项目时，人家有暗示，是不是要给人家啥好处？我就说这件事不能办，如果这个业务丢了，就说明这个业务跟金杜无缘。

你只能用专业知识和品牌来说服客户，取得对方的信任。你看我们在海南争取业务，竞争是白热化的，怎么办？只能总结分析以后，看看我们的长处在哪里，然后利用全所的资源做好专业的事，让客户认同律师的价值，也认同我们的收费标准，不会因为贵而跑掉，这才是咱真正的客户。

[八] 暗示社会关系会让我寝食难安

有的律师承揽案件的时候会说他们认识谁，跟谁有什么关系，显示有人脉。您好像从来不说这样的话，为什么呢？

没必要说。如果说我认识谁，那一定是一种暗示，就是我可以通过他帮你办什么事。但如果没帮人家办成，你就会毁了自己的口碑。人家就会说："那个王建平律师就是个大忽悠，我以为他认识谁，能帮助办这件事，结果根本没办到。"这不是砸了自己的牌子吗？

但在实践中，有的律师这么说好像有效果。

只能说，目前中国的市场环境还有这些人的生存空间，他们能靠夸大的、有水分的宣传或暗示拿到一些业务。我不欣赏这种做法，所以我不会做。如果说这种话，那我会寝食难安的。

[九] 中央机关工作经历的好处

您自己回头看，您在法工委工作的经历对做律师有没有什么帮助？

那是我人生经历中很特殊的四年，肯定有帮助。如果只跟客户谈法律的事，那我们谈两句就没得谈了。企业家是精英，很希望听听你对国内经济、国际政治的看法。

你在中国当一个好的企业家，如果不研究党和国家的政策，是很难适应的。所以我接触的这些有见识的企业家，都会认真地研究政府工作报告、中共中央发布的文件，都是很敏锐的。比如"一带一路"倡议对他来说意味着什么？自由贸易港政策对他来说意味着什么？

我和客户在一起的时候，其实聊法律聊得很少，很多时间都是在谈怎么看中美关系，怎么看自由贸易港政策。法工委培养了我对于政策的理解水平和从国家宏观角度看待问题的能力，我认为那是我最大的收获。日后我跟客户谈论业务和其他问题的时候，至少对方觉得我的观点有一定的水平和道理，愿意跟我谈论这些话题。

听说，机关工作的经历还练就了您咬文嚼字的本事？

是的。到现在，我拿过手下律师起草的文件，马上就能看到错别字。他们说：我们已经反复地看了，怎么连一个标点的错误都看不出来？我说：不好意思，这就是我在法工委练出来的本事。

[十] 美国律师也讲究人脉资源

"9·11"事件那年的《时代》周刊年度风云人物，是时任纽约市市长鲁道夫·朱利安尼。我很好奇，像朱利安尼那样在政府工作那么久的人，到律师事务所该如何获取案源呢？

你这个问题问得很好。美国虽说是一个纯粹的商业社会，但人性使然，他们也有自己的圈子，也有自己的人脉。合伙人拿业务实际上也是靠人脉。除非这家律师事务所的专业水平非常高，这块业务非它不可。当大家的水平差不多的时候，那就靠个人的人脉圈子了。

您当过中国证监会创业板发行审核委员会委员，也了解美国证交会，他们也有离职去当合伙人的，他们怎么处理官员与律师的关系？

美国证交会和美国 FDA（食品药品监督管理局）的官员离职后做律师，也是靠圈子，但他们有一个执业禁止规则。你看美国有个特点，就是政府高官经常来自大企业，比如高盛集团和美国财政部之间人员的流动。有法律背景的政府官员卸下公职到大律师事务所当合伙人，也很常见。那你说，律所凭什么让他们来当合伙人？简单说，就是他们能带来客户资源，因为律所不指望他们亲自干活。

我们一般认为律师应当口才好。现实中，我们有时候见到口若悬河的律师，本来希望他能对客户有感染力，结果被对方当成了大忽悠。对此，您怎么看？

感染力不是用夸大的语言就能达到的程度。第一，你的思维逻辑要很清晰。第二，一定要有专业知识支撑，因为对方虽然不是行家，但能听明白。

我陪同接待过欧美国家的一位律师协会主席，他的社会事务繁多，可能很难天天去跟客户开会，那他怎么给事务所做贡献呢？

我觉得是这样的。首先，律师事务所是一个商业组织，它一定是瞄着商业活动营利的。合伙人做任何一个活动都会直接或间接联系并谋取案源。比如我听说有一个互联网科技论坛，我就说：敬平，你去做一场演讲。演讲本身不会产生任何直接收益，可能还会倒贴钱，但你去讲了，就相当于给金杜做宣传，向人们展示金杜有这块业务、有这样的专家，说不定哪一天就有人带着案子来找我们了。

其次，一家大的律师事务所肯定是有分工的，我觉得金杜在这方面可能做得还不够。原来我在管委会的时候也讲，合伙人组织跟军事组织是一样的，要有分工。相应地，对合伙人的考评也不一样。我们事务所所谓的公司化管理，并不是所有人都在做业务，还有做市场和做管理的。销售部门和后台支持部门与人力资源总监的考核肯定是不一样的，很难说谁更重要。我认为针对不同部门的考评应该有不同的标准，如果是唯业绩论，那直接就搞砸了。

[十一] 大律师应该有社会影响力

您觉得律所合伙人在整个社会体系当中，有哪些独立价值呢？

我觉得取决于几个因素。首先，事务所这个平台的社会影响力有多大。其次，你个人的定位是什么，你怎么看待自己的地位、作用和价值，它们跟你的社会责任感紧密相关。

比如我们现在在海南组织金杜参与自贸港立法项目，提了很多很重要的建议，也赢得了政府的尊重。人家一看，金杜提的意见确实很独到，而且专业。但你如果不心系国家、不心系社会，只把它当一个能赚钱的生意，干完活就回家，吃个火锅、喝个小酒就行了，那你就把自己的位置定低了。

我们总是喜欢说"大律师"，您觉得到底什么样的律师才是真正的"大律师"？

"大律师"是没有严格的定义的，我个人觉得有三点可以参考。

第一点，大律师首先在专业上应该有一定的造诣。只纯粹做市场的话，我不认为是个大律师，但可以说是个大合伙人。

第二点，大律师应该有一定的社会影响力。同时，在业内，大家认为你的专业水平达到了一定程度，都认同你。

第三点，你交际的圈子，包括企业家、政府官员、学者等，都认同你。

[十二] 要想功成名就，就先蹲马步

您作为法律工作者早就功成名就了，是什么样的动力鼓舞着您还在这么努力地工作呢？

首先，我觉得自己身体还可以，不想早早退休当个"废物"，我希望生活充实些，能为社会做点儿事。我比较喜欢农业，自己有一个农场，退休了可以到农场种香蕉和咖啡，其实挺好的，但我觉得我还没到那个年龄。

其次，我加入金杜比较早，那时候金杜的规模还很小，我是看着它长大的，对这个集体有很深的感情，发自内心地喜欢，希望金杜越做越大、越做越强。我虽然退出了管委会，退出了一线的管理工作，还是想着给事务所做点儿力所能及的工作。

您还想为事务所做些力所能及的事，所以主动申请负责海南办公室？

这么多年，我在海南有了积累，我能感受到海南将来会成为咱们国家新的增长点，也肯定会成为金杜新的业务增长点。我虽然年龄大了，但还想给年轻人再打一个基础。我主动申请负责海口办公室，其实就是希望在三年内，把这个地方打好基础。等到海南的经济往自贸港的方向发展好了，带来了很多业务机会，那时我们在这里就已经有一个战略布局了，业务就会好开展一些。要不然等各方面都发展得很好了，其他所的律师也都跟企业建立了深厚的革命感情了，你再硬插一杠子抢占业务，就很难了。

您对金杜的年轻律师有哪些期待？

还是我之前说的那句话，律师是专业人员，你一定要有专业的功夫才行。这个专业的功夫其实跟武功一样。武功是怎么来的？大家都是先蹲马步，很辛苦，貌似简单、无聊，但是没有基本功就叫花拳绣腿。

大家受的法律教育的基本功底就在那里，没有笨蛋，我看到的优秀律师都是比别人多下了苦功夫的。

打好基本功之后，你要有很好的职业规划。假如你想当律师，就要按照金杜的职业阶梯一步步地、踏踏实实地往前走。

做得再深入一点儿的时候，学识就应该稍微广一点儿，要有一点儿社会经济、时事政治等方面的知识。你在跟客户谈话的时候，不能只谈法律，最起码大家要有一点儿共同话题，就比较容易加深彼此间的感情。

如果能重新选择，您还会愿意选择做律师吗？

假如有另外一次机会可供选择，我是当个律师，还是当个企业家，还是在政府工作？我回答不了这个问题。我只能说，假如再有一次选择机会，再当律师我也不会后悔，因为我很喜欢现在这份工作。

[十三] 上大学没报法律专业

您在 1977 年就读北大时为什么选择学习法律专业？

我中学时代很崇尚理工科。

1977 年恢复高考，我考大学的时候报了三个志愿：第一志愿是吉林大学的政治经济学系；第二志愿是山东大学的哲学系；第三志愿是北大国际政治系。为什么报北大国际政治系呢？因为我是共青团干部出身，考大学之前已经是团县委副书记了。但我对自己能不能被北大录取没抱太大希望，毕竟我是小地方出来的，英语也不好，所以它是第三志愿。没想到最后被北大录取了，我很兴奋，拿着录取通知书到了家门口，一步就跳到屋内，说：爸、妈，我被北大录取了。

那个年代上大学也需要"供"吗？

当然需要"供"。我上大学总需要一点儿生活费用的，我有一个妹妹和一个弟弟，那时候家庭收入不够，爸爸妈妈的工资比较低，家里养不起两个大学生。我妹妹就为了我这个大学生，放弃了自己上大学的机会，所以我一直对妹妹很感恩。我爸是一个普通的基层干部。他18岁入伍，没打几场仗就在山东省潍坊市负了伤，截掉左腿，上了速成中学。之后，他就转业到莱芜市了。那时候每个家庭的收入水平都差不多。

按照您刚刚所说的，学习法律其实不是您的初心，那您的法律人生是"被法律的人生"啊？

是的。我根本没有填报法律专业，我是被组织分配到法律系读书的。我到北大第一天，党组书记赵振江召集所有学生，发表讲话说：我知道你们都没有填报法律系。你们是我们最信任的同志，别的咱不说，我向你们保证，你们毕业以后肯定有工作做，不会失业。

今天说这些，大家可能不容易理解。那是1977年，刚刚从"砸烂公检法"的混乱时代走来，谁会想到读法律专业有前途呢？

手 记：

在我以前的印象中，建平律师是一个奋斗者、牺牲者、奉献者的形象，但他讲起自己的故事来特别真切，没有宏大的历史叙事，都是凡夫俗子在彼时彼地的所思所想，有家国情怀的追求、柴米油盐的计算，也有书生意气的希望。比如，从哈佛大学毕业回国之后，在全国人大法工委工作，为什么又去了美国？他说的原因也和宏大的理想没有关系，完全是个人在工作中的一些挫折感所导致的。这对我们今天的青年律师理解、学习前辈来说的意义，一点儿都不亚于后者的成就与贡献。

他在美国做律师的经历，在今天的一些青年律师看来仍是很炫目的经历。但他自己说起来是平淡无奇的，而且是不灵光的。他把自己在美国做律师的经历说给你听的时候，你觉得就像洗碗打工、挣工分。一个年过花甲的人在回顾自己过去的时候，没有美化自己，这种对自我和他人的真诚是非常难得的。

如果不是因为律所主任告诉过我，我难以相信，以建平律师的工作经历、人际背景，进入金杜，会从一个普通律师做起。我相信，今天把这件事说给我们的同事听，都会让很多人觉得这是一条大新闻。

建平到了所里以后，不仅从基层做起，在成为管理合伙人之前，还要经历"南征北战"、离家外派的考验。他被派到成都去创建成都办公室，一个人去拜访客户、开拓市场。在成都闯出一片天地后，又被派到了上海。很多律师不喜欢出差，也不喜欢在外面待很长时间，觉得辛苦，不知道他们看了建平律师的对话会怎么想。过去，在事务所里，俊峰经常说，大家要讲奉献、讲贡献。我想，很多同事和我一样，并没有直观的感受。但我从建平律师身上就明白了"讲奉献、讲贡献"不是一句空话。

这次对话结束之后,我从广州办公室合伙人李春开律师那里听到了一个故事。他们到海口办公室要竞一个20万元的标,市政府要求投标单位写一份地方立法的草稿,建平律师觉得这个标很重要,对我们在海口打开局面有意义,所以自己去做标书,一字一句修改,准备到深更半夜。他考虑到了每个细节,又一定要合伙人穿上正装,不要随意。其实,第二天投标陈述的时间仅十来分钟。

在李春开这样的晚辈律师看来,律所有这样的合伙人,可以维系我们的精神气质于不堕。这种精神气质会让我们丢掉很多浮华,也少一些浮夸。

第三章

边界与分寸

律师小传

做律师与卖可乐本质上没有区别

王立新律师是南开大学的传奇：一个数学系毕业生做律师做成了杰出校友。

他不是那种哈佛大学法学院出身的金杜合伙人，也没有华尔街著名律所的工作经历，他是以"小律师"的身份从本土律所一步步打拼出来的。他二十多年的律师生涯堪称鱼龙变化，值得起点不高却志向远大的青年律师借鉴。

王立新——金杜律师事务所管委会委员、金杜华南办公室管理合伙人

1969年，出生于河南省商丘市，父亲是河南省杰出的教育工作者。

1987年，入读南开大学数学系，师从著名数学家陈省身先生，兼修法律专业，领取法学生奖学金的时候，平生第一次见到律师。

1991年，大学毕业，被分配到某机关的法律顾问处工作。

1992年，受邓小平南方谈话的鼓舞，不顾家人反对，扔掉铁饭碗，跟女友南下深圳，成为"92级深圳人"，任职于深圳《特区经济》杂志社。

1994年，采访深圳市对外经济律师事务所主任，机缘巧合，做了律师。

1997年，想做证券律师，入职信达律师事务所，三年后成为信达律所当年最年轻的合伙人。

2002年，加入金杜深圳办公室。一位出身于欧美大律所的资深合伙人不看好他，犹如欧美大律所当年难以相信中国律所能在二十年走完它们至少走了百年的路。

2006年，主办完结的广东发展银行（以下简称"广发行"）重组引资项目，是2006年全球最大的金融并购案例，荣获《亚洲法律杂志》"年度并购交易大奖"，本人赢得2006年"金杜年度合伙人"。

2008年，赴美国国际法研究中心做访问学者，成为金杜广州办公室管理合伙人。

2011年，被《钱伯斯全球法律概览》列为2009—2010年公司/收购兼并领域的世界杰出律师，认为他能为客户提供"明晰的商业观点"，拥有"极好的沟通技巧"。

[一] 数学系毕业的"小律师"

不管从哪个角度讲,您现在都是一位非常有成就的律师了,这是您当初学习法律的初心吗?

> 说句实在话,不是。我本来是南开大学数学系的本科生,数学是我最热爱的专业,我最初学习法律没想着将来会做律师。当时南开大学可以修双学位。我的专业是数学,就想再修一个文科学位,所以选了法律作为第二学位。当时法律在我心目中代表着权威,我学法律最关注的点是民主和人权,我的法律专业学位论文也是这方面的内容。我学得还不错,是南开大学唯一敢去法律系进行论文答辩的本科生。

您在南开大学学习法律的时候了解律师行业吗?接触过律师吗?

> 那是 20 世纪 80 年代末期,我对律师没有概念,不知道中国还有律师这个职业。第一次见到职业律师,是我领取法学专业奖学金时。有一项奖学金是中国台湾的一家律师事务所在南开大学设立的,大律师颁奖的时候和我握了握手,说他是台湾的律师。这是我第一次看到律师,觉得这位律师看上去挺好、挺有钱的。
>
> 我第一次知道中国大陆有律师行业,是从我们法律系教《中华人民共和国婚姻法》的两位教授那里知道的。他俩因为挂职在外面代理案件,收了一两千元,被学校通报批评。我印象特别深刻,因为那个时候赚一千元是不得了的事。我当时想,看来律师跟个体户一样,是个赚钱的行当。

从您学法律那天开始到您真正做律师,从人生命运的角度看,这是偶然的还是必然的?

这个不太好说。我学了法律，就有机会做律师。但我大学毕业头几年没有做律师。

我毕业后的第一个单位是机关。1992年，邓小平在深圳发表南方谈话，捅破了市场经济的窗户纸，举国沸腾。我受他讲话的影响，跟女朋友一起，热血沸腾地从原单位跑出来，要去深圳闯一番事业，实现一点儿人生价值。可是，究竟去深圳干什么，我并没有想清楚。那时候，机关干部怎么"辞职"没个说法，说是"辞职"，其实就是从原单位"跑了"。说是"闯荡深圳"，其实就是到深圳打工，家里人肯定不同意：这怎么行呢？不要国家分配的工作，要出去打工，这不是开玩笑吗？

可我还是跑到了深圳。今天，"92级深圳人"像一枚荣耀的勋章，可当时的那种落魄是你们想象不到的。我到深圳后举目无亲，连个睡觉的地方都没有。我给一个工厂的保安大哥送了2元，他就让我溜进他们工厂的职工宿舍睡觉。我女朋友很快找到了一家企业做财会，我却没那么幸运，到工厂应聘流水线工人，但人家嫌我瘦，担心我干不了。

几番折腾，我在《特区经济》杂志社找了一份工作，做一些广告类的采编业务。部门名称叫发展部，实际上是广告销售，还卖一点儿礼品，算是杂志社赚外快的地方，偶尔还会给人家拍拍照片和广告。

我干了一段时间，等稳定下来之后觉得这样不行，得看看有没有更好的出路。于是我考了律师资格证，想着将来能否做个律师。

深圳的律师行业与深圳经济特区的改革开放是同频共振的，创下过多个"全国第一"：1983年司法部批示同意成立的深圳蛇口律师事务所，是中国恢复律师制度后第一家律师事务所；全国第一家以创办人个人名字命名的律所是1989年在深圳成立的；中国第一份律师证券业务法律文书，也是1991年在深圳出现的。

您考完律师资格证，马上就去做律师了？

不是马上。我是1992年考取律师资格的，做律师是1994年的事。

机缘巧合，有一天，我去采访深圳市对外经济律师事务所的主任。主任领导的这家律所是中国第一家从事涉外业务的律所，是1983年成立的。当时，它要从国办所改成合伙所。我说：我是学法律的，也有律师资格证，能不能到你们那里做律师。主任说：我们正在改制，都没有铁饭碗了，你要是想来，可以。我就去了。

我一天律师都没做过，也不知道该怎么做，一头雾水。当时，打字是很专业的岗位，我们要跟打字员搞好关系，不然自己的文件都没人帮着打，跟今天完全不一样。我当年20多岁，完全是从零开始的小律师。但是，我很快就在律师工作中找到感觉了，包括如何处理客户关系，觉得这个工作挺好。

听说您做律师的第一个案子收到了1.5万港币的律师费，就花了1.4万买了"大哥大"。我有点儿好奇，在当时的条件下，一般人不会这么花钱，您是怎么做出这个决定的呢？

这个可能跟我的性格有关系，当时我就是想装出排场来。"工欲善其事，必先利其器"，当时最大的利器就是"大哥大"。我还买了个公文包，整了条领带，律师费基本上花光了。

当时"大哥大"是很牛的一个东西，我觉得我一定要有。我要做律师，就要保证能及时联系到人。我当时想回所里申请直拨电话，所里说没有直拨电话，只有一个分机号需要接线员人工转移，他要是不高兴了还不给你转。所以我拿到律师费就马上去了中国移动深圳总营业部，选了个号码，买了一部"大哥大"，这也是我的第一部手机。这个号码是我一直用到今天的手机号，从模拟升位到数字再升位，号码的其他部分发生了一些变化，但是后面这几位数一直没变。那个时候"大哥大"一个月的费用超过一个人一个月的工资是很正常的。但我想做一个好律师，就咬咬牙，认了。

能讲讲您律师生涯的第一个案子吗？就是那个收了 1.5 万港币律师费的案子。

这个案子蛮有意思的。一个香港的做皮革加工的商人跟内地某市对外贸易经济委员会（以下简称"外经委"）发生纠纷，市里认为港商骗了他们几百万港币。市公安局局长、外经委主任亲自带队，把港商从香港喊到深圳抓走了。当时，深圳没有那么多家律师事务所，我所在的深圳市对外经济律师事务所当然就是很难得的一家律所，这个港商的朋友何先生就通过律所找到我去做辩护。这样的案子，很多律师不敢做，担心被人家扣住。我是初生牛犊不怕虎，说：我敢。

我印象特别深，这个港商的好朋友何先生是香港人，很帅气，他那天穿了一条牛仔裤和一件花上衣。他一见我就说：我来交律师费，你收多少钱？我咬咬牙，跟人家要了 1.5 万港币，人家当场就从口袋里把钱掏出来给我了。我有点儿后悔，觉得要得太少了。

钱收得爽快，那案子好办吗？

还是蛮难的。当时路途就很艰难，坐火车绕了很远。到了之后，我还没住下来，当地公安局就盯上我了。我当时还挺聪明的，找了对方的律师，他是当地一家国办所的主任，大概有 40 岁，人挺好的。我说："这是我第一次做律师，咱们商量一下怎么解决问题。市里要想把钱拿回来，得先放人，放了之后，他才能回家筹备钱，才能还你们钱。"

我请这位主任带我去跟市政府的人谈。市政府的人给了港商一部传真电话，让他跟家里人通电话，把事讲清楚，付钱过来。政府很快收到钱，于是我在取保单上签了字，很快保释了这个港商。你看，我第一次执业就干了一件风险这么大的事，但我当时完全不知道这意味着风险。

[二] 从小律师到大律师的鱼龙变化

您在深圳对外经济律师事务所那两三年如鱼得水，为什么跳槽去了信达律所呢？

因为我想做证券律师业务。20 世纪 90 年代中期，证券律师很体面，也很赚钱。当时，信达律所做证券业务不但在深圳有名，在全国也很有名，证券市场占有率一度排在全国第一。信达律所是金杜资深合伙人靳庆军律师创办的。靳律师现在已 60 多岁，是安徽大学英语系本科毕业的，后来在中国政法大学读了国际法硕士，在哈佛大学也读过书。

靳律师一开始在北京的中信律所工作，他是中国最早取得证券从业资格的律师之一，是深圳证券交易所的首席法律顾问，20世纪80年代去香港的律所和英国的律所做过律师。1993年秋，他从北京到深圳，创办了信达律师事务所。

我是冲着靳律师去的信达律所。那时候，很多人都说这个律师厉害，英文好，一天到晚在外面牛气哄哄的，做了很多项目。当时，靳律师他们在深圳国际贸易中心大厦的43层办公，我跟另外一个同事跑到他们办公室，假装成客户在里面偷偷转了一圈，觉得这个地方不错，应该来这儿。

您去信达律所的身份是什么？是合伙人吗？

不是，是普通律师。我明白自己应该从基础干起，向一流律所的一流律师学习。我跟着靳律师，参与万科企业股份有限公司再融资等几个项目之后，第三年才当上合伙人。那年我28岁，是信达律所当时最年轻的合伙人。

2002年，信达律所很有江湖地位，您为什么愿意到金杜来呢？

我们在信达律所一直做证券市场，做了很多关于IPO的事情。金杜有的合伙人跟信达律所的合伙人比较熟悉，包括靳庆军律师和侯向京律师。

我第一次知道金杜是在2002年——我加盟金杜之前的几个月。

那一年，中国人寿要重组改制上市，是中国金融证券领域的大事。

中国人寿发函到信达律所来，我们去投标。没想到，一家叫

"金杜"的律所中标了，理由是人家具有公司化管理的优势。这让我大吃一惊。

信达律所那时候没有走公司化管理的路子。事实上，中国的绝大多数律师事务所都是以合伙人为单元，相对松散的。对于证券领域，公司化大团队具有明显的优势，起码可以减少内部竞争。而那个时候，信达律所存在内部竞争。

这类内部竞争在金杜这样公司化管理的律所里根本不存在。所以，当金杜在深圳建立分所，希望信达证券团队加盟金杜深圳办公室的时候，我很快就动心了。但是，促使我们真正走进金杜的，是靳庆军律师和李晓鸣律师。

李晓鸣律师是王俊峰律师在吉林大学的学长，他在北京国际关系学院读了研究生，毕业后去中国贸促会工作，跟王俊峰律师、王玲律师都是同事。之后，他去美国杜克大学法学院取得法学博士学位，再去华尔街一家大型律师事务所工作。2000年，李晓鸣回国，又跟王俊峰律师、王玲律师等人走到一起，做了金杜的合伙人。

李晓鸣律师跟靳庆军律师的关系不错，就邀请靳律师加盟金杜深圳办公室。靳律师以前一直在海外工作，知道金杜借鉴国外律所搞公司制的制度优势，他好像没怎么犹豫就答应去金杜了。

其实，那时候的金杜深圳办公室的办公条件不如信达律所的好，但是金杜的机制慢慢体现出了很强的优越性，公司化管理吸引了很多大客户，这让我们感觉相对于过去的单干，是一个很大的突破。

听说您刚开始加盟金杜的时候，我们的资深合伙人吴正和律师不看好您，是吗？

是的。

吴正和律师是我们的"吴老大"，他出身于欧美大律所，是香港赫赫有名的大律师。2002年，他还没有加盟金杜，出于跟俊峰和金杜的特殊感情，协助金杜创建了深圳办公室。当时，他可能觉得我不见得是一个专注于做律师的人，或者觉得我未必愿意在这个行业长期耕耘。

后来，大家看到我不光专业，开拓市场也很好。2006年，我获得"金杜年度合伙人"荣誉，他们拿我当典型案例，好像是浪子回头的案例。我说："我本来就是这样子的，我没变，是你们看我的眼光变了。"我用事实证明了我是什么样的人，这个过程很辛苦。

是谁率先对您做出"绩优股"评价的呢？

是赵兵律师，他原来负责金杜深圳办公室，是一位老合伙人，现在已经不在金杜了。他面试了我们这些从信达律所来的人，决定谁走谁留的时候，专门说了一段话，说我将来可能是金杜深圳办公室最有价值的人，一定要想办法把我留下来。

吴正和律师和赵兵律师当年对您的不同评价，隐含着什么规律吗？

用香港合伙人的经验和眼光预判内地青年合伙人的未来成就，就像套用欧美百年大律所的经验预测中国本土律所的发展一样，容易出人意料。

在欧美和中国香港，很多律所的历史超过一百年，中国内地律所的历史很短，金杜是1993年才成立的，没办法沿用国际律所发展的一般规律看待自身和我们这些合伙人。

您30来岁的时候通过广发行的项目不但证明了自己是个好律师，还赢得了2006年"金杜年度合伙人"的荣誉。您能具体讲讲吗？

广发行项目是我来金杜之后的杰作，也是我职业生涯中迄今为止最重要的里程碑式的项目。

广发行成立于1988年，经过近二十年的发展，由一家地方性商业银行逐步发展为全国性股份制商业银行。在发展过程中，由于内部控制和风险管理不善、外部监管环境不完善，问题多多，风险异常严峻，不良贷款率、不良资产率、资本充足率和核心资本充足率，没有一个能满足监管要求。2005年3月，广东省政府会同人民银行和原中国银行业监督管理委员会（以下简称"原银监会"）全权协调重组事宜，解决广发行严重的资产质量问题、规避隐藏的巨大金融风险，重组引资项目由此拉开序幕。

我代表金杜，就在序幕中登场了。

我们金杜的角色是广发行本次重组引资项目的境内外法律顾问，我们不但要坚持依法合规的原则，还要综合考虑本次交易广泛涉及的金融、财务和政治因素，协助广发行剥离不良资产，引入战略投资者，降低重组成本和引资风险。

说起来好像很简单，做起来却是惊心动魄。惊心动魄这个词不是我说的，而是当时专业媒体明确地说这是"中国引资史上惊心动魄的一场战役"。为什么这么说？因为广发行重组是控股权的首次出售，广发行是国内首家向境内外投资者出售控股权及相应管理权的中资商业银行，这个项目奠定了中国金融改革史上的里程碑。

广发行引资重组项目也是中国当时最大的项目。先说引资部分，投资者出资额为240多亿元。再说重组部分，广发行不良资产处置是当年最大的单笔不良资产处置案。要是再加上政府提供的财务支持，广发行项目毫无疑问是当年中国重组引资项目中交易金额最大的项目。

广发行项目的国际关注度在当时也是最高的。美国前总统布什和法国前总统希拉克都为潜在投资者竞购广发行，他们担任了公关角色，为这个商业行为注入了浓重的政治色彩。

这个项目受到的监管部门的关注度也是史无前例的。除国务院、原银监会及省政府对项目做了整体审核外，外交部、国家安全部、财政部及国家税务总局等国家部门也从各自的角度在不同程度上参与了广发行项目。

2006年年底，这个项目宣告成功完结，很快荣获《亚洲法律杂志》"年度并购交易大奖"。我代表金杜作为广发行的境内外法律顾问全程参与，前后谈判了18个月，合同是我们中方律师起草的，这是中国大的银行之中，第一个引进外资时文本权在中方手里的项目。过去那些交易的文本全都是外方起草的，该项目仅这一点就很了不起。

这个项目对我来讲是刻骨铭心的，专业上得到了锻炼，我也得到了成长。当时，国务院成立了一个六人领导小组代表卖方决策，我们相当于六人小组的律师，向该小组汇报工作。当时，买方是三家大的财团，每一家财团都是世界500强的企业，它们把所有能请到的顶尖中介机构都请到了。我们的交易谈判对手都是全球知名的律师事务所，包括年利达律师事务所、谢尔曼·思特灵律师事务所等。我们是一家对三家的车轮战。但是国务院最终会确定以哪个财团作为投资主体，要等到最后一刻才知道。

这个项目的谈判很艰苦，而且专业性要求很高，有很多交易结构的创新，比如资本公积金与历史亏损的弥补。重组后账面上不存在历史亏损，是广发行重组的一个目标，否则未来就不符合资本市场再上市的要求。广发行重组时间恰好跨越了 2006 年 1 月 1 日新《公司法》的生效实施时间。根据旧《公司法》，资本公积金可用于弥补历史亏损，但新《公司法》的规定则完全相反，从而使原定的通过投资者支付的股本溢价进入资本公积金弥补历史亏损的重组方案遭遇法律障碍。要想让广发行在重组和引资后变成一家不亏损的银行，就需要交易结构的创新。我们成功地完成了创新的使命。之后，也就是新《公司法》生效后，中国所有银行重组都沿用了我们的创新成果。

这个项目无论是谈判技术还是交易文本都让我和金杜长了很多见识。当年的实习生超过 10 个人，有的早就成了金杜或者其他大律所的合伙人，还有人成了摩根士丹利的总经理。

您在做广发行项目之前，执业领域不是银行领域，您是怎么完成专业知识领域的过渡、转型的呢？您从一个入行之初什么都不会的小律师，到操刀全球律师界瞩目的大项目，前后不过 12 年，您个人成长之快、变化之大可谓"鱼化龙"，您觉得今天的年轻律师能够从中得到什么启发？

只有不断地学习。不良资产、五级分类、银行业务都是我当时现学的。另外，这么大的项目也得靠很多合伙人的支持。我们从对手那里也学了很多东西。年利达律所的人就是不一样。我们把写的东西发给人家，再看他们的反馈，就觉得很靠谱。2008年，我去美国交流的时候，发现原来我们写的很多自以为创造性的东西，其实在美国的并购案里都是教科书式的现成的东西。

我很高兴的是，通过一点一点的磨炼，我把别人的很多东西化成了自己"武功"的一部分。到现在，我还能记得每一个细节。后来，我把这个项目的经验写成了《商业银行重组、引资及上市实务指引》这本书，在北京大学出版社出版了，厉以宁教授为书写了序。

这个项目让金杜在广东一战成名，让广东省政府清晰地认识到了金杜的价值，为我们在华南地区的发展打开了局面。

[三] 律师与企业家私交的边界

据说，有的大客户上上下下都把您看作公司高管的一部分，这种信任关系是怎么建立的？您对于服务大客户有哪些体会可以分享？

服务大客户不容易。跟大客户打交道，我最大的体会就是及时响应，响应速度是最重要的。还有就是沟通。要尽量有和高层沟通的途径。重大事项的沟通不要自下而上，而是要自上而下。

比如有一次，我正在遵义带着同事团建，就接到一个大客户总裁的电话，他说：您赶紧回来，下午要开会。

我说：我在遵义呢。

他说：不管您在哪里，反正我下午要见到您，麻烦您了。

我就从遵义一路转乘各种交通工具赶回来了。赶回来后，这位总裁说：这件事您去做。

印象中，我跟那位总裁从来没谈过律师费。双方很有默契。他信任我们，而我们会全力以赴把活干好。我们有一阵子有四十多位同事在这个大客户的办公地点驻场，吃住都在那里。

很多合伙人刚开始和企业家建立联系的时候，对方企业规模比较小，大家相处甚欢。但当对方企业越做越大时，很多合伙人就慢慢出局了，因为跟不上对方的成长速度了。您服务大客户动辄十几年，双方合作得很愉快，除了您本人能力过人，与金杜这个平台有没有关系？

当然有关系。

我们见证了一些大客户从小到大的历程，无论是体量还是地位，它已跟过去不可同日而语。双方今天还能继续保持良好的合作关系，除了用心投入，还因为我们善于运用金杜这个大平台的资源。聘请律师是一个商业决策，你能不能帮客户解决问题，能不能整合资源为客户所用，很关键。

我会引荐金杜不同的团队为大客户提供服务。我总能给大客户找到相关领域顶级的合伙人，总能让对方看到不同的面孔、听到不同的声音。于是客户就意识到，这些人都是我找来的，有什么事找我就行了，找我就等于找到了全金杜。慢慢地，我就躲到其他合伙人背后去了。

我请来了各个领域内的一流高手，即使最后的结果没能如大客户所愿，对方也不会抱怨，因为已经找到最好的专家了。

您特别擅长把握跟大客户之间的距离，能在亲切感和距离感之间拿捏好分寸，您是怎么做到的？

> 我觉得，我们的第一定位还是客户的律师、顾问，是他们信任的、外部的，帮他们出谋划策、解决问题的法律领域的专家。他们最看重的是你能解决问题，而且你最优先考虑他们的事情，这很重要。
>
> 我们与大客户实际控制人之间的个人情感也蛮重要的。有些企业家如果有比较私密的事情，不可能通过公司法律部门找律师，他们会自己找你。
>
> 另外，你要懂得礼节，言行要得体，不能因为人家跟你个人关系好，就不分场合地瞎忽悠人家。

我们做律师的，不可能事事跟董事长沟通，与大客户的管理层和法律部门之间的关系怎么处理？

> 有的大客户自己的法律部门有两三百人，但这些人一般不插手老板找金杜处理的法律事务。老板也从来不会跟法律部门的人说：你去跟王律师联系一下。这样就形成了我和老板以及高层之间直接的对话关系。所以我觉得和高层建立信任关系，变成好的商业伙伴，很重要。

有些合伙人在维护客户关系时，觉得把所有的活都做到极致，与客户之间有足够的尊重，服务好这个客户就行了，不跟客户发展私人关系。您怎么看这种说法？

> 关系本身就是人和人之间的联系。你和客户的关系最终还是要落实到人，变成人和人之间的关系。
>
> 你跟客户的一位高管建立联系，与你跟客户建立联系一点儿

也不矛盾。无论是董事长、总裁，还是法律部门总监、董事会秘书、办公室主任，你总是在跟人建立连接的。

[四] 做律师跟卖可乐没有本质区别
您此前在内部培训时跟很多年轻合伙人说，大客户不是天上掉下来的，是积极争取来的。有些年轻律师把争取客户理解成了讨好客户、卖面子、找关系，觉得自己很卑微，您怎么看呢？

争取客户就像推销商品一样正常，只不过律师推销的是服务。推销是商业很重要的一部分。你说茅台那么好，它没有销售手段吗？它有销售手段，道行也比较深。

推销不可怕，你必须要去推销。政治家当选总统也是在推销自己，这一点无可厚非。人就是要把自己卖出去，换回不同的资源，创造自己被别人利用的价值。

当然，律师行当有特殊性，不需要像卖一件商品那么辛苦，它有口碑传播的过程，客户的持续性也会比较强。如果你做得好，一个客户应该变成长期客户，不应该流失。如果你一直有客户沉淀，客户数量就会达到一个比较好的平衡点，你就不会为案源发愁。

现在金杜的年轻合伙人是老合伙人带出来的，有一定的客户积累。我们刚开始做律师时，都是一刀一枪、从零开始的，大家的体验不一样。希望年轻合伙人打开销售的心结，否则会失去自己独立飞翔的能力。

做市场其实没有那么难。年轻合伙人在老客户的基础上，服务好客户，做好工作的延伸，再做一些深挖，已经能积累

70%~80% 了，基本上就能养活自己了。那种纯粹靠打电话和朋友介绍客户的情况，才比较难做成市场。

您在这个问题上特别豁达。您是一开始做律师就有这样的认识，还是在二十多年的时光里慢慢形成了这些认识？

我一开始就认为律师事务所是一家特殊的商业机构，核心点是商业。

既然是商业机构，那就要遵循商业的逻辑。品牌建设、产品质量、推销、广告，这些方面的逻辑都是一样的。

我始终跟新合伙人讲：不要觉得自己是专家、教授、名校毕业的牛人，没用的，你跟卖可乐的没啥区别。

手 记：

在金杜的合伙人当中，立新律师不是在世界名校镀过金身的合伙人，也没有华尔街著名律所工作的经历，他就是在本土律所当中，从所谓的"小律师"一步步打拼出来的。

王立新做律师赚的第一笔律师费到手之后，他用了绝大部分买了一部"大哥大"。这样的桥段容易被不明真相的人理解成律师的自我包装、个人炫耀、招揽客户的方式，但此举在立新律师这里更像方法论。

他是一个不循常理、打破常规的律师，这一点可能是吴正和律师当年不看好他的主要原因。吴律师是吃火锅吃到满头大汗，都要把西装、衬衫整理得一丝不苟的人，这样一位传统的律师看初来乍到的立新律师，容易产生对后者出身的不信任。但我们现在回头看，是吴律师看走眼了。

我今天在手记当中说这一点，就像我当初在对话当中追问细节一样，想通过这样的细节，跟青年律师分享一个案例，希望大家能从这个案例中认识到，从小律师到大律师的路，不只是世界名校、国外大律所这一条道。

立新律师的学习能力是惊人的。大家不要紧紧盯着他的情商，把他的成功简单归结为人情练达、世事洞明。他能够代表金杜服务超级大客户，能够和明星企业家保持良好的服务关系，不仅仅因为情商出众——他在专业领域的精进显然被忽略了。

立新律师对客户关系、团队关系的理解，在我们今天看来，既是高情商的表现，也是有格局的表现。他说"成功属于金杜"不是一句客套话。他是一个把自己放在金杜的舞台上彼此成就的典范。

第四章

所运与国运不可分离

律师小传

所运与国运不可分离

不去刻意讨好这个世界，又能温暖地对待这个世界。你一直往前跑的话，永远会看到新风景，永远有人跟你一起看风景，你自然就会带出新的合伙人。你不觉得有新合伙人跟你一起分享是一种威胁，相反，这是一种乐趣。

宁宣凤律师是北京大学法学院的骄傲。跟读书一样，她做律师完全是学霸级的成就。

她像一个女版的堂吉诃德，自幼习武，处处有女侠风范：敢拍桌子；不跟客户交朋友；能顾全大局，把沙子揉进眼里。

她不愿活成一份完美而无用的简历，却为金杜，也为中国律师界，打造了一份完美而有用的标本。

宁宣凤——金杜律师事务所管委会委员、金杜合规业务部负责合伙人

1966 年，出生于哈尔滨，家中长女，文武兼修。

1984 年，憧憬成为一名外交官，考入北京大学国际法专业。

1988 年，为了留在北京，被分配到中国贸促会环球所金融业务组，跟王俊峰、王玲成为同事，客观上为日后加盟金杜埋下了伏笔。

1990 年，全奖留学加拿大麦吉尔大学。

1994 年，回京探亲，跑到刚成立一年的金杜看望老同事，王俊峰请她去单位对面的大排档吃了顿饭，说：你回国来金杜干吧。她说行啊，于是收拾了行李回京。

1996 年，从梅赛德斯-奔驰南方轿车项目、加德士公司在汕头的 LPG（液化石油气）项目开始，逐步开拓外商直接投资领域的法律业务。

1998 年，开拓国际贸易救济领域的法律业务，代表商务部应对 WTO（世界贸易组织）诉讼。

2001 年，牵头组建奥运项目法律服务团队。从正式签约到项目结束，历时 7 年，金杜为北京 2008 年奥林匹克运动会申办委员会（以下简称"奥申委"）提供了不少于两万小时的法律服务。在欧美，没有百年历史的律所没把握拿下这样的项目，成立不足十年的金杜却拿下了。

2003 年，开拓反垄断领域的法律业务。

2008 年，《中华人民共和国反垄断法》实施后，全面进军反垄断调查和诉讼业务。

2016 年至今，开拓数据合规与网络安全领域的法律业务。

对话之前，本书对话者之一李孝如律师跟我说过，他在金杜最钦佩，也是对事务所贡献最大的合伙人，就是宁宣凤。在此之前，我的一个互联网企业的高管朋友也感慨，宁律师的咖位这么大、年纪这么大，居然还到一线谈项目。

对话那天，晨光灿烂，对话的圆桌上摆放了鲜花。宁律师提前10分钟到了，已经把花研究了一遍——主花是什么，配花是什么，颜色是怎样搭配的——乐在其中，没有一丝不耐烦。她坐在那里，衣着时尚，妆容得体，言谈举止完全打败了她的年龄。平时听惯了资深合伙人叫她"小宁"，你就很难把她和1966年出生这一事实对应起来。

她的娃娃脸上戴着一副眼镜，很亲切、很有特点，我们的问题就从这里开始了。

[一] 外交官是学国际法的

您的眼睛是什么时候近视的？

初一。我从小喜欢看小说，小学就开始看《红楼梦》。到了初一，我个子高，坐在教室后排看不清黑板，急得不行，那会儿不知道是近视。后来配眼镜，一开始就是二百多度。

您读书的时候是不是特别努力？

非常努力，但我把学习当玩，不是"头悬梁"式的学习。

您家里是有读书的氛围吗？

家乡被日军侵占时期，我姥姥就是女子高中毕业，那时候算是学历很高的人了，后来她在乡村学校做老师。我是姥姥带大的，小学二年级看的《红楼梦》就是我姥姥给我拿的。我父亲是铁路的土木工程师，搞设计，数学特别好。我有一部分继承了他，所以我从来不怕算术。

您写过回忆自己做律师的文章，我很好奇，您怎么会有这么好的文采？

我在小学的阅读量超过我人生其他任一阶段，这对我的写作影响蛮大的。如果说我现在能出口成章，那是因为以前读的书太多了。

您上大学之前看的那些书，有哪个人物或者哪个情节让您印象特别深刻？

既有才子佳人幽会后花园那种情感丰富的，也有敌后武工队一枪干掉坏人的，还有斗智斗勇的敌后或者外交官的场合。让我印象最深的人物就是外交官顾维钧，我读过一本他的传记。

您选专业的时候，怎么想要选法律？

就是因为国际法。我觉得外交官是学国际法的，所以报了北大的国际法专业，还报了吉大的国际法专业。我高考的时候英语考了97分，满分是100分，当时很多人都不觉得英文重要，但是我一直喜欢英语。

那时候学英语的人少，像哈尔滨这样相对偏僻的地方，怎么会有学英语的氛围呢？

我上初中的时候分俄语班和英语班，那时一说学外语，基本都是学俄语。幸运的是，我被分到了英语班。

当时我觉得英语很好玩，说起来呜里哇啦的。大概初二的时候，我就到少年宫去学英语了，每周去一两次。

那时候家里人送您去少年宫学英语，真是有眼光。

那是我自己有眼光、自己要去的。我家里人好就好在不会拦着我。

我小时候练武术也是起早贪黑的，就在哈尔滨学。我早上五点多就要起床，走三四站的路，有的地方特别偏僻，是能出命案的地方。我现在想起来都后怕。

[二] 进律所不知道律师究竟是干什么的

您第一次选择国际法的时候，在意的是国际还是法？

在意的是国际，我觉得国际跟外交官有关。我老看小说，有的情节是外交官出门，一个人像千军万马一样，"谈笑间樯橹灰飞烟灭"，而且外交官出席的都是很高档的场合，谈的是大事，很牛的样子。所以，我考大学时报了北大国际法专业。

您是什么时候开始理解"法"，并且把它当成一种工作对待的呢？

是我工作之后。我做律师其实是误打误撞，不是重大的人生选择，而是我出于个人原因要留在北京。毕业那年是1988年，政策要求支援边疆。我是黑龙江人，家乡算边疆省份，所以要求我回去。但是，我必须要留在北京，结果留在了贸促会的环球所。

那时我不知道当律师是干什么的。做律师之后，觉得这个职业有价值，然后就一直走这条路，从没想变过。

第一次到律所拿到合同，您能看懂吗？

看不懂，但那时候我们都是有人带的，像高隼来律师这样的律师界的前辈达人都在带我，现在担任金杜律所主任的王玲也会带我。我刚入职时，和高隼来律师在同一间办公室，有些东西真的是他手把手教我的。他的英文非常棒，是一句一字，包括每个标点符号给我改的。他现在 90 多岁了。

谈到高老，请容我多说几句。高老是浙江人，在东吴大学学的国际法，1952 年中国贸促会成立的时候，因为他给对外贸易部客串过德文翻译，参与过中国与东欧国家的贸易谈判，就被调到贸促会。之后，中国国际经济贸易仲裁委员会（以下简称"贸仲会"）、中国海事仲裁委员会先后成立，他都是委员，后来又参与《中华人民共和国海商法》的起草。1979 年司法部决定恢复律师制度时，高老是中国第 26 号律师。20 年后，他才从环球所退休。我很荣幸，在环球所的那两年跟高老在同一间办公室，润物无声地感受他的专业和严谨、谦逊、低调的作风。最早一批从环球所到金杜的合伙人，多多少少都受到了他的影响。

[三] 上北大时突然觉得自己好土

我印象特别深刻的是您很注意着装，有一种庄重的感觉。这个习惯是工作后形成的吗？

我觉得是在北大念书时开始形成的。哈尔滨人很讲究穿，但是我当时觉得学习好就行，穿什么都无所谓，只要别露着就行。

到了北大，我还是这样的想法。后来看到别的同学，尤其是北京的同学穿着特别得体，我突然觉得原来这是要讲究的。

当时您会觉得自己土吗？

会啊,觉得自己好土。当时我突然意识到人是可以很优雅的。到环球所之后,因为我们做涉外业务,需要见外国客户,过去是只要衣服干净就行,这时候就还要讲究点儿。

您买第一套正装是啥时候?

我上班的时候买的。

那时候舍得买吗?

那是必要的装束啊,没办法。

[四] 做律师首先是谋生

我阅读您的个人资料,感觉您很追求生命的精神,对外在的东西不是特别在意,是这样吗?

谢谢你的评价。生命质量是我的追求,至于荣誉,有了当然很好,但不会努力追求。那些虚名是社会认同的一种方式,但如果没人认同,你就不做了吗?哪天别人不夸你了,你是不是就不活了?

很多人说我做律师是事业追求,我觉得我首先把它当作谋生的手段,如果不能谋生,那我转头就走,即使它再符合我的理想也不行。作为一个家庭人、社会人,如果连温饱都不能顾及,谈其他的都没用。

您刚开始的时候会把律师跟赚钱联系起来吗?

没有,我不知道律师这么能赚钱,当时贸促会每月工资才100多元,在那时就已经算是很多了。

到加拿大之后,我也在律师事务所工作过一段时间,知道律师在当地是非常专业、令人尊重又能赚很多钱的职业。

您当时怎么想起来要去加拿大，为什么会有这个想法？

我就想换个环境。

我在 1988 年被分配到环球所，于 1990 年离开，其实在环球所待了四五个月时，我就动了走的心思，之后就申请成功了。

我拿到了全额奖学金，包括来回机票、一次性搬家津贴、每个月 800 加元的补贴。

您父母培养您真省心，都不怎么需要花钱。

他们不用花钱，也不用操心。所有的路都是我自己安排的。

[五] 人算不如天算

您是怎么加盟金杜的？

1994 年，我从加拿大回国探亲，那会儿金杜刚成立一年，还在北京昆仑饭店租的两个房间里。我去看俊峰他们，他们请我去吃饭，在办公楼对面像大排档的那种地儿吃的。我看到他们喊"走啊，一起吃个饭"，就是那种呼朋唤友、啸聚山林的感觉，很带劲儿。他们忽悠我说：回来吧。我说：行啊。我就这么稀里糊涂地答应了，于是回加拿大收拾完东西就回国了。

这个看起来"稀里糊涂"的感性的决定，背后有没有一时没有想到却真实存在的理性的理由？

应该是律所的性质吧。我走的时候，环球所还是国办所，等我回国，看到他们居然撑起了一家私人性质的合伙所，跟加拿大律所一样了。

您一开始就很适应金杜吗，还是说经过了一段时间的适应过程？

刚回来其实不适应，老觉得各方面有问题，恨不得随时拔腿就走，但是拔了 20 多年都没拔成。

刚开始您需要自己去跑业务吗？

还好，我回来做了大概有一年多的仲裁业务，很快就开发了 FDI 领域。外商投资只有我在做，业务一下就打开了。

您做 FDI 是一个非常顺理成章的过程吗？

对，当时 FDI 其实没有人真正在做。

您做合伙人到第几年的时候，开始有了自信从容的感觉？

我觉得应该是在一年之后。那时候法律服务市场发展得很快，没有谁带谁的工作模式，反正大家都不会，自己摸索着做就可以了。

那时候大家是怎么分钱的？

一直是大家平分的，但可能是从我开始不再平分了，那时候不是计点，是百分比。我回来时是 50% 的合伙人，第二年涨到 70%，第三年涨到 90%，第四年才是 100% 的合伙人。

您从什么时候开始觉得赚到钱了，挺满意的？

我好像一直是水涨船高，每次我都觉得挺合适的，没有失望，也没有大喜过望。

您这种感觉挺好的，它意味着您在过去的人生中从来没有为钱愁过。

基本上没有为它烦恼过，而且我是挺能攒钱的。

对比如今刚入所的年轻律师，您能理解他们对钱的那种在意和焦灼感吗？

能。因为环境变了，现在的攀比之心更重。

再有，那时候我们不知道要买房子，觉得有房子住就挺好。但是现在年轻人买房子得贷款，还得家里出资，自然就会有焦灼感，所以我能理解。

今天早上我还在想这些事。我的团队律师被挖得很厉害，无论我做哪一块业务，市场上其他律所都会直接照着我的团队名单挨个打电话，最近我的数据团队又被挖走了一大批人。

当您培养的年轻律师被其他律所挖走的时候，会有被辜负的感受吗？

原先特别有。每个人都是我亲自挑的、亲手教过的，突然说再见，难免会有种被辜负的感受。但我现在好多了。大家在一起就是缘分，相处时间长短不是我自己能定的，只要你在我这里的时光没有虚度，我就对得起你，我就应该释然。你要是觉得外面有一个平台能够给你更好的发展，而且和你自己的时间表相匹配，无论是在物质上还是在事业上，你经过考虑，选择离开，我是可以理解的。

有些合伙人到了一定年龄，对世界的认知可以说是充满了智慧，也可以说是特别通透，但是少了一些生机。您会发现他们在每件事情的投入上总能找到最划算的点，仔细观察，您就会发现他们有深深的计算过的痕迹。对此，您怎么看呢？

我知道你所说的那种"计算"，但我真的觉得人算不如天算。到今天为止，我都觉得老天对我挺好的，没有负我，我没有大喜，也没有大悲。

[六] 不担心教会徒弟，饿死师傅

之前，金杜全球首席运营官李孝如律师跟我说，他在金杜最佩服的就是您，因为您培养、提拔了一批优秀的新合伙人，对金杜基业长青有贡献。就此，我想请教的是，您不担心"教会徒弟，饿死师傅"吗？

我偶尔也会面临这种困惑：徒弟升为新合伙人，业务分开了，会不会对我造成压力。但转念一想，只要我跑得动、跑得快，这些都不是问题。所以，你看我带出的新合伙人业务领域分布很广，有国际贸易、FDI、反垄断、数据合规，还有其他方面，那就说明我也一直在进步，一直在跑。

你一直往前跑的话，就会永远见到新风景，永远需要有人跟你共享新风景，你自然就会持续不断地带出新的合伙人，就不会觉得有人跟你一起分享是一种威胁，相反，你会觉得这是一种乐趣。

我希望我带出的合伙人，每个人都比我牛，这是我的目标。你要是不如我，那就是我没带好你，说明我和你都失败了。

您要学那么多新东西，带那么多人，那您有多少属于自己的工作之外的时间？您怎么有这么多精力？

我觉得业余时间挺多的，我会写诗、写感悟、练书法、插花等。

您的时间够用吗？

够用啊。做律师，时间管理是硬功夫，练久了，就从容了。

您对团队的每一个律师、每一个自己培养的合伙人，有为人师长的责任感吗？跟一个公司管理者对员工的那种责任感一样吗？

我觉得远远超过这些。我办公室的门永远对他们敞开着，除非有时候开电话会，必须关门。我觉得我和他们是真正的一家人。

您觉得什么样的青年合伙人是您理想中的合伙人的样子？

第一，有大视野，不心胸狭隘。这种"大"不是一种独角戏，一定是包容与合作，要有一种愿意成为别人的桥梁的觉悟，因为你也走在别人给你搭的路上。

第二，人品要正，业务要精。

第三，你得进行真正的团队合作。如果只是你自己厉害，那没用，而且你会发现在团队合作之中，你的能量会被扩大。

[七] 跟着好奇心挖金矿

您是我见过的职业律师中，在业务领域里转换频道最频繁的人，是什么样的动力鼓舞着您转换这些业务频道的？

就是好奇、好玩。我看到一个新的机会，就去尝试。等这边挖出了金子，我又看到那边有别的矿，所以就去刨别的了。

您觉得对于个人的竞争力来说，这是一个加分项还是一个减分项？

加分项。我带出的新合伙人在原地守着，我再开辟一块新田。我开辟的这些地方不是废矿，都是有金子的，每一个领域都够吃一二十年的。

您开辟这些新的业务领域，是因为觉得在商业上对事务所是一个有利可图的新的业务增长点，还是因为个人对新事情有浓厚的兴趣？

兼而有之。如果不能给我们带来商业利益，我会转头就走。两者必须要结合，否则就没意义了。

但这样做的话会不会让自己变得更辛苦？

我不觉得辛苦。

[八] 宝钗更适合当律所合伙人

我感觉到您对世界有非常大的好奇心，有很多理想主义的召唤，但同时您又特别自律。是这样吗？

> 我觉得我确实挺自律的，这可能跟我看的那些书有关。我的很多理念、基本价值取向都来自书。

宝钗和黛玉，您更喜欢谁？

> 一开始我喜欢宝钗，觉得她很端庄、识大体。后来才慢慢知道，黛玉才是真正的大家闺秀，她是真正地懂规矩，真正地既有自己的情感又有非常明确的边界。她的言谈举止非常得法，既有大智慧又不逾矩。

您觉得宝玉为什么喜欢黛玉？

> 我觉得他俩是真正的志趣高远之下的和谐与共鸣。
>
> 宝钗太世俗，而且她的言谈举止其实有很多不端之处，而这些不端，我们在当初看书时是注意不到的，包括她偷听人家说悄悄话时被发现，就"甩锅"给黛玉；宝玉午休时她进屋，还在床边给人绣肚兜。

您觉得像宝钗这样的合伙人，是不是更符合我们对现实世界中合伙人的要求？

> 是这样的。

我们很多时候是希望把合伙人培养成宝钗这样的吗？

> 是。但是，你别坑我。我对宝钗的评价是有虚伪的成分，甚至不端之处，但总的来讲，宝钗符合标准化制定，而黛玉是个性化制定。
>
> 说到合伙人，标准化制定的好处在于大家可以有个参照，可以彼此评价。如果都是个性化，那怎么判断？
>
> 所以，至少按标准来讲，宝钗更符合，她没毛病，挑不出事

来。如果都是黛玉，就没法弄了。

您觉得您在现实世界当中做合伙人，更像宝钗还是黛玉？

我哪个都比不上，我差远了。

如果说亲近，我可能更亲近黛玉。小时候，我觉得这个人好麻烦，怎么这么矫情。等我越来越多地理解字里行间的意思时，就觉得她真是一个可爱可敬的人，很温婉，不是我们一开始理解的刻薄。以前，我们对她的理解太浅薄了。

说到《红楼梦》，我想到钱尧志律师。我问他：您的背景这么"土"，宁宣凤律师他们那么洋气，你们是怎么"土洋结合"的呢？他回答：是"包容"和"宽容"。您怎么看？

你没有办法帮助一个本心很"土"的人。钱尧志的土是外在的，而且有时候他是故意的，比如他说"你们老娘们儿"，他一说这话我就跟他翻脸。再比如喝酒，我不跟他喝，就因为他说话不好听。但我心里特别认同他这个人，他实际上志存高远，而且能力非常强，理论水平非常高。他还是审判员时，曾经为了完成执行，到被执行人家里抓猪，一步步做到吉林省高级人民法院副庭长，是不简单的一个人。

另外，你放心，志存高远的人本质都一样，都是相容的。金杜这么多合伙人，什么教育背景都有，为什么能走到一起，其实就是因为内心是一致的。

[九] 金杜是一个有危机感的组织

您看上去性格开朗，做律师行云流水，您有过危机感吗？

我的危机意识很强。你看我性格开朗，拿得起、放得下，是因为有些东西真掉地上了，你哭了一场，能怎么着？

但我永远有危机感，我也不知道为什么。我如果这一阵儿老是开心，就会觉得可能有什么事不对，得静下来琢磨琢磨哪里有潜在的问题。

您会把这种危机感传递给你们组的合伙人和律师吗？

不会，这对团队不好。我会把解决方案想出来，传递给团队的应该是解决方案。

我感觉，您对组织似乎也有危机感。为什么？

金杜一直是一个有危机感的组织，无论是我们组的调整还是金杜云办公室的设立，都是面对危机感自我调整的体现。

我觉得，到现在为止，我们每一次的自我调整都做得不错，包括我们的国际化，都是基于对危机感的回应。我们和万盛合并，变成了 King & Wood Mallesons。两家语言、文化、历史、价值观完全不一样的律所合并了，对我们双方来说都是前所未有的。我们走到一起是因为各自都有危机感，都想更上一层楼，都想成为世界认同的一流律所。我们想走向全面的合作，但能不能走成，得看老天。

到目前为止，我认为我们虽然不完美，但是还好。

跟您聊天，总能感觉到您对百年基业的期待，包括您对执业风险的关注，也是从百年基业的角度去看、去讨论的。就您个人的观察而言，这种百年基业的伟大愿景是从什么时候开始出现的？

一直如此，金杜只有几个合伙人的时候就这样。

您觉得我们现在跟国际一流的律师事务所相比，优势和劣势都是什么？

优势就是我们都是本土最好的律所，无论是万盛在澳大利亚，还是金杜在中国。

劣势就是市场没有铺开。在欧洲和美国市场，我们的力量很弱，不是说与当地律所竞争处于弱势，而是在被认同这方面处于弱势。

我们还没有办法引领真正的世界层面的大交易，那些还是纽约国际金融中心、伦敦国际金融中心、法兰克福国际金融中心在赢利。这是我们最大的弱项。

但是没有办法，你要从当小助手开始做，说不定哪天中国真的能成为国际金融中心。所以，法律服务还得跟国力相匹配，与大环境同步。

[十] 宁可站着死

今天开始对话前，我看到您在兴致勃勃地研究花。您小时候爱学习，长大了爱工作，怎么对花花草草感兴趣？

我什么都喜欢玩，打架也行。

打过架吗？

打过啊。我从小学时就开始打架。我弟弟比我小两岁，有时候他在外面跟人打着架，会说：你等着，我叫我姐去。然后把我叫出去跟人打架。

您上大学以后还打吗？

那倒没有，但是绝对不受欺负。

2018 年，我跟您一起开过一次管委会业务委员会的会议，您当时脾气火爆，一上来就拍桌子，我都看傻了。您这性格是小时候打架打出来的吗?

> 我的性格中有不惧怕的成分，那是打架打出来的。宁可站着死，也不跪着生。
>
> 你那次看到的场面是我真的"受欺负"了，但我觉得自己是占理的。我那天说话虽然冲，但每一句话语都有根据。
>
> 我那天非常生气，但不是从我个人角度生气。
>
> 我们超前设立的已成立五六年的合规业务部，竟然不顾行业发展趋势，要变成公司部业务五组，这相当于自断手臂，凭什么？我不发飙，他们就听不明白我在说什么。所以那天我推开门就发飙，就是要把这个事情说清楚。

您那天跟大家争论，我印象非常深，您的脾气很大，但是在据理力争，不怀敌意。我觉得这一点特别了不起，一个人跟别人发脾气但不怀敌意是很难的。所以，我看那天参会的合伙人都在冲您笑。

> 他们也是为事务所好。之前还有人跟我说：你们合规业务部变成公司部业务五组，你的职、权、利不变。我当时一听就气坏了，说：那你还不如直接骂我。我在事务所这么多年，在这件事上的坚持是为职、权、利吗？我已经是满点合伙人了，还需要职、权、利来支撑吗？

您还有一点让我特别感佩，就是我没有从您的身上感觉到阴谋论。很多人跟他人吵架，会不自觉地认为对方有阴谋，但您没有给我这种感受。

> 你作为一个非常独立的旁观者，能有这样的结论，我非常欣慰。
>
> 这些同事都是我的战友，是我多少年的兄弟姐妹，我心里没

有敌意，也没有萌生阴谋论。我只是就事论事，改变这件事的结果才是我的目标。

[十一] 站着把钱赚了

您曾在一篇文章里讲您 30 岁的时候在香港冲客户拍桌子的故事，场面也很火爆。律师喜欢把客户当作衣食父母，很少有人拍桌子，您为什么会这样做？

那件事非常极端，把我逼到那个份儿上了，我不拍案而起的话，事儿就没完了。

那天早上，我拖着箱子从北京乘第一班飞机到香港，下午两点多进的会议室，全屋的人等着我，让我出"无保留意见"。我跟他们已经解释过很多次，他们心里非常清楚，还要压制我，我就拍了桌子。我当时说："你们每个人清楚地知道我为什么不出无保留的法律意见，你们也知道我已经通融到什么程度了，你们还不接受，那对不起，我不奉陪。"

十几年之后，这个项目真出了事，他们回头找我，我说："我们律师没问题，你们把当初的法律意见书找出来看看。"

结果，一点儿毛病都没有。您想，当初我要是不拍桌子，直接妥协，那我们的责任就大了，带给金杜的伤害就大了。

您当时拍桌子是情急之下的自然反应，还是一种策略？

都有。我知道，不拍桌子就没完。

您当时有没有担心过，如果闹掰了，我们的律师费就收不回来了？

那又怎样？我真的不在乎。

您这种非典型的乙方心态是怎么形成的呢？

首先，我知道我是对的。

其次，我把自己当成事务所真正的主人，没有打工心态。

有的律师会有一种乙方心态，觉得自己总是在求别人，您怎么看？

我的乙方心态从来没包括求人的部分，我的乙方心态就是我的能力可以帮助你。所以我从来没"跪"着，行就行，不行就算了。

您跟客户在一起的时候，会有一种应酬的不适感吗？

会有一种应酬感，但不是点头哈腰的卑微，我觉得是出于礼貌。就像你进一家店，服务员对你恭恭敬敬的，你也会感觉舒服。你付我律师费，并不表明你施舍于我，我要是没用，你就施舍不到我，我也不受这份施舍；如果我没能力，把事情做砸了，那你给我钱，我都不会要的。

您有过没做好事情，这笔律师费我不要了的情况吗？

没有。但是我有不要钱的时候，因为他把价格压得太低了，那我宁可不收这笔钱。否则，市场会传开我要价这么低，下一单就会一样低。

有些合伙人会说为了争取客户，在外面喝酒就算很不舒服，也得勉强去喝，您对这个事情怎么看？

我不会那么做。我做了很多大的项目，从来没有为了拿项目跟任何人喝过酒，因此丢了很多机会。我宁可丢掉这样的机会。

但是，我不会因为自己不喝酒，别人喝酒，就说我比别人高雅，只是我不愿意委屈自己。

我在这招上不行，就出别的招，比如多写文章、多研究新东西，让市场更需要我，而不是我追着市场。所以，各村有各村的高招，每个人都有不同的方式。

我记得七八年前有一篇文章对市场上做反垄断的律师们做了评论。文章中第一个写的就是我，作者叫我"宁法师"，他对我的评价是"跟客户打交道时，她从来不取悦客户，从来不跟别人吃喝，只凭本事拿项目"，当时我就说：这是谁写的，怎么知道我的内心？

当然，和我们打交道的那些客户都很好、很专业，比如商务部、原国家工商总局，我从心底尊重这些客户。

您做律师这么多年，会跟客户交朋友吗？

我觉得客户和私人朋友应该分开，搅在一起就会有很多的问题，即便不是情感纠葛，也会有距离远近的问题。大家应该只维持专业上的关系，不要搞私人关系。

界限不清楚的话，你就会有很多的困扰与纠结，也会有很多取舍难题。如果你心里干干净净的，这条线画得清清楚楚的，那所有的判断做起来就很简单。所以，到了私人层面，无论是男性朋友还是女性朋友，我都会非常地谨慎。

大家通常觉得女律师特别难做，但我现在跟您聊，没觉得您难做啊。

我确实没觉得难做。

大家觉得女律师难做，是因为她得顾家、顾孩子、顾老公，还得顾业务，又有很多纠结的事。而我觉得纠结的事就不做，觉得难受的地方就不去。我只做我喜欢的、能让我开心的事。

[十二] 学习美国律所不是为了当学生

您到金杜做律师这么多年,最得意的项目是哪几个?

做哪个项目我都挺开心的,做 WTO 第一案也挺开心的。

您做 WTO 第一案的时候应该年龄不大。

对,我当时才 32 岁。1998 年,我们就开始做"钢铁保障措施案"。2001 年中国加入 WTO,那个案子就变成了我们诉美国的第一案。

那时候,有什么可参考的案例吗?

没有。我做的事情几乎从没有案例可供参考,到现在,我做数据安全领域也没有可参考的案例。

您能讲讲 WTO 那个案子吗?

我们是从 1998 年、1999 年介入 WTO 那个案子的,我们介入的时候,美国诉中国钢铁的保障措施在美国征收了高关税。因为我们一直在做那个案子,所以对那个案子非常熟悉,等中国加入 WTO 之后要告美国的时候,我们自然就成了商务部的法律顾问。当时是中国钢铁工业协会聘的我们,商务部做总协调,所以我们的客户实际上是中国钢铁工业协会。

WTO 这个案子,我们肯定不能输,因为是第一案。当时请的美国律师事务所应该是盛德国际律师事务所,它有专门做 WTO 诉讼的律师。他们对很多事情的分析确实是主导,我们更多的是跟随,从中国法的角度提供很多的支持文件,例如事实的整理、梳理。所以当时我们更多的是一个配角,是一个学习的角色,商务部对盛德的倚重更多。但因为使用的是中文,对事实和材料的挖掘整理则是以我们为主的。

所以，中国律师都是从学习到平等，再到以我们为主导的。

现在商务部很多 WTO 的诉讼都是以金杜为主导的。

也就是说先学习别人，相当于给别人当助手了，后面变成以我们为主导，那是从哪个案子开始形成了这种转变？

一直是这样，学习是为了当主人，不是为了当学生。

从什么时候开始真正地有了这种能力上以我为主的感受呢？

应该是中国加入 WTO 六七年以后。WTO 第一案后，我们又做了很多第三方的案子，实际是观察方，因为整个体系、规则都是别人家的。慢慢地，到知识产权案和 Visa（维萨卡）支付的那些案子，我们开始成为主角。

从学生到以我为主，时间算很短了，其实很牛。

对，但有语言问题等各方面原因，所以项目中一直有外国律所参与。但观点、战略、侧重点等方面，中国律师开始起主导作用。有些案子可能就是以我们为主的，外国律师跟着一起往前走就行了。

像那种案子，我们能赚多少钱呢？

有的案子，我们能赚两三百万元，还有的能赚更多。

所以这个领域的业务就开始真的变成一门能赚钱的生意了？

对。但最初的几年，我们确实一直在补贴。

头些年有一个培养的过程，我们搭进去很多人力、物力。因为它属于案例法体系，需要大量的学习和案件的积累，如果你不知道那些案例，就没有办法真正地思考。

其实在我所有开发的新业务中，WTO 业务的成本是最高的，第三方的案子收二三十万元或三四十万元其实养不了这么多律师，但我有其他的业务收入做补充。

但它对金杜的影响力完全不一样，对吗？

当然不一样，而且我觉得金杜确实是一家有情怀的事务所，包括我在开发这些业务的过程中，也会带入这种情怀。

比如，2001年是中国丰收的一年：加入WTO，拿下奥运会主办权，男足首次冲出亚洲。那一年发生的三件大事，我们参与了两件：奥运会项目我们拿下来了，WTO第一个诉讼案我们做了。如果没有点儿家国情怀，我们是不会对这些问题感兴趣的。

[十三] 所运与国运不可分离

我看您在过去的文章中讲道，做奥运会这个项目花了两万多小时，这种项目从经济回报上讲怎么样？

还好，对于奥运会项目，我们是按小时收费的，实际工作了两万多个小时，可能只有一万多小时是收费小时。收费小时的律师费也打了很大的折扣。仅从商业的角度讲，我们不亏，但没赚；从社会影响力等各方面来看，跟WTO的案子是一样的。

您把所运和国运连接起来了？

真的是这样。那时候，听说奥运会主办权拿下来了，我就琢磨，咱们律师是不是能做点儿什么？第二天，我就让团队的人研究我们能干什么。那时候大家真不知道自己能干什么，所以我们做了很多的研究。

那时候，国外律师事务所为了争取奥运会项目办了一些讲座，我就派人去听讲座，这对我们很有启发。之后，我们主动找到北京奥申委，那时候还不叫奥组委（即奥林匹克运动会组织委员会），告诉他们，我们能干哪些工作。对方说：你们去研究悉尼奥运会吧，澳大利亚作为主办国，有什么新的立法，知识产权怎么保护。

我们马上去研究，写出报告，然后告诉奥申委现在可以做什么，这些服务全都是免费的。对方一听，觉得是那么回事，又让我们做了很多的研究，包括怎样成立组委会。这时候我就请教钱尧志，让他给我出主意，我们组织十几个人一起讨论怎么给奥申委搭建架构，他提了很多很好的建议。然后，我们就拿着建议对奥申委说，应该由谁作为发起人成立事业法人单位，授权怎么办理，费用怎么处理。他们一听，觉得我们说得有道理。我们就慢慢地拿下了这个项目。

那时候您找的奥申委里的谁呢？

刘岩。他当时是奥申委的成员，而且直接由他牵头组建法律部门，我们就找到了他。

外国律所也去找奥申委吗？

对，后来奥申委同时请了金杜和美国的美富律师事务所。第一年，美富律师事务所大约做 90% 的工作，我们做 10%；第二年就调转了，我们做 90%，美富做 10%。

美富做的 90% 都是什么？

合同、架构、谈判，包括涉及多种合同、多类型的多方谈判，与国际赛事机构的多方转播、尿检测试、知识产权、赛事规则等很多问题，还涉及各个单项体育联合会对接、场馆建设的标准等一系列问题。总之是多方面的，既涉及中国与各主体方赞助商的赞助问题（包括门票收入分成的问题），还涉及各个国际组织、国际奥委会各个部门的问题，以及其他技术问题。

您去花时间研究这些事，在和外国律师共同合作的过程中去学习？

对，第二年就以我们为主了。

为什么第二年会变成以我们为主了呢？

我们有更多的人做更全面的工作，而且这些工作我全会了，价格还比美富低。

这个项目的费率跟我们平常的费率比，打了很大的折扣，但还是收费的，我从来没承认是不收费的，就商业来讲我是不亏的。我事后总结，整个项目做下来之后，它就是一场法治的奥运会：第一，法律部是最早成立的八个部门之一；第二，它尊重专业，不会觉得律师的中介服务应该免费。所以，我觉得它付我们律师费不只是商业核算的问题，还是对我们专业的真正尊重。

奥申委开始跟您说过不付费吗？

没有，从头到尾都没有。我跟他们谈律师费合同，谈了五个小时，都把我谈吐了，中间偷着出去吐了两次。

他们不知道付多少律师费是合适的。一是因为他们没有这样用过律师；二是工作范围是多少，哪些应该是付费服务，到底要不要请律师，他们心里其实没有谱。

我也不知道拿什么说服他们，只能干说，因为我也没做过这类项目。

[十四] 大律师应该没有绯闻

我特别想向您请教一个问题，我们经常说到资深合伙人，您觉得在您的理解中，"资深"到底是什么？

> 资深合伙人等同于榜样合伙人。"资深"不只是简单的年资，大家不是因为你资深而认为你资深，而是因为你足够好、足够优秀，符合我说过的奉献、团队合作、追求卓越、人品端正等要求。
>
> 资深合伙人应该是事务所既有价值观的体现，虽然不一定是最好、最全面的，但至少大方面、大多数要符合，能让人真正尊重你、信服你。

我们总是喜欢称呼某人为大律师，您觉得大律师的"大"到底是什么？

> 大律师，首先专业上要厉害，一定是一个领域中的翘楚。其次，人品要好，如果天天各种绯闻缠身，再牛也不叫"大"。

在和您交流的过程中，我感觉您没有那种在家庭和工作中疲于应付的状态，为什么呢？

> 我不知道啊，这对我来说都是很自然的事情。
>
> 我觉得很多东西要举重若轻，工作其实是生活的一部分。你如果把家庭带入工作或者把工作带入家庭，其实都不是你的生活，这些都是你生活的因素，你没有办法分开二者。至于轻重缓急，在不同的时期，家庭和工作的比重不同，但它们同样重要。所以，还是看你如何安排自己时间的优先次序。

您觉得您是通过经验技术，还是直觉安排的？

> 我觉得是一种直觉，当然这种直觉肯定是基于我这么多年的经验而来的，到目前为止它还没骗过我。

> 有时候，我们会觉得老天赏你吃哪碗饭，比如你是戏曲演员，就给你一副好嗓子；你是外交官，就给你运筹帷幄的能力；你是律师，就给你对市场的直觉。所以，我觉得老天还是赏我这碗饭的。

您很多的时间都是在出差中，您一直在这种状态中，有没有年龄带来的疲惫感？

> 原先，我坐飞机跨大洋，一飞就是十几个小时，落地就开会都没问题。现在，我开会也没问题，但第二天会觉得累，短时间内缓不过来。
>
> 过去，我一点儿毛病都没有，因为我特别能睡，坐十几个小时的经济舱，我都能睡得呼呼的，一般是还没起飞我就睡着了，恨不得落地还没醒，身体机能特别好。
>
> 但现在我能感觉到这种疲惫，它会对我的精神状态和对自我的感知带来很多影响。我会认识到这个问题，给自己时间喘息一下，不会硬撑。

去年有一天，您的一个客户的高管跟我私下里吃饭聊天，问我：为什么宁律师这么大牌了，还要亲自跑过来跟我们谈生意，她为什么要做这种辛苦的事？

> 我从来没有心理包袱，觉得我不能去，或者觉得是我上门去求。
>
> 两个星期前，我去一家德国汽车金融公司做数据安全方面的讲座，本来是一个小时的课，我用英文给他们讲了一个小时四十分钟，效果挺好。
>
> 会后，对方一个员工送我下楼，他问我怎么走，我说打车。

对方就特别惊讶地说：您这么大的合伙人，不带助理和司机，大夏天的，自己背个包，讲完课还得出去打车。

其实对我来讲，这是应该的，我只是去讲个课，不需要再拽一个人。

[十五] 把沙子揉进眼睛

在金杜这么多年，您回忆一下，最差的一些个人体验是什么？

最差的体验就是有时候有些合伙人没有全局观，没有团队合作精神，不顾及别人的感受或者是集体的利益，这会让我很难受。

您会有什么样的反应呢？

我只能尽量弥补。

您会说出来吗？会去指责别人吗？

在一对一的时候，我很少会和对方发生冲突，宁可避让。所以，我团队的人都说我好脾气，很多事情过去就过去了。我对很多合伙人也是这样的，过去就过去了。我好像没有跟谁为了案子或是什么吵起来，因为我觉得不值当。

当年中国移动通信集团有限公司（以下简称"中国移动"）从中国电信集团有限公司（以下简称"中国电信"）出来，我是中国移动的第一任法律顾问，我们做得很好。结果中国电信要上市，当时金杜金融证券部合伙人杨小蕾对建平说："中国电信在意我们代表中国移动，有利益冲突。"其实我觉得不应该算存在利益冲突，但事务所让我们放弃中国移动这个客户，我们就放弃。

当时，中国移动的第一任负责法律的领导中秋节来看我，说：宁律师，能不能继续做？我说：抱歉，确实做不了，这是事务所的决定，我应该支持。

像这种放弃客户的事，您完全能接受？

能接受。

虽然说您觉得遗憾？

对，我确实觉得遗憾。

您会不会让人觉得或者您觉得自己是个眼睛里揉不进沙子的人？

我其实是眼睛里揉不进沙子的人，但我可以把它揉进去。

您有自己的原则，但是您愿意包容别人，有同理心。

我觉得是，这不是自夸。当然，如果忍不了，我就会爆发。不过，我觉得那不是为了我个人一桩一件的事情，而是为了事务所大的布局的事情。一桩一件的事，我避让过很多次。

您从内心里还是觉得事务所比个人重要？

是的，我真的是这么想的。

手 记:

对话宁宣凤律师的时候,新冠肺炎疫情还在影响着人们的生活,但是跟宁律师对话时,我会觉得世界很安静。

在对话过程中,我始终关心的一点是,为什么宁宣凤律师是多位合伙人高度赞誉的合伙人?

我奔着这个答案而去,没想到我们的交流是从她童年的生活说起的。我不会想到她小学二年级的时候会读《红楼梦》,更不会想到我们很多的对话是围绕《红楼梦》展开的。她是真爱《红楼梦》,真谈《红楼梦》。而我是希望通过《红楼梦》这个媒介,追问我想追问的问题。

两相对比,宁律师让我心生愧意。对比她感动的眼泪,我像薛宝钗,她成了林黛玉,显得我的格局低多了。我从来没有想过情感如此细腻、如此感性的人,能够在律师这种高度理性的工作模式中做得如此出类拔萃。所以,我尽可能地保留这些关于《红楼梦》与律师成长的话题,希望我们年轻的律师能够由此生发更多的体悟,更好地感知自己的职业生涯。

在对话过程中,你能感觉到她身上非常鲜明的东北人的特质:小时候跟人打架,在自己的专业选择、职业选择上从不拖泥带水,颇有我的未来我做主的气度。一旦你了解了她的这种成长背景,以及她在进入金杜之前的一些非常个性化的选择,你就不难理解为什么她到金杜之后,能够在不同的业务领域中频繁地跳跃。所谓性格即命运,这一点在她身上被诠释得非常清楚。

她既有非常感性的一面,又有非常理性的一面;既有浪漫主义的特质,也有现实主义的考虑。她跟我说,如果做律师不能够养家糊口,她是断然不会做的。她还跟我说，调换业务领域的时候，如果觉得这不是一笔"有利可图"的生意，她也一定不会去做。她说这两句话的时候，表情让我长久地不能忘怀，她以非常真诚的表达方式，让我看到了一个理想主义和现实主义统一的合伙人的形象。

宁律师在谈到一些不好的事情时，我感受不到很强的负能量，比如她的人被挖走了，在内部与别人意见相左……她说这些的时候有点儿像孔夫子所说的"哀而不伤"。

给我很大冲击的还有一点，就是她坚持在职业生涯当中不与客户交私人层面的朋友。她能把生活和工作非常有原则地划出楚河汉界，不去刻意讨好这个世界，却能温暖地对待这个世界。

要不要与客户交朋友，不同的合伙人有不同的看法。我不认为宁律师的做法适用于所有的人，但希望我们的律师能够看到她不与客户交朋友背后的内在逻辑。比如她说到对《红楼梦》的看法，为什么不太喜欢宝钗，因为宝钗看起来很灵通，但是有很多不端庄的地方，她希望自己是一个端庄的人，所以她对自己有要求，不会随便放弃自己应有的姿态。

她像一个女版的堂吉诃德，但是她能获胜。听宁律师说话，你听到的都是对生命的享受，让你觉得她是一个站着赚钱的人。我觉得这样的生活状态、工作状态，应该让更多的律师同行得到启发。

我非常希望青年律师，特别是女律师，能够学习宁律师对生活随时随地的热爱，在繁重的工作之中，保持正向的自我激励，找到生活本身的乐趣，不觉得自己在一天到晚苦哈哈地卖时间，不觉得做律师就是一趟人生的苦旅。我们做律师的，经常会觉得有工作就没有生活。宁律师当然不可能像全职主妇那样拥有完整的个人生活，但她把生活和工作结合得比较好，比如，在我们对话开始前我还没到的10分钟里，她能把桌上的那盆插花和她生活中的爱好联系到一起,在把玩的过程中自得其乐。

我一直觉得,做律师也好,做其他职业也好,但凡过多占据我们时间的工作,都需要我们抱持自我生命的觉醒意识。能让内心时不时地产生泯然一笑的片刻时光,应该成为律师的一种修养。

第五章

专业的价值

律师小传

一个人没办法把什么都做好，律师最终必须专业化

刘延岭律师是原国家工商总局局长秘书出身，但今天的他看上去不像秘书，倒像局长。他在破产重整债务重组领域的专业成就，催生了"企业家律师"这个新概念，而他自己却苦恼地强调仍然有很多问题没弄明白。

他有世事洞明的一面，也有理想主义的一面。他不喜欢人生一眼看到底，喜欢从不确定的变动中寻找确定性的价值。他装了好几个心脏冠状动脉支架，仍然极为勤勉。

刘延岭——金杜律师事务所管委会委员、金杜债务重组部负责合伙人

1963 年，出生于内蒙古自治区通辽市，成长于科尔沁草原。

1982 年，考入吉林大学法学院。

1986 年，本科毕业后，被分配至原国家工商总局工作。

1988 年，通过中国律师资格考试。

1992 年，就任原国家工商总局秘书处副处长。

1994 年，不喜欢一眼看到底的未来，辞职下海，创立天驰律师事务所。

2002 年，加入金杜。

2004 年，"新疆德隆系"债务危机爆发，带领团队开始涉足债务重组业务。

2004 年，参与《中华人民共和国企业破产法》（以下简称"《企业破产法》"）起草工作。

2007 年，牵头担任中国第一个上市公司破产重整案的管理人，这也是中国第一单破产重整业务，对金杜具有标志性意义，从此打开一生二、二生三、三生万物的新局面。

2008 年，牵头组建金杜债务重组部。等到金杜在上市公司重整法律服务市场的份额占比达到三分之二时，他觉得职业成就感挺强的，但这种感觉很快就没有了。

2016 年，最高人民法院发布 10 起破产典型案例，有 7 个案例是破产重整案，其中 6 个重整案是金杜债务重组部承办的。他说，我们占的比例太高了，没敢做任何宣传。

刘延岭律师是原国家工商总局局长秘书出身，但今天的他看上去不像秘书，倒像局长，一个从容豁达、不紧不慢、平易近人的局长。

2020年8月20日下午3时，我们在金杜北京办公室的一间小会议室如约与刘延岭律师展开了对话。这间小会议室不太适合拍摄，摄像人员把我们对话需要用的茶几放到了一个拐角，不管我们怎么调整位置，都有一种不太舒服的感受，但延岭律师对此无感，没什么反应，很愉快地坐在那里。他没想到我们还会正儿八经地录像，以为只是简单地聊聊。在这样看似严肃的阵仗里面，他也无所谓，就这样笑呵呵的，我问一句他答一句，像说禅论道，很有系统性。

他对谈的样子让我身旁的出版部同事很吃惊，过去，她听延岭律师主持党课，很严肃；而今，延岭律师动不动就呵呵一笑，在这位年轻的女编辑看来有些憨厚、有些纯真，不矫揉造作，也不端着，很亲切。

刘延岭律师今年（2020年）有57岁了，他团队的年轻合伙人说他身体不好，心脏装了好几个支架，但他无论是坐在那里还是站在那里，你都看不出来他像身体不好的样子。他的辛苦、勤劳是非常罕见的，但是你看不见他把疲惫挂在脸上的样子。

[一] 小时候在农村对法律没概念

您高考时为什么报考法学院？在法学院读书的时候想过将来做律师吗？

> 我从小在农村生活，上中学后只想着要考上大学。当时对于法律专业没有特别清晰的概念。
>
> 考大学的时候，我报了两个专业，一个是法律，一个是经济，

觉得可能跟将来社会发展更相关。最后，我被法律专业录取了。我到大学读书时发现挺喜欢法律的，觉得读法学专业挺好的。我们那时毕业后是统一分配工作的，没有选择，也没有做律师的规划。

毕业的时候怎么没去法院、检察院呢？会遗憾吗？

去法院、检察院是我们当时相对合适的选择。但当我们毕业时，最高人民法院没有分配名额，原国家工商总局和其他几个部委还有名额，我当时就被分到了原国家工商总局。

没有什么遗憾，因为法院、检察院是司法机关，原国家工商总局是行政执法机关，都是做法律工作，当时感觉差不多。我没有觉得不好。

您当年在国家机关，为什么会想到参加司法考试呢？

因为我是学法律的。1988年，国家组织统一司法考试，我就参加了。那时，我在原国家工商总局工作，到河北廊坊香河县锻炼，挂职工商局副局长。相对来说，当时还是有些空闲的，我就忙里偷闲地复习，准备考试。

那时候会想到未来要做律师吗？

那时候我没想过一定会做律师，但是学法律的，既然国家组织律师资格考试，我觉得自己应该去考，就参加了。我想或许将来会做律师，但不确定。我是在考完试6年后的1994年，出来做律师的。

[二] 做律师是边学边干

您1994年"下海"，那时候去海南的人比较多，去搞房地产的人也挺多的，您为什么想开律师事务所呢？

当时很多人选择下海做生意，或者到国企任职，但我了解自己，觉得自己可能没有做生意的天赋，但做律师却是我完全能掌控的事情。做律师，跟我的专业、知识、工作经历都比较吻合，律师职业未来会有发展，在大方向上也符合我的职业取向。

您当时选择离开机关做律师，跟想赚钱有关系吗？

不能说没有关系，但我不是纯粹因为钱下海的。我只是觉得我一个年轻人，未来的路不能一眼望到头。距离退休还有三十年，我大概就知道自己未来的路是什么样了，觉得确定性太高了，应该离开机关，到另外一个世界看一看。

您辞职后，知道怎样去做一家律师事务所吗？

其实不知道。想做律师是大方向，到底怎么做其实不清楚。当时我有一个早几年就出来做律师的同学，一见面，他就动员我，也使我对律师行当以及已经做律师的人有所了解。后来又加入了一个人，我们就决定自己开家事务所。

1994年4月，我们在首都体育馆南路2号机械科学研究院的办公楼创办了事务所。那时候租不起好的办公楼，就租了一层的一大半儿，有300~500平方米，招了十多个人，就开张了。我们当时做律师都是靠摸索，边学边干。

您做律师接的第一个案子是什么？俗话说，靠山吃山、靠水吃水，您是从原国家工商总局出来的，做的是它的案子吗？

第一个案子可能是个商标的案子。公务员下海，"离职两年内，不得到与原工作业务直接相关的企业或其他营利性组织任职,不得从事与原工作业务直接相关的营利性活动",是 2006 年施行的《中华人民共和国公务员法》规定的。我下海是 1994 年,那时候根本就没有辞职下海的从业限制,我想都没想,就开始做商标案件。

实际上,我下海当律师早些年做的知识产权的案子,主要是商标。除了知识产权,还做公司业务,这在当年很正常。

您还记得下海第一年赚了多少钱吗?

第一年,我个人创收应该超过 100 万元了,具体是多少钱记不清楚,反正我下海做律师以后就感觉不缺钱了。

2002 年,我加入金杜后,发现金杜的合伙人没钱,我还觉得挺奇怪,大家怎么没有钱呢?其实,当时钱都用在发展上了。

[三] 一个人没办法把什么都做好

您做了八年自己的事务所,后来怎么决定到金杜呢?

我们刚开始做律师时,是一个最简单的模式,几个人凑到一块,大家各干各的,需要支持的时候就互相支持。除了承担公共成本,剩下的都是自己的。

但是,我们干着干着就发现这个模式做不好,做不专业。如果什么赚钱我们就做什么,没有专业分工,那就不可能提供专业、高质量的服务。所以,我们觉得这个模式应该调整。我们在内部试过调整,试了一年,发现在单干的基础上调整非常困难。我认为金杜协同共享的团队合作体制才是律所做大、做强的出路,所以,我就放弃了自己创建的事务所,带着两个助手加入了金杜。

来金杜之前，工作中遇到的所有专业问题都要自己研究明白，比如劳动、税务、海关、外汇、银行等方面的问题，想都研究明白是不可能的。来金杜后，遇到不懂的问题可以请教，会有人告诉你。一个人是没有能力把什么都做好的，能把一项工作做好就不错了，所以，我们必须形成互相依托、互相依靠的关系，大家协同才能把事情做好。客户的需求是多方面的，一个人的能力是有限的，要想满足客户全方位的需求，我们就必须得有团队，而且这个团队要专业化分工。这是我加入金杜的一个很重要的原因。

听说，您加入金杜做合伙人，是被您的吉大法律系系友钱尧志律师在一个大雪纷飞的夜晚说服的，是这样吗？

准确地说，不是他说服的，是我自愿的。

钱尧志律师跟我都是吉大法律系毕业的，我们很早就认识。他是2001年加入金杜做合伙人的，之前在吉林省高级人民法院做副庭长，金杜创始合伙人王俊峰律师邀请他下海组建金杜争议解决团队，比我早来金杜几个月。他在吉林省高级人民法院的时候，我去长春出差，喜欢去找他，我们很投机。有一回，我们从晚上八九点聊到早晨五六点，聊完他就直接回办公室上班了。

2001年冬，我决定加入金杜，正好钱尧志在北京，我就问他在金杜怎么样。我这一问，他就知道我想干什么了，就对我说："你来金杜吧。"然后，我就下决心来金杜了。

那天，北京下了一场大雪，钱尧志律师是个"故事大王"，说话生动有趣。他跟你说我加入金杜的故事，你听起来是不是有点儿像"林冲雪夜上梁山"？其实，我来金杜，完全是自觉自愿的。

2002 年元旦一过，我就来金杜上班了。

当时金杜在嘉里中心，办公室不够，我就临时跟钱尧志共用一间办公室，大概有小半年。钱律师抽烟、嗓门大、打电话经常用免提，跟他在一间办公室还是很锻炼承受力的。

听说您来金杜的时候收入下降了，而且您事先就知道收入会下降。俗话说，人往高处走，您为什么宁可收入下降也要来金杜？

律师是专业人士，是做业务的，你要把专业做精、做好才有未来。如果仅仅想着赚钱，就不会有什么大出息。

我到金杜来不是为了钱，1994—1995 年，我一年的创收有 100 万元，算是挺能赚钱的。刚来金杜时，收入下降了近一半。

来的时候"定点"，简单说，就是确定年终分红的比例。我就说怎么定都可以，而且不要定高，这是我要求的。我做了 8 年律师，知道把事务所品牌做好是很难的一件事，需要成本和投入。加入金杜之前，我没有为这个平台做过贡献，也没有投入，所以我觉得自己的点数低一点儿是应该的。

大多数人加入一个组织都希望自己能多拿一点儿。您的谦让是您性格中就有的吗？还是您从做律师的过程中慢慢学会的？

我觉得应该跟性格有关系，比如你怎么看这件事，为什么放弃一些东西。我作为新合伙人加入，之前没有贡献，这是一个基本概念。

另外，要得少一点儿，就不必背着很重的负担。"定点"很高，大家对你的期待自然也会很高，你的压力就会很大。我相信金杜的体制，你做得好，点数自然该涨则涨。后来的经历证明，我每年的点数涨幅都是比较大的，大家没亏待过我。刚开始，可能有合伙人觉得是不是有点儿亏待延岭了，我却觉得挺好，自己没什么负担。如果我加入的时候说得挺玄乎，实际干得不怎么样，那我自己会很不舒服。

[四] 我们也动摇过

您是做商标和知识产权法律服务出身的，到金杜之后，为什么成了中国声名卓著的破产重整的合伙人？这个华丽转身是怎么转出来的？

来金杜之前，我做商标和知识产权法律服务，也做投资并购、公司常用法律方面的业务，偶尔也有债务重组，总的来说，就是常见的非诉讼公司业务，不聚焦某个单一领域，有什么就做什么。

来金杜以后，我仍然不聚焦，做商标、投资并购，跟过去差不多，但是多了点儿房地产和证券业务。在当时的金杜，跟大家相比，我的业务领域更广、更综合。

毫无疑问，这跟我的经历有关。本来在金杜这个讲究专业分工的阵营，我这样就算"标签"不清晰，是个劣势，但是，债务重组把我的劣势转化成了优势。债务重组对律师的综合性要求高，我跨领域、综合性强的特点反而有了用武之地。

今天，你点开我们金杜的官网，在首页"业务领域"，你会发现"债务重组"这四个字。用这四个字定义一个业务领域，花了我们十几年。十几年前，大家说的不是"债务重组"，而是"破产清算"。2006年出台了《企业破产法》之后，有了"破产重整"业务，再之后才有了"债务重组"业务。

破产重整就是我们通常所说的司法重组、法庭内重组、破产保护，是法院主导下的企业债务重组活动，是《企业破产法》规定的三种程序之一。与破产清算程序"一破了之"不同，破产重整程序的目的在于帮助困境企业脱离困境、凤凰涅槃、二次重生。上市公司破产重整既具有司法程序的属性，又属于证券监管的范畴，涉及司法与行政、法院与证券监管机关的衔接和协作问题，综合性很强，不仅仅涉及《企业破产法》，还涉及《中华人民共和国证券法》《中华人民共和国合同法》《中华人民共和国物权法》《中华人民共和国民事诉讼法》《中华人民共和国担保法》《民间借贷司法解释》等诸多法律法规，你作为律师，要有综合的法律专业知识储备。光有法律专业知识储备不够，你还要人情练达、世事洞明，具有与政府、银行、企业等各方主体沟通的非法律事务能力。总之一句话，你要想做债务重组，综合能力就必须强。

还好，我在这方面有点儿优势，就逐渐向债务重组聚焦。幸运的是，我挺喜欢这项业务的。

喜欢这项业务其实并不容易，因为长期出差太辛苦。我是内蒙古人，热爱工作、不怕吃苦，做债务重组业务算是有天分吧。

您成为债务重组专家是从40岁左右开始的。孔子说"四十不惑"；

奥地利作家茨威格在世界名著《人类群星闪耀时》中说，"一个人生命中的最大幸运，莫过于在他的人生中途，即在他年富力强时发现了自己的人生使命"。您遇到债务重组时有这样的生命感受吗？您是怎么确定债务重组这个专业方向的呢？

2004年，"德隆事件"爆发，"新疆德隆系"出现债务危机，涉及100多家公司，包括5家上市公司、3家证券公司。我和王福祥律师、颜俊律师等合伙人组成金杜团队，协助中国华融资产管理股份有限公司（以下简称"华融公司"）处理"德隆系"债务危机，对"德隆系"公司进行全面托管。

此前，在3年多的时间里，新疆德隆（集团）有限责任公司控制的3家上市公司，即新疆屯河投资股份有限公司、新疆合金投资股份有限公司、湘火炬投资股份有限公司，其股价都上涨了10~15倍，这些上市公司及其他与"新疆德隆"有关的上市公司，连同旗下177家子孙公司和19家金融机构，在证券市场上被新闻媒体称作"德隆系"，被认为是当时中国最大的民营企业集团。

我们今天所谓的"德隆事件"，指的是2004年4月德隆股票崩盘，导致"德隆系"轰然倒下的事件，它在中国资本市场引起轩然大波，至今仍然是资本市场茶余饭后的江湖传说。

对我来说，"德隆事件"不是江湖传说，而是我踏足债务重组业务的开始。我没想到，一脚踏进去，一晃十几年。

"德隆系"债务危机处置项目对您个人和金杜而言意味着什么？

对我个人而言，是我真正踏入债务重组的开始，给我贴上了专业标签，让我找到了我擅长的、喜欢的、愿意以此为业的业务领域。

你之前问我律师职业生涯里程碑的时候，我说过有两座里程碑，一是加入金杜，二是到金杜选择了债务重组业务。

对金杜来说，"德隆系"债务危机处置项目真正掀开了金杜债务重组业务的第一页。

在"德隆系"债务危机处置项目中，华融公司是受托接管公司，我们帮助华融公司实现接管，进行债务危机处置。对于这个项目，我们是以时间为计费基础的，最后的律师费可能有一千多万元，这在当时是一笔巨额律师费，我们为此动用了好几十人参与，历时两年多。那时候，新闻媒体三天两头报道"德隆系"的新闻，我们奉行低调原则，一直没有就此接受过采访，也没有公开宣传过。但是，这个项目对我们的意义确实非常重大。"德隆系"债务危机结束后，不少证券公司因此陷入了债务困境，证监会关闭了33家证券公司，我们的队伍接着参与了证券公司的债务危机处置，一直到2007年左右。

这三年间，我们在实战中培养了一批新生力量，比如现在是上海市破产管理人协会副会长的郝朝辉，当时还是一个没结婚的低年级律师。那时，我们正处理上海一家证券业务公司的债务危机，被情绪激动的债权人围困在现场，深更半夜，在警方的护卫下，我们才被上海证监局救出重围，吃了顿夜宵。

其间，我们还有其他一些债务重组业务，比如中国银河证券股份有限公司的债务重组、交通银行股份有限公司入股重组湖北省国际信托投资有限公司等。

同时，我们还受全国人大财政经济委员会的邀请，与研究破产的专家、学者、司法系统的同志一起参与了《企业破产法》的立法讨论。2006年，新的《企业破产法》颁布，2007年6月1日开始实施。

新的《企业破产法》实施后，我们就开始利用破产工具来做债务重组，做了全国第一家公司破产重整业务，也是第一家上市公司的破产重整业务。

[五] 一生二、二生三、三生万物

中国第一家上市公司破产重整这个案子，在2006年是怎么找到您的？

这个案子很有意思。2006年11月，我们房地产部合伙人杜慧力律师跟我说，其他律所有一个律师听说我们熟悉债务重组业务，想跟我们交流一下，问我有没有时间。我说：同行们交流一下没问题。

与那位律师见面后，大家交流得很好。他们代表债权人，希望通过债务重组保护债权。他们跟保定市人民政府国有资产监督管理委员会（以下简称"保定市国资委"）比较熟，就帮忙约了保定市国资委的一位副主任面谈。见面时，对方比约定时间晚到了一点儿，我当天下午还有一个会，所以我们只有二十分钟，就简单地聊了聊怎么利用重整的方式来解决问题。这次谈得非常好，对方就约好时间来事务所详谈。

与保定市国资委的同志再次见面后，我们就初步确定了采用重整方式解决河北宝硕股份有限公司（以下简称"宝硕股份"）的债务问题。随后，我们就到保定市准备启动重整程序。但重整程序是新《企业破产法》规定的，新《企业破产法》还没有实施，我们还不能启动重整程序，于是我们就先启动了宝硕股份的清算程序。因为债权人逼得太急了，如果不通过清算程序，债务人的资产可能就被瓜分拍卖了，这样对债权人非常不利，对企业本身也不好。2006年12月，宝硕股份进入清算程序，2007年6月1日，新《企业破产法》实施后，转为重整程序。

这个案子来得很偶然，但对我们很重要。因为它是我们作为管理人的第一单业务，也是全国第一单破产重整业务和第一单上市公司重整业务，所以这个项目对我个人的职业生涯，以及对金杜的债务重组业务都有标志性的意义。

正是因为有了这一单业务，我们才有了后来的承德帝贤股份有限公司、山东九发集团公司等一系列上市公司的重整业务。

从这开始，我们才有一生二、二生三、三生万物的局面。

当时，这些开天辟地的"明星项目"和全国第一单项目赚了多少钱？投入了多少人力资源？

因为我在前面所说的三个"第一单"，所以我们十分重视宝硕股份破产重整案件，我们不但要把项目做好，还要建立上市公司破产重整业务的专业标准和收费标准。这个项目涉及一家上市公司和三家系列公司，我们大概收了一千万元。当时，能收一千万元算挺多了。

这个项目，我们做了差不多一年半，投入的人力不少。

133　第五章　专业的价值

不做债务重组的话，哪怕你是律师，你都未必知道这项业务不但要投入很多人，还要长期投入很多人。你需要进驻企业现场，事无巨细，全程跟进。这种案件周期不像股权投资、诉讼仲裁，耗时一两年才结案是常态，我们的很多年轻律师需要长期住在当地酒店，融入当地生活，像政府部门的外派干部，"一年出差两次，每次半年"，对于爱家、爱热闹、无法忍受孤独的律师而言，这个业务是很苦的。对于规模偏小的律所来说，债务重组业务需要的人力资源是所里承担不起的。中国绝大多数律所的人数不到 100，而我们做的债务重组项目在高峰时期动不动就投入 100 人，你让小律所怎么做？

听说新《企业破产法》实施后几年，金杜债务重组业务量一度不饱和，您是怎么坚持下来的呢？

这个过程确实不是一帆风顺的。2007 年 6 月 1 日《企业破产法》实施，债务重组业务并没有随之滚滚而来。相反，市场有五六年处于低谷期。我们深圳办公室有个年轻合伙人叫吴嘉，当时还是一个律师，他有点儿焦灼地问当时也是律师、现在也是合伙人的王鑫：咱们学的这门手艺会不会成为"屠龙术"？他的意思是，债务重组本来就深奥难学，等他们好不容易学会了，会不会"龙"就没了，有力无处使了？那个时候，不止一个人动摇过，怀疑过这项业务没有未来。但是，我没有动摇，我坚持下来了。王乐律师现在已经是我们的主力合伙人了，那时他也是律师，我们的工作量不饱和，为了不让大家闲着，他一度被派去山西太原参加证券部的尽职调查。

在大家动摇的时候,我们的合伙人黄春光律师给了我很大的鼓励。

那时候,她还在美国的凯易国际律师事务所。这是一家总部位于美国芝加哥的欧美顶尖律师事务所。《美国法律周刊》报道,该律所在 2017 年曾以 30 多亿美元的总收入名列全球第一大律师事务所。

黄律师在凯易律所也参与过很多破产业务。她跟我说,凯易律所破产业务律师的收入高于其他律师:7% 的律师创造了 12% 的收入。1978 年,美国《破产改革法》实施、重整制度建立以后,破产业务律师几十年来都做得非常好。

这样的说法让我觉得未来中国的债务重组业务一定能有机会,这是我们能坚持下来的一个重要原因。

事实证明,黄律师很有远见。十八届三中全会之后,随着供给侧结构性改革的展开,破产重整一下子多了起来。2015 年 12 月中央经济工作会议提出"去产能、去库存、去杠杆、降成本、补短板",破产重整案件逐渐多了起来,我们先后承办了很多大型复杂重整项目。其中渤海钢铁集团有限公司(以下简称"渤海钢铁")重整,是当时中国规模最大的重整案,所负债务近 3 000 亿元,我们金杜担任管理人。

[六] 债务重组"吉大系"

刚开始组建债务重组团队的时候,有几个合伙人呢?

一开始只有王福祥、颜俊、郑志斌和我。后来,王福祥律师的同学辛志奇从深圳市中级人民法院破产审判庭下海,也做了我们的合伙人。

2006年,《企业破产法》颁布之后,因为我们几个合伙人参与过该法案的起草,就一起琢磨,《企业破产法》实施之后,我们可能有哪些业务机会。当时,深圳有家东北菜做得很好的天池宾馆,我们就约着在这家宾馆开了一次筹划未来业务机会的研讨会。后来我们开玩笑,把这次会议命名为"天池会议"。

"天池会议"的召开意味着债务重组业务团队的形成。但我们并不是事务所的一个正式的业务部门,而是个跨部门的业务小组。当时,我在证券部,其他人在诉讼部,俊峰要我们成立部门,我们觉得条件不成熟,就一直拖着。大概是2008年的某一天,事务所通讯录把"破产重整部"单独列出来了,我们才开会,破产重整部在法律意义上才算成立了。由于我们做的业务不完全是破产重整,还包括债务危机应对、庭外和解、协议重组等,加之企业家对"破产"这两个字有点儿忌讳,后来我们就把"破产重整部"改成了"债务重组部"。我觉得,这个名称更准确,更符合我们的业务定位。

您说的王福祥律师就是业界所说的"破产王"吗?我听钱尧志律师说过金杜当年合并深圳的华邦律所,为金杜债务重组招募第一支破产重整专业团队的事,您能具体说说吗?

是的,王福祥律师就是大家所说的"破产王"。福祥是大学老师出身,法学博士,比我年长几岁,在我的母校吉林大学法律系教过书,后来去深圳市公证处工作了一段时间。他觉得做律师更有成就感，更能体现他的价值观，就以大师兄的身份，跟吉林大学法律系的几位师弟，于 1994 年在深圳创办了一家律所。

当时，深圳市中级人民法院成立了中国第一个破产审判法庭，在全国是最早开始破产案件集中管辖、专业审理的实践探索的。福祥一下海就专攻破产业务。

2001 年，福祥跟几位师弟一起加入金杜深圳办公室，把破产清算业务也带到金杜了。在这几位师弟当中，有一个叫颜俊的合伙人，金杜当时把他从深圳办公室调到了北京办公室。我当时也离开了我一手创办的律所，跟他前后脚到了金杜北京办公室。之后，"德隆事件"爆发，我在证券部，就跟福祥、颜俊等一起，受华融公司之托，承办了该案件，从此跨入债务重组领域。王福祥律师很有经验，这么大的案子，当然少不了他。

我们债务重组部内部有一句话，"金杜破产业务自王福祥始"，福祥是我们破产业务的奠基人。加入金杜之后，福祥律师参与过许多重要的债务重组项目，从国有企业到股份公司，再到外商投资企业，前前后后担任过 50 多家企业破产案件管理人，或者债务人的重整专项法律顾问。他主办的典型项目包括重庆钢铁股份有限公司（以下简称"重庆钢铁"）破产重整案、深圳大世界商城发展有限公司破产重整案、渤海钢铁破产重整案、南方证券股份有限公司破产案清算等。2015—2019 年，王律师连续五年被国际知名法律评级机构钱伯斯在《亚太法律指南》中评为破产重组领域"业界元老"。

说王律师是"业界元老"一点儿都不过分。王律师在国内做公司清算和债务重组业务，就算不敢说"最早"，说"最早之一"肯定没问题。所以，当年代表金杜把福祥律师他们引入金杜的钱尧志律师说："王福祥他们加盟金杜，为我们带来了第一支破产重整团队，为我们今天在破产重整领域成为中国翘楚埋下了伏笔。"此话不虚。

你们吉林大学法学院毕业的所谓的"中国债务重组吉大系"就是这么来的吗？

碰巧吧。刚开始几个做破产重整的合伙人，比如王福祥律师、颜俊律师、辛志奇律师和我都是吉大法律系毕业生，福祥是50后，我们几个都是60后。

在我们后来提拔的年轻合伙人当中，比如赵坤成、郝朝辉律师，也是吉大毕业的，但他们属于70后，是跟着我们做项目，从律师助理开始一步步成长为合伙人的。现在，我们债务重组部门有十几位合伙人，比如王乐、王鑫律师是我们一手培养起来的优秀的70后、80后合伙人，就不是吉大毕业的。所以，你所谓的"中国债务重组吉大系"，可能只是你听到的业界的一个趣谈。

您和中国政法大学研究生院院长、破产法与企业重组研究中心主任李曙光教授共同主编的"破产法评论"系列，基本上每年出版一卷，邀请国际债务重组界的学者撰文，囊括中西方，兼具前沿和深度，从最高人民法院到律师界、学术界，反响挺大。您为什么要参与出版破产法领域高水平的学术出版物？有人说，你们债务重组部的合伙人特别喜欢舞文弄墨，喜欢参与立法讨论，爱研究、爱写书、爱写论文，是这样吗？

你说的"破产法评论"系列，是李曙光教授和我们在2018年共同商定的事，我们俩担任主编，我们债务重组部合伙人赵坤成律师和李教授那边的张钦昱教授负责具体编务，这是固定品牌。我们债务重组部参与这样的学术活动，对于我们提高办案水平来说有着外人看不见的作用。外面的人老是觉得奇怪，为什么最高人民法院发布十大破产案例中，七个重整案件有六个是金杜做的，金杜主办的案子为什么出现在最高人民法院院长向全国人大所做的报告中，不知道我们的合伙人为此做出的努力是什么。

我和辛志奇律师参与过2006年《企业破产法》的起草与讨论，王福祥律师在"破产法评论"系列里发表过不止一篇文章。

社会上对破产案件的一般理解就是清算。放眼全世界，早期的破产案件最核心的程序的确是清算，最近40多年情况变化了，出现了"重整"，这是全世界的破产法最具革命性的突破，就是允许企业家失败之后有一次机会重新站起来。1978年美国《破产改革法》石破天惊地推出了"重整"，2006年中国《企业破产法》立法，借鉴了美国的"重整"制度。一家企业只要还有持续经营的价值，哪怕资不抵债，也不会让你马上破产清算，而是要给你一次重生的机会。

"挽救"这两个字不是文学家打比方，而是我国《企业破产法》白纸黑字写着的，只要你不"缺乏挽救的可能性"，你有重整价值，就可以重整，就像一个危重病人进入重症监护室寻求再生的机会。

破产重整案件不仅对法官要求高，对担任管理人的律师的要求也很高。据李曙光教授介绍，在美国，很多大企业的破产重整案件在纽约南区破产法院审理，就是因为这个法院的法官水平非常高，法官是站在全球市场的角度看待企业重整的，法官要对这家企业值不值得拯救，怎么拯救，华尔街能不能容忍它，做出非常准确的商业判断。所以，李曙光教授说："从某种程度上说，这样的法官本身就是一个企业家，我把这种人叫作'企业家法官'。"

有人套用李曙光教授的话，把担任大型破产重整案件管理人的律师叫作"企业家律师"。我觉得"企业家律师"这样的说法有抬高管理人之嫌，值得进一步商榷。但是，套用"企业家律师"这个概念，说明大型重整案件管理人应当具有企业家视野则是准确的。大型重整案件管理人这个角色，对律师的要求很高，我们的《企业破产法》说到判断企业该不该破产的标准，只是十几个字，但是，你作为大型破产重整企业的管理人，要懂的知识太多了。你未必要像经济学者一样熟悉《企业破产法》的偿付能力理论，但你必须懂得如何从资产负债表测试法、现金流测试法、或有负债法出发，判断一家企业该不该破产。作为大型企业集团破产重整案件管理人，如果你对2016年诺贝尔经济学奖获得者奥利弗·哈特的不完全契约理论有所了解，知道他是怎么从破产理论分析债转股的，你在草拟重整计划草案或在向债权人分析重整计划草案利弊的时候，可能会从容得多。

回头看，这些年我们能够驾驭一些大的案件，能够得到法院、金融机构的认可，与我们参与破产法学术理论讨论是分不开的。我们做破产重整案件的管理人，做债务重组，必须学习、学习，再学习。我们参与学术出版活动，写文章，不是为了单纯的理论研究，而是希望更好地驾驭法律实务。

今年，王鑫律师与金杜法律研究院院长欧阳振远组织金杜法律研究院课题组，系统分析了上市公司破产重整中司法部门与监管机构各自的角色定位以及司法权与行政权如何有效衔接，挖掘上市公司破产重整面临的主要问题，最后对上市公司重整程序中存在的监管问题提出了初步的解决方案和建议。这个名为"上市公司破产重整实证分析研究"的课题，最后成为"上海证券交易所联合研究计划"的优秀课题。

[七] 最高人民法院十大典型案例有六个是我们做的

2016年，最高人民法院关于破产有十个典型案件，金杜占了一半以上。您回头看，这样的成绩与您在低潮时期的坚守有关系吗？

当然有关系。2006年颁布的《企业破产法》实施后几年，金杜债务重组业务量一度不饱和，如果我们当时退出这块领域，熄灭梦想，就不会有最近几年的成绩。

2016年，国家推进供给侧结构性改革，最高人民法院推出了全国十大破产典型案例，里面有七个案例是重整方面的，其中有六个是我们做的。我们占的比例太高了，我们没做任何宣传。

我们通过这些案件锻炼、培养了队伍。现在，我们债务重组团队有14名合伙人和100多名经验丰富的律师与专业人员，不再是2004年我们刚开始做债务重组时的几杆"枪"。

这些年，我们的项目经验远不止入选最高人民法院的典型案例。从行业的角度看，从能源、钢铁、造车、造船、轻工、地产等基础设施或重资产性质行业到金融、零售、互联网等新兴行业，都覆盖了；从业务的角度看，从重整、清算与和解、困境企业危机咨询与合规调查、庭外协议重组、不良资产与特殊机会投资到跨境破产程序承认与执行，我们的经验已经从国内大型企业集团、上市公司、金融机构发展到跨国公司，我们在跨境破产和重组方面的经验，也可以说"极为丰富"。

十几年过去了，我们的债务重组业务早就从一般企业家所理解的"破产清算"过渡到"债务重组"。过去，我一说"债务重组"，人家就以为我们做的是"破产清算"这么一点儿"破事"，其实，"破产清算"只是我们"债务重组"的一条小小的产品分支，我们真正为中国法律服务市场提供的完整的产品线，包括破产重整、庭外债务重组、破产清算及破产和解，以及不良资产投资、跨境破产和重组业务。

2018年，最高人民法院院长周强在全国人大做最高人民法院工作报告，重点提到25个在过去5年中具有全国代表性并深具行业参考意义的大案要案，你们债务重组团队办理的"重庆钢铁破产重整案""东北特殊钢集团有限责任公司破产重整案"都是周强院长提到的重点典型案件。您觉得债务重组团队取得如此成就，究竟仰仗的是什么？

仰仗金杜这个平台，仰仗金杜制度上的优势。外人听起来会觉得我是谦逊，但我说的是实话。为什么这么说呢？

金杜讲究专业分工，我们团队是做债务重组的，其他不懂债务重组的人有业务机会一定会找我们。资源能够集中，这使我们能够获得较多的业务机会。

早期，我们的业务量并不大，如果是在一个小的平台就很难做下去，没有业务你就养不起团队。债务重组业务还有个特点，即先期收不到钱，只有完成了才能收钱，所以只有在金杜的平台上，我们才能够做到。

如果不在金杜，我们就不会有今天这样的局面。可能一个合伙人带个小团队也能做一些业务，但一定不会做成今天这个规模。如果没有金杜协同共享的体制，团队之间就是竞争关系，就会有内部冲突。我们现在是完全协同，内部不存在竞争问题。

现在，我们自己培养的合伙人都是从金杜律师干起来的，可能并不知道外面的事务所怎么做。我自己办过事务所，所以我知道单干的、不讲团队协作的律所存在的问题，它们很难承接重大的债务重组项目，即使偶有机会承接重大项目，也很难做好。

重庆钢铁破产重整案，媒体报道你们收了 8 680 万元的管理人报酬，由此猜测你们团队各自分了多少钱。对此，您怎么看？

这个案子的收费情况记载于该案重整计划书，破产管理人的报酬写得很清楚，我们不愿意对外说也没用。有人算了一笔账，说自从 2017 年 7 月 3 日重庆市第一中级人民法院裁定受理，到同年 11 月 20 日该院裁定批准重整计划并终止重整程序，前后约 140 天，每日报酬折合人民币 60 多万元。

其实，这是一个误解，我们团队付出的时间远不止这么多天。还有一个更大的误解是，我们团队赚的钱不是我们团队分，钱是事务所收的，我们的制度是团队协作，多赚钱的人并不能多分得钱。

说到这里，我想多说几句，金杜的团队协作与分配的关系经常让业内人士误解，连我同学都会误解我。

有一次在北京的一个律师论坛上，我介绍完金杜制度就离开了。后来，参会的一位律师给我打电话："刘律师，本来想跟你聊会儿天，你就走了。你走之后，你的一个同学上来发言，对你做了批判。"我问："批判我什么了？"这位律师说："他说关于金杜的管理模式，听刘延岭说了不止一次了，没有一次能听懂。金杜是行业领先大所，应该将自己的经验与同行分享。"

我的那位同学总觉得我没说真话，其实不是我没说明白，而是他不相信。他觉得金杜这样怎么能行呢？多赚钱的人还不能多分得钱，这个逻辑完全不成立啊。但金杜就是这样的模式，所以我们跟他的体验不同，他无法理解我们。

我在讲金杜制度的团队协作时，其实是在讲一个规律性问题。俊峰说过，为什么不搞单干？不完全是觉悟问题，单干的模式不适合律师事务所的发展。我们债务重组业务有今天这个局面，靠的就是这个制度设计。单干的事务所做不大，国外的顶级事务所没有一家是单干的，一定是团队协作制的，只是团队的形式不完全一样，有的是绝对一体化，有的是改良的。但有一点是一样的，都是集中管理。如果你今年赚的钱多，你就分得多，各算各的账，那事务所就散架了。

如果大家都为利益而战，那"客户第一"就是空话。当我们开始算自己的小账时，客户利益就变成次要的了。如果做不到客户利益至上，我们就不可能给客户提供最好的服务，事务所就没有生命力，债务重组业务就会成为无源之水、无本之木，不可能做到"水木清华"。

[八] 争取客户凭的是专业能力

您过去跟大家交流的时候经常会讲到职业成就感，您是怎么理解成就感的呢？

我们做律师，首先得生存，不是成就。你得有专业，得有收入，在业内得有影响力，你才能生存。

你要想生存得好，就要把专业做好，做好了专业才有职业成就感。比如你是这个领域的专家，有很大的影响力，那你自然就会有成就感。

另外，我们的职业成就感应该更多体现在为客户提供了非常有价值的意见和建议，得到了客户的认同。

您回头想想自己从业二十多年，从什么时候突然觉得自己有职业成就感了？

我这个人职业成就感不强，偶尔会有，也是一瞬间的感觉。

来金杜之前，我觉得我是个律师，挺能赚钱的，仅此而已。我不觉得有什么职业成就感。

来金杜以后，职业成就感刚开始并不强烈。

等到我们的专业定位逐渐清楚了，我们的服务在某种程度上已经超过同行了，我们才逐渐有成就感。我们在争取客户的时候，能获取业务机会凭的是专业能力。这让我们颇有成就感。

还有一种成就感，是看我们重组团队中年轻人的成长。我们一开始就那么几个人，现在这么多年轻人，一浪接一浪，一浪高过一浪，能吃苦，能扛事，成长飞快，后劲十足，都是我们亲手带出来的。这种成就感虽然难以描述，但是充盈于内心，是实实在在的体会。

您回忆一下，这种一瞬间的职业成就感最早是什么时候开始出现的？

我记不得具体时间了，可能是我们在上市公司债务重组业务的市场占有份额达到三分之二的时候。那时候，我的成就感比较强。

2007年前后，我们开始做上市公司重整的时候，市场上3家律所不相上下、齐头并进。当时，我们很着急，想迅速抢占市场。

三四年之后，同事们算了算，发现我们在上市公司重整业务的市场份额超过了40%，我挺开心，觉得度过了一个阶段。但是，我们的市场地位还不稳当。

后来，市场占有率增加到三分之二，我们就踏实了。

现在，我们已经不太注意市场份额了，但是这些年市场上的典型案例都是我们做的。

回到一个专家的角度，您什么时候、在哪些案子里面觉得自己是一个

专家，是自信的？

我们早就有自信了，只是没有感觉自己真正是专家，没有某一个确切的案子给我这种强烈的感觉，因为我们仍然有很多问题没有弄明白，一直在学习之中。

去年某一天，在一个债务重组项目上，客户的总裁很认真地对我们讲："怎么这么久了，你们刘律师也没来一次，能让我们见一下也好啊。"我把这个说给您听，您觉得自己有专业成就感吗？

我觉得人家可能是对金杜债务重组团队负责律师的尊重。

我觉得人家是真想见您，倒不是觉得您不来，这个事情就做不下去，而是怀有见见您的憧憬。

听到这样的正面评价，我当然感觉不错，但我这个人的职业成就感确实不强。

昨天晚上我们在做一个债务重组项目，我们的合伙人谢元勋律师向省委副书记、常务副省长及另两位副省长汇报工作，晚上我们又跟一个副省长通电话，商量那个案子的事情。我作为一个专业人士，没有什么背景，却能够参与省主要领导关注的重要项目的决策，多多少少会有职业成就感。这种感受来自我们的专业成就，而非我们见到了领导。

与此同时，我们还在处理一个直辖市的民企债务重组项目，是市政府找我们做的。这个项目做了近一年，重组方案迟迟不能出台。我们的合伙人王乐律师和王福祥律师到现场，很快形成了方案，得到了债权人、投资人和当地政府的高度认可，展现了我们的业务实力。诸如此类的场景都会给我们带来一点儿职业成就感。

您觉得做债务重组业务，除了给律所赚钱和提升法律界的个人声誉，还有什么社会价值吗？

> 当然有，这是肯定的。
>
> 王福祥律师曾经非正式地跟我们债务重组团队的律师说：我们做破产重整之类的债务重组的工作，究竟是什么工作？他自问自答了"十大工程"：我们的工作是民生工程、脱贫工程、稳定工程、治理工程、法治工程、救治工程、功德工程、解放工程、交易工程和保健工程。
>
> 按我的理解，他这么说是因为债务重组项目涉及大型企业，特别是国有企业集团千家万户的就业，不是小事。我们做律师、做管理人，不能把破产重整的成功归功于我们的努力，但是我们参与其中，以我们的专业智慧推动了困境企业的重生，完全有理由自豪。

一些年轻律师做了几年就觉得做这个业务太难受了，觉得我们所谓的"乙方"地位会导致他产生心理不平衡。如果他来请教您，您会怎么跟他说？

> 我做律师这么长时间，极少在客户那里有不受尊重的情况。
>
> 作为专业人士，我们在绝大多数情况下只要足够专业，都会得到尊重。
>
> 个别客户也许会不尊重人，但他不是不尊重律师，而是对谁都不尊重。碰上这类人，你要努力适应，不要太在意。

[九] 理想主义与现实主义并存

在金杜，我们一直鼓励每一个律师找到自己的专业化方向，把自己的标签拆得越细越好。有的青年律师、合伙人担心太专业了，专业到只会做一点儿业务，其他的要求综合能力的事就不会做了。比如您现在做的债务重组业务，看起来法条很简单，但它融会各种知识，对综合能力的要求非常高。有时候大家会怀疑自己做的事情很专业、很细，会不会失去像您这样处理综合性案件的能力。对这种困惑，您怎么看？

我觉得，在一定程度上会有这样的问题。像我们这样早期什么业务都做的律师，综合技能较高，看问题的视野更多元。但是，这不等于律师可以什么都做，可以不专业化。律师最终必须专业化。我们做债务重组，看起来涉及方方面面的知识，比如要看得懂财务报表，否则不能快速地跟审计师、评估师对话，但是您别忘了，债务重组本身就是一个细分专业。金杜做债务重组为什么具有竞争优势？这是因为我们债务重组团队背靠金杜这棵大树。这棵大树有很多细分领域的专业律师，他们在细分领域很深、很专，我们债务重组团队有任何问题马上就可以请教他们，请他们来项目现场支援，因为他们足够专业，专业到你除了请教他们，别无选择。

什么叫不够专业？就是看起来懂，实际上并没有真懂，你请教这样的律师，跟没请教一样，因为他告诉你的都是表层的东西，大家都略知一二。

有的年轻律师担心，如果自己选择的业务领域空间很小，能不能养活自己。这个担心是多余的。你只要在一个业务领域做得足够专业，只要这个市场空间在，你自然会有业务量。有的律师在一个细小的业务领域，细小到全国市场只有六七千万元的律师费规模，但他在这个细小领域做得很好，占了一半以上的份额，那他就很专业。

每次和债务重组部合伙人聊到您的时候，大家都对您非常尊重、非常敬佩，也替您担心，觉得刘律师体内装了几个支架，还在马不停蹄、天南地北地赶路。请问是什么鼓舞着您如此勤勉？

我觉得这是职业习惯。团队内部交流的时候，我有一个观点就是律师是很辛苦的工作，不辛苦是做不好的。不辛苦，我们的债务重组业务就做不到今天这个样子。

如果我们稍微放松一下，会怎么样？

工作质量就会降低一个层次。然后，你就会发现有众多竞争者跟你站在一起，那时候你会更辛苦，而且到那时你和其他人比拼的就不是专业了，而是价格。今天债务重组市场没有人说因为金杜很贵，所以我不让金杜做。这是我们依然愿意辛苦，而且认为这种辛苦是正常的原因，并不是我们喜欢辛苦。你今天不想辛苦，明天就会更辛苦地抢市场。

有的律师有时候会想，如果我不去做合伙人，去做企业家，用同等的辛苦去付出，收益会不会更高？对这样的说法，您怎么看呢？

学法律的人能把企业做得成功的，是凤毛麟角。

企业家是非常稀缺的资源，都是"九死一生"，不是谁都可以当企业家的。绝大多数企业可能都是失败的，留下来的是极少数。

律师永远不要跟别人比钱，为了钱做律师，一定做不下去。律师是个很辛苦的职业，如果你为赚钱而来，那么赚得少，你就会觉得这么辛苦却只赚这点儿钱，没意思；赚得多，你就会想已经赚这么多了，还这么辛苦干什么。

您如何看待律师和企业家在社会价值分工体系里面的不同？我觉得我们和企业家的价值成就不能按照同一标准来衡量。您怎么理解？

我们和企业家对社会的贡献不同。我认为企业家的贡献更大，社会应该尊重企业家。

律师不能跟企业家比赚钱，因为我们没承担风险。比如医生，不是赚钱多就是好医生；同样，不是赚钱多就是好律师。好律师应该为客户创造价值。

有人说刘律师世事洞明、人情练达，还有理想主义的一面。反过来看我们自己，有的同事就笑话，觉得我们干这么世俗的活，说理想主义真是太理想了。您怎么看？

我觉得我不完全是理想主义者，两种主义都有，有理想，也有现实。谈不上多么崇高，有理想的成分，但并不虚化。

第一，我是个律师，我就应该在一线做业务。我经常打这个比喻，你不再上手术台了，那你就不再是个好的外科医生了。我虽然承担了事务所的一部分管理工作，但我不是一个专职管理者，管理工作还不至于跟业务发生明显冲突，只是会使我更累、更忙一些，但我有能力把它调整到合理的状态。我为什么要这么辛苦？因为我还想做律师，所以我不能拒绝辛苦。

第二，我们总要有点儿追求和理想，如果大家看的都是所谓的实实在在的利益问题，我就会觉得生活没有乐趣、没有意义。人总要有点儿利益之外的追求，比如我们的团队要在业内做到最好。达成这个状态是我们的追求，我们觉得有意思，这比个人赚钱有意思。

手 记:

我希望年轻律师从我和刘延岭律师的对话中看到什么?

其一,看到他不喜欢人生一眼看到底,辞职下海,从不确定的变动中寻找确定性的人生价值。

其二,看到他"宁为凤尾,不做鸡头",追寻卓越、登高望远的思维方式,放弃创始合伙人的存在感,收入砍掉一半,毅然奔金杜而来,无论如何都是惊人的。

其三,看到他的自我认同,这不是随口一说的不卑不亢,而是一个有成就的专业人士对专业价值和自我价值的认同。

其四,看到他看待律师职业既没有执念也没有妄念的通达。他会通透地告诉你,他觉得做官相对于做律师是到了一定程度之后由不得你自己的事儿。他认为做律师就不要跟企业家比钱,这样的妄念本身就是错误的。

其五,看到金杜团队协作体制是怎样把金杜债务重组项目变成最高人民法院典型案例,又是怎么出现在最高法院院长向全国人大所做的报告当中的。通过和刘延岭对话,你会明白金杜体制对金杜债务重组闪闪发光的意义,不是觉悟问题,而是规律问题。

其六,看到他对辛苦作为律师职业规律的理解。新冠肺炎疫情防控期间,南来北往的限制很多,但他很少有时间待在北京。他有严重的颈椎病,医生建议他多抬头看看天上的鸟。有一次他跟我说:敬平,你多看鸟,对颈椎有好处,不要做手术。我问:去年你看过几次鸟?

其七,看到他所带领的债务重组团队如何在金杜平台上提升律师职业共同体的行业价值、社会地位。孔子之前,"儒"的社会地位挺低的,就是一个职业。孔子之后，"儒"的社会地位提高了，不再是仅仅掌握礼、乐、射、御、书、数六门专业知识的手艺人，还是被"六经"浸染过的弘毅之士。这就是孔子对行业的贡献。刘延岭当然不能与孔子相提并论，但是，他们这支队伍在债务重组领域赢得的尊重，应该能让金杜的有志青年稍稍停顿一分钟，重新思考金杜的引领价值。

第六章

没有本土化就没有国际化

律师小传

本土化是做国际化的前提

我们每个人在不同的场景里都是甲方或者乙方。

李孝如律师是金杜全球首席运营官,在纽约大学法学院取得博士学位,家族身世非常传奇,少数人甚至误以为他不会说中文。其实,他一直是中国公民,持有特批的中国律师执照,他的中文散文写得非常好,有董桥之风。

他可能是最像美国律师的中国律师,也可能是在欧美大律所取得最高成就的中国人。对于金杜和万盛的合并,以及金杜的国际化,他是"一个来得非常及时的人"。很多年以后,他会成为一个象征性的存在,是金杜从本土化走向国际化的一个符号。

李孝如——金杜律师事务所全球首席运营官

1957 年，出生于上海。成年后，考入上海外国语学院（现上海外国语大学）。一年后，转校就读于美国哥伦比亚大学。

1984 年，获得哥伦比亚大学英美文学学士学位。

1987 年，获得美国纽约大学法学院博士学位。

1994 年，特批获得中国律师执业资格。

2001 年，加入美国美富律师事务所。

2005 年，加入英国高伟绅律师事务所。曾任该所北京代表处首席代表，高伟绅北京、香港办公室公司及证券组负责合伙人以及高伟绅全球合伙人理事会成员。

2010 年，加入金杜。

2017 年，担任金杜全球首席运营官，负责促进各办公室业务一体化，持续至今。

李律师已过知天命之年，对话中却没有我们常见的资深合伙人的谨慎、周详，也没有给我留下他在深思熟虑的印象。他有时回答问题，显得比我还着急，我还没把一个句子完整地问完，他就好像已经洞察了我的内心，知道我想问什么，敏锐地抓住问题的关键词，快速地给我排山倒海式的答案。

我很少见到像李孝如律师这么视野开阔、博学多闻的人。他说起某个概念的时候，可以马上在欧美律师界，乃至全球律师界找到对应的例证或能够作为参照的对象，给你一个简短有力的结论。

[一] 散文有董桥之风

昨天，我读了很多您写的散文、随笔，我非常吃惊，文笔有董桥之风，您的中文怎么那么好？

> 我写的这些东西都很短。别人一直说，短的东西不容易写，但对我来说，越短，我写起来压力就越小。内容是最大的挑战，让读者保持兴趣是很重要的。

您是在美国接受的教育，为什么中文还那么好？

> 我在美国接受的只是本科和博士研究生阶段的教育。我在国内一直上到高中，之后又上了技校。高考的时候，我考了上海外国语学院，但是读了一年以后就到美国哥伦比亚大学读本科了。在这之前，我在中国待了差不多23年，所以我最初的文化和语言习惯都已经成熟了，英语对我来说是第二语言，不是第一语言。

您当时去美国为什么选择学习法律？

> 到了美国，我先到我爷爷当时读的哥伦比亚大学读本科，主

修英美文学专业。在美国，必须本科毕业才能读法学院。我觉得读英美文学这条路走不通，就很自然地选择了法学院。当时也可以选择商学院，但是我对商业没有什么兴趣。20世纪80年代，商学院也没有90年代那么受人欢迎。所以，法学院应该是当时不错的选择。

我看您有中国律师执业资格，您是什么时候获得中国的律师执业资格的？

1994年。我是通过特批获得中国律师执业资格的。

您从法学院毕业之后，是先在美国的律所工作吗？

对，一开始在美国华尔街的美邦律师事务所工作。三年以后，我到了当时最老牌的美国国际所高特兄弟律师事务所，在那里做了大概十年。后来又到了美富律所。在美富律所做了不久，又去了高伟绅律所，做了四五年。之后，我辞职来到金杜，到现在都超过十年了。

[二] 希望中国律所可与世界一流律所一争高下

您为什么会愿意在2010年来到金杜？

没有什么特别的原因。我觉得我和王俊峰谈得蛮投缘的，他在那之前几年就问我什么时候到金杜来。我说：过两三年。过了两三年，他说：现在两三年已经到了，你来吗？我说：我答应过你。我就这么来了，当时没多想。其实过程并不神秘，就是因为我答应了王俊峰，答应了就要办到。

我离开高伟绅律所的时候，正好是我在那里做得最好的一年，那一年大概收了1 500万英镑律师费，包括中国史上最大的对外投资交易——中国铝业集团有限公司投资力拓集团，单在这笔交易里，我们就赚了 900 多万英镑。高伟绅律所的财政年度截止日期是 4 月 30 日，我在财政年度的最后一天正式离职，5 月 1 日就变成了金杜的人。

您第一次答应俊峰律师的时候，是经过深思熟虑的，还是只是觉得比较有意思，随口一说？

没有特别深思熟虑。我的整个思考过程比较简单，我觉得这家律所很了不起，王俊峰是一个可以信赖的领导。这家律所的文化、基础、公司化的管理制度都是我比较熟悉的，所以我就来了。

2010 年，金杜跟高伟绅律所的差距还非常大吧？

中国当时对外国律师事务所很宽容，所有的外国律师事务所都能在中国开代表处。虽然它们不能做中国法的业务，但它们的穿透力很厉害。它们在中国确实做得非常好，中国律所都在学它们。

那您为什么还愿意放弃外所的工作机会，来到金杜？

我觉得，当时金杜有很多优秀的合伙人，包括徐萍、宁宣凤、叶渌等，金杜很容易吸引当时市场里的高端人才。叶渌、徐萍都是从外所过来的，叶渌以前是我在高伟绅律所的同事，比我早来金杜几年。张毅、宁宣凤都是我们自己培养的。其他的合伙人，比如李景汉，来金杜的时间比我早很多年。我觉得既然李景汉在金杜干得这么好，我也想试试，看看我能不能干得和他一样好。

同时，王俊峰对事务所的热情和对卓越的追求，还有他希望打造一家真正公司制律所的想法,都很吸引我。现在也有一些律师事务所采用公司制,但在当时,金杜是唯一的一家。大家都觉得我们这种制度也许不能和中国的国情结合,但居然做成了。

我记得来之前,王俊峰说过的最重要的一些话,就是"我们希望把金杜打造成下一代人的日子过得比我们更好的律所,这样我们就成功了。如果下一代的合伙人日子过得比我们更差,我们就没成功"。凭这几句话,我就觉得俊峰是一个有心胸、有担当,也有理想的人。

我心里想的是,当时,我们中国的律师事务所在和外国律所竞争的时候处于下风。当时中国已经有一些企业在境外活动,但它们的第一反应都是找外所,一般不会找中国的律所。所以我一直希望能够加入一家中国的律所,贡献自己的力量,使它成为一家真正的以中国为核心的国际律所,在世界上也可以和第一流的律师事务所竞争。这就是我当时的想法,不能说是很强烈的心愿,我这个人没有那么崇高,只觉得可以试一试。

您是在什么场景下第一次见到王俊峰的?

我第一次见到他是做吉林化学工业股份有限公司 IPO 的时候,美林证券的一个年轻小伙子给我们做了介绍,说这是公司律师王俊峰,这是公司境外律师李孝如。当时俊峰还是个小伙子。这种交易是公司在美股和 A 股[①]双重上市。现在

[①] A 股是由中国境内注册公司发行,在境内上市,以人民币认购和交易的普通股股票。——编者注

这些交易项目对于大家来说都没有神秘感了，但在1994年，这种交易项目的技术含量极高，我们走在市场的最前列。当时金杜刚刚成立一年左右，就能够在这么关键的中国对外的资本市场运作中起到这么大的作用，是非常了不起的。

后来我一直注意金杜成长的轨迹，觉得它是我看到过的中国律师事务所里唯一能一体化、追求卓越、追求品质，能把很多优秀的合伙人集中在一起的律所。独此一家，没有分店。

[三] 律所文化和习惯的差别

您到金杜第一年的感受，跟来之前想象的一样吗？

没什么不一样的，律师事务所其实都是同质化的。现在可能有云办公室，有开放式办公空间，这些玩意儿是比较新的。但2010年，所有的律师事务所基本上都是这样的模式，物理上没有特别大的区别。最大的区别是所谓的收入规模。金杜的收入规模当时和外国律所相比还很小，但十多年后的现在已经完全赶上了，不再害怕和世界第一流的律所竞争了。在工作方面，我没有感觉到有特别大的变化。最大的原因是金杜服务的客户和高伟绅律所服务的客户是同一类型的，要么是国际大公司，要么是中国的大国企，所以差别没有那么明显。

对比一下您过去工作过的几家事务所，您觉得金杜在文化上跟其他家有什么异同呢？

律师事务所的文化有共同特征，都差不多。律师事务所就是一家合伙企业，合伙企业就应该有自己的文化，有自己运作的规则。

金杜和别的律所最不一样的地方就是它非常能包容来自不同文化背景的合伙人，无论是中国的还是外国的，是顶尖学府的还是其他城市的，我们每个人都能在金杜发挥自己最好的作用。

还有，金杜有"大家为一人，一人为大家"的理念。其他的律师事务所也都在说公司化管理，但金杜是说了以后真正在做的律所。所以我没有感觉到金杜以后有特别大的不习惯之处。

有没有哪些地方有小小的不习惯？

在中国内地，我觉得和大家相处没有什么特别不习惯的地方，因为高伟绅律所、美富律所在香港都有比较大的经营场所，有很多合伙人，只不过有的是以外国人为主，有的是以中国人为主。区别是有，但不是那么明显。当时金杜香港办公室比高伟绅律所小，这个可能有一些差别。

我觉得自己唯一不太习惯的地方是金杜的饭局很多，到了北京以后人人都请你吃饭，一顿顿饭吃下来，人胖了很多。在高伟绅律所，大家总的来说比较冷淡、比较专业，请别人吃一顿饭要深思熟虑，像某种义务一样，好像是"我必须要请某人吃顿饭，因为今年没和他一起聚过"。但在金杜，大家聚在一起喝酒吃饭比较随意。在这种文化里我觉得很开心。

您觉得这种饭局是优势还是劣势？

这个很难说。我们在金杜吃饭不一定非要大吃大喝，我在金杜大部分的午饭都很简单，和一两个合伙人在楼下吃一顿便当。吃饭的时候，大家可以聊一些和工作不相关的事，减少了合伙人之间的距离。大家互相之间有这样一个共同交流的机会就很不错。

那您爱喝中国的白酒吗？

我到金杜之前几乎没有喝过茅台，到了金杜以后逐渐开始喜欢了。以前没有喝白酒的习惯。

[四] 我们是同行业领跑者

您觉得和您过去所在的国际一流的事务所相比，金杜的优势和劣势分别在哪儿呢？

作为一家中国的律师事务所，金杜的第一个优势是有国际化网络，因为合并了澳大利亚的律所，我们应该是唯一一家以中澳两国为共同核心的、完全国际化的律师事务所。

第二个优势是我们能吸引最好的合伙人和最好的年轻人来为金杜工作。加入金杜的年轻人都很优秀，我觉得这是我们最大的优势，而且我们的客户质量永远走在整个市场的最前端。

我们的劣势是什么呢？现在能够在国际上，尤其是在香港特别行政区，和其他外国律所进行有效竞争的已经全方位国际化的律所，只有金杜一家。其他的律所有做得不错的，但是做到有规模、有实力，客户能够高度认可的只有金杜。我们现在每时每刻都希望进一步提高金杜国际化的程度。我觉得，到目前为止，金杜好像是中国唯一的国际化律所。当然，我们和世界一流大律所之间还有很多距离，需要进一步追赶。

所以，金杜在市场上是一个开拓者、领路者的角色。

总体来说，和金杜性质一样的、以中国为核心的国际律所在市场上并不多，也就是说，我们必须要做开拓者，杀出一条血路。我们的努力和成本不单单是为了金杜，还是为了整个中国的法律行业。中国的法律行业肯定会受益于金杜的国际化经验和国际化实施。我很希望能有两三家、三四家，甚至十几家中国律师事务所达到市场需要的临界质量的水准，市场对它们的接受也是对金杜的接受。现在市场接受金杜了，很多人就可以说：金杜能做这个，那我们也能做。金杜现在变成了市场上的标志性旗杆。

作为领跑者，金杜碰到的阻力肯定比别人大，特别是我们和国际律所之间的竞争。如何说服客户相信金杜在跨境领域的交易里不会比英国律所和美国律所差，我们还是有一点儿距离，但是并不明显，大部分的工作我们都能做。可能有一些涉及美国《证券法》的活，我们处理起来没有对英国或者中国香港、澳大利亚的法律那么娴熟。但是总体来说，我们现在所做的一切不单单有利于我们，还有利于整个中国的法律行业的未来。这是我们的挑战，也是我们现在尽最大努力前进的方向。

做这件事，别人不会谢我们。我不敢说金杜对国家有帮助，这就夸大了，我只能说金杜对整个中国的法律行业有很大的帮助。金杜为中国律师能在市场上扬名做了最大的贡献，也付出了我们的代价。

[五] 国际化，我们也有教训

您能说一下我们的代价是什么吗？

> 第一，肯定有员工试错。第二，我们有些时候可能会走弯路，我们和英国柏文国际律师事务所合并的最终结果不是最好的，这也是一个很大的教训。

从整个事务所的角度看，我们虽然有一些教训，但是不是也因此获得了更大的收益？

> 当然，我们的收益很大。有业务收费的收益，有客户的收益，还有整体品牌的收益。总体而言，金杜成为一家国际化的律所，成为中国排名第一的律所，对我们今后在市场、客户和人力资源方面，都有很大的贡献。

[六] 没有本土化就没有国际化

您觉得从现在或者未来看，国际化是不是我们今后的核心竞争力呢？

> 国际化一定是金杜的核心竞争力之一。王俊峰说过一句话，金杜就是为国际化而生的。金杜如果不做国际化，中国的律师行业也不会再走国际化的路了。
>
> 现在比较奇怪的是，外国律所到中国来办有中国法律服务能力的资本市场律所，好像没有做得特别优秀的。贝克·麦坚时国际律师事务所做得很好，但我没有看到其他外国律所有很大兴趣在中国做大。

您刚才说国际化是我们的核心竞争力之一，那之二、之三和之四分别都是什么呢？

> 我们的资深合伙人队伍非常稳定，这么多年来几乎没有流失

过,我们真正的最大牌的合伙人一个都没有流失。这些不是之二、之三,它们都是之一,是并列的,不能说哪个更重要。合伙人的稳定在某种程度上应该比国际化更重要,因为没有这些合伙人的稳定,就什么活都做不了。

有时候合伙人会聊到,国际化对我们这些以本土客户为主要案源的合伙人来说,到底有哪些好处。

国际化和本土化是一枚硬币的两面,只有真正的本土化律所才能做到国际化。

因为我们有这么多本土合伙人,国际化才有可能。华为、中石化、中国人寿都是我们的客户,我们要拿到这些项目,就要和国际律所进行非常激烈的竞争,有时候是价格方面,有时候是其他方面。无论如何,还是因为我们有本土合伙人,才能去做这些交易。所以,本土化是做国际化的前提。

[七] 文化价值观不能整天挂在嘴边

欧美的大律所会谈核心价值观吗?

也会谈,特别是英国律所,它会注重文化建设和一些非财务性贡献。英国律所的品牌和市场营销是一整套体系。

美国律所不太在乎文化价值观,它们的人觉得没有这么多时间谈废话,因为每一个小时都是赚钱的小时,所以律所基本不做对内的宣传,大家都忙得要命。你要为事务所做产品,还要做公益服务,还要休假,对文化和核心价值观的投入相对来说是薄弱的,也没这个需要,因为你做这些投入的终极目的是提高竞争力。在美国,好的律所不是一个买方市场,而是平衡的一半买方市场和一半卖方市场，所以没那么大的市场营销需求。

价值观是一个系统工程，你不能什么都不管，只有核心价值观，这是不行的，肯定要和事务所的一些政策连在一起。美国律所为了政治正确，也会有一些比较特殊的安排，比如对女性、同性恋、少数族裔、退伍军人都有一些优待，这和律所的核心价值观关系不大，主要是和美国所谓的左派的政治文化相关。律师这个行业里都是比较左派的人士，所以公益服务等能体现多样性的内容很重要。

澳大利亚也是这样，多元化非常重要，更多的是在这一方面花时间。这些不是事务所自己的文化要求，而是整个市场上有 pressure group（向政府和公众施加压力的团体），让事务所在这方面有了压力，它们才会这么做。

[八] 合伙人频繁流动有损律所竞争力

您服务过的以及您见过的一些华尔街大律所，资深合伙人流动频繁吗？

美国律所相对没那么频繁；英国律所和亚洲律所比较频繁。

您觉得资深合伙人频繁流动的话，对于一个事务所的核心竞争力有伤害吗？

肯定有伤害。比如在香港市场上，或者在内地的外资律所市场上，合伙人如果不是自己本身培养的，而是从别的地方跳槽过去的，他的忠诚度可能会欠缺一些。国际律所里很忌讳跳槽，所以有些时候会用非常严厉的竞业禁止来限制跳槽，甚至让你一年待在家里，不能工作，你可以拿一年工资，但不能和客户打交道，不能和事务所的人打交道，这就是所谓的"花园休假"。

我当时离开高伟绅律所的时候，有 9 个月的"花园休假"。最终，王玲跟高伟绅律所的领导说：咱们都是合作关系，你不要为难孝如，如果让他待在家里 9 个月，和谁都不能接触，那他的业务能力会荒废的。后来高伟绅律所就同意取消我的"花园休假"了。

金杜没有这种政策。一是我们算经济上的账，觉得不值得；二是我们觉得这不人道，相当于你把别人干了一辈子的事业废掉，把他的武功废掉，不太厚道。

[九] 一流律所自己培养合伙人

您觉得我们自己培养的合伙人与我们引进的合伙人之间应该是一种什么样的关系呢？

律师事务所最好的状态是尽量自己培养合伙人，特别是我们这种体制的律师事务所。我们是公司化的管理制度，最好的办法是从一开始就接受金杜的管理和文化理念，在自己的系统里慢慢长大，这些人应该是金杜今后的合伙人中最主流的部分。但是金杜比较大，有些时候，内部合伙人并不一定能够完全满足有些需求，所以我们也会从外面招人。我们的主办律师和资深律师的流动性还是比较大的，只不过在合伙人的层面上，流动性就会大大减少。

在您的视野当中，律所自己培养合伙人是欧美大律所的主流吗？

所谓的"魔术圈",像华尔街大律所,几乎从来不招外部合伙人;英国的司力达律师事务所可能招过,但是人数非常少。一流的美国律师事务所一般不会大规模地招外面的合伙人,但在二流、三流的律所,人员流动非常快。我们希望我们是一家人员流动性非常小的事务所,我们也确实做到了这一点。一家律师事务所人员流动性越小,特别是合伙人流动性越小,律所的核心竞争力就越强。

[十]"大律师"在中国没有意义

中国人特别喜欢说"大律师",您觉得什么样的律师才能叫"大律师"?

"大律师"在中国是没有什么意义的。在香港地区,"大律师"是指 barrister,但 barrister 把自己叫成"大律师",很多香港的律师是不接受的。Barrister 和"大律师"的"大"字也对应不起来,只不过翻译当时为了做出区分,就把这个词翻译成了"大律师"。

在中国,我们说的"大律师"只是赞誉,并不是一个特定概念。我们不能说金杜哪些合伙人已经成为"大律师"了,哪些合伙人还不是,所以我觉得这是一个伪命题,在业务上也没有特别大的意义。

我知道评奖机构每年会有"××大律师"之类的评选,但是"大律师"这三个字到底有多大意义就很难说了。

多年之前,您接受过一个访谈,您说做律师之后服务过很多企业和企业家,经常有人问李律师怎么还在做律师。您说这其实没什么不好的,回头一看，当年您服务过的很多企业和企业家都已经不在了。我对这段话的印象特别深，不知道您还记不记得。

> 我记得。当时我有两个大客户，后来它们的老板都出事了。我觉得在中国的商业里，律师这个职业相对独立一点儿，也不会卷入别人的纠纷。当然，现在中国的法治环境也比以前好了很多。

在中国，刚入行的年轻人总有一个"大律师"的梦想，假设梦想成真，他应该是什么样子？您觉得在金杜，哪些合伙人对事务所做出的贡献能让他/她被称为"大律师"？

> 如果你要问我，在我眼里，金杜哪一个合伙人对金杜文化和业务的贡献最大，我觉得首推宁宣凤律师。宁律师做得非常优秀，不断地突破自己。本来她做公司业务，后来开始做反垄断业务，现在做数据合规和网络安全业务，还做很多公司合规的业务，她在这一行里打出了非常好的个人品牌。在市场上，可以说没有人质疑她的能力或专业，她也是我们事务所很超脱的一个个人品牌。
>
> 还有一点，这么多年来，她培养了一大批年轻合伙人，现在他们都成了事务所的中坚力量。在这一点上，我觉得宁宣凤所做的一切是整个事务所里我个人最推崇的。这和她本人是不是"大律师"没什么关系，她也没有以"大律师"自居。所以，我觉得"大律师"是一个很虚的、没有任何意义的称谓。
>
> 还有一位是近期退休的杨小蕾律师，她也为事务所培养了很多非常优秀的证券合伙人。作为一个合伙人，你不仅自己要

优秀,还要能够带出一支合伙人的队伍,要为事务所培养优秀的中生代和年轻一代的合伙人队伍,这才是你对事务所最大的贡献。

在中国现在的环境下,很多律师觉得自己是乙方,经常感觉在自尊上受到甲方的冒犯,所以他不是很享受做律师。您怎么看待中国律师的乙方心态?

除非你现在完全财务自由,已经有一家很大的公司,可以随心所欲,否则你永远是做乙方的,做甲方的时候并不是太多。

即便你做管理层或者在国企大公司里做法务,你对于律师事务所来说是甲方,但是你在公司的内部、在家里、在其他的环境里仍然是乙方。所以我觉得这是个伪命题。我们每个人在不同的场景里都是甲方或者乙方。

我们本来是产品,现在慢慢地要向服务转换,你在服务中就是乙方。整个社会里乙方的角色越多,就越能说明我们的经济已经真正成为成熟的经济了。而我们现在不是乙方太多——是乙方太少了。

我们当年做律师,根本就没有想过甲方、乙方问题,这个概念根本不存在,我们每天就是战战兢兢地想着怎么把活干好。

[十一] 年轻人,律师是个好职业

您对我们招进来的"铸金计划"的这些实习生和刚入行的律师助理,有什么样的期待呢?

我要告诉他们,律师是一个很好的职业,做这个职业,在个人的事业上、财务上,在自己和别人打交道的过程中,都会有很高的成就感。

但是干这一行需要时间，你必须慢慢地磨，不可以急于求成。急功近利的人不太适合律师这个行业。今后几十年，律师这个行业会受到技术挑战，我们应该去拥抱技术，让新一代今后比我们做得更好。

对金杜的年轻人来说，除了做律师，还要做人，人要做得正，而且你要让周围的人都觉得你善于帮助别人。如果一个人气量太小，整天打破头去争取自己的利益，就不太符合金杜生存的大原则。

30多年前，您刚刚入行的时候是怎么做的？

1987年我刚刚入行的时候，贷款协议都是很神秘的，我如果有一个美林证券的贷款协议模板，会如获至宝。现在的年轻人很容易获得这些，成为一个好律师的障碍很小。所以年轻律师除了专业知识，真正的障碍还在于学会做人。

在金杜这个平台上，希望年轻人要尽情享受，要宽容，不要太自我。

您前面说，刚做律师的时候，天天想着把活干好，是战战兢兢的状态？

是啊，当时我们到了大律所里，合伙人把一份文件给你，你到图书馆或者档案室里找模板来看，也没有电脑，做起来很辛苦。我记得有一个交易项目，我在别人的地下室里做尽职调查做了差不多半年，天天就是做表格。干任何一行都必须有付出，这些付出确实不是每时每刻都很享受的。

您有没有对现在的年轻人的寄语？

这一代年轻人很幸运。1987年，我在美国刚开始工作的时候，连电脑都没有。大概一年之后，律所才给我配置了第一台台式电脑。现在，所有的资讯都在你的指尖，你很容易找到你需要的资讯、专家意见、专业化知识。一切都非常简单，知识的可得性被提高了数千倍。

知识上的神秘感没有了，剩下的就是你如何为人，如何用真诚的态度来对待客户、同事、上司、下属。对待下属和对待支持部门最能看出一个人的品质。你对资深合伙人做得非常地道，这不稀奇，要让同辈的人、和你有竞争关系的人、比你级别低的人或者支持部门的人都认为你是一个值得信赖、值得合作的人，那你就成功了。

[十二] 青年合伙人要放弃论资排辈的想法

您对金杜的青年合伙人有哪些期待？

我希望我们的青年合伙人能够在今后的竞争中拥抱互联网和高科技，在我们的云办公室，以及理脉公司参与的法律科技项目里起更大的作用。同时，大家在权益上和人格上与资深合伙人是平等的，应该放弃论资排辈的想法，应该有更多的自主性，应该更多地和俊峰交流，让管理层知道大家在想什么。

我们在这个行业里时间久了，有些观念有时候不一定对，希望青年合伙人能够为我们提出一些关于事务所发展的看法。

手 记:

我猜,很多年轻的合伙人对李孝如律师出身李鸿章家族的背景很感兴趣,很想更多地了解他,但是很少有人花功夫检索过他的文章,看过他接受的访谈。

李孝如律师的散文在我看来是自成一家的,别具一格,有今天很少见到的民国风味,又有英伦文学的腔调。我觉得,如果他专注于写作,在香港应该能找到自己的一席之地。

从这次对话的目的出发,我不宜过多地跟他讨论文学,但我非常想知道对文学的感知对他做律师有没有润物无声的影响。这个问题,孝如律师语焉不详,只能留待下次喝酒的时候再说了。

以前,我看他接受访谈的时候那一副敦厚拙诚、慢条斯理的样子,想象着他应该是一个什么样的律师。在我们一个半小时的对话中,他刷新了他在我脑海中的印象,更新了我对他的理解和认知。

大约十年前,我第一次听到李孝如这个名字。那时候,他刚刚加入金杜不久,作为力拓集团并购案的律师,他在国际律师界的名气要比他今天在我们事务所大。那时候李孝如律师给大家的印象,就是神一样的存在。

在这一次对话中,我感觉他走下了神坛,说起话来简单而直白。你以为他是一个美籍律师,没想到他放弃美国绿卡已经二十多年了。那一刻,大家突然怀疑他是不是有什么更为宏大的抱负。他说他没有,只是为了少缴一点儿税。这个说法很具有戏剧效果,有一种高高举起又轻轻放下的感受。

我不知道我多年前通过媒体获得的对李孝如律师的印象和今天作为

同事获得的印象为什么会有这么大的差异，是时光让人变得更为心怀坦荡，还是因为我对他的认知本来就是一场错觉？你看他写的散文，觉得他应该是一个很浪漫的人，内心层峦叠嶂。可是你从他的声音中，从他迫不及待地从一场会议转向另一场会议的急促中，会觉得他就像一个急着把客户当云彩一样追赶的年轻合伙人。

不久前的一个晚上，俊峰律师在谈到李孝如律师时表示，十多年前，前者就邀请后者加盟金杜，后者对前者说他一定来，但一拖就是好几年。不过，他来得很及时，来了就挑起了跟万盛谈判的担子，当时金杜还真没有一个这样的人可以干这件事。有他在，也让万盛对金杜高看一眼。

俊峰那天晚上还说，李孝如非常敢于担当，对金杜的贡献之大，鲜有人比得过。很少有人知道，他这么大年纪还在为金杜承担高强度的工作。

俊峰说这段话的时候，我在想，很多年以后，李孝如可能就会强化成一个符号，一个金杜从本土化走向国际化的符号，一个象征性的存在。

和孝如律师聊天有一种出口成章的愉快，他能让你非常直观地感受到什么叫聪明，什么叫口才好，什么叫腹有诗书"语"自华。非常希望我们如今的青年律师能够从孝如律师当年接受的训练当中得到启发。

孝如律师快人快语、大大咧咧，谈到很多事时都是一副见过世面、不以为然的样子。但他说自己当年做律师，战战兢兢，唯恐出错。这让我想起今天的一些青年律师做法规检索、法律研究，那粗枝大叶的样子，二者对比鲜明。说起当年的付出，他觉得很辛苦，但他认为这是今天的青年律师无法回避的一个过程。希望年轻的同事更多地去品味这段话。

李孝如律师对"大律师"的理解非常有意思，在他看来，所谓的"大律师"在中国根本没什么意义，就是一个伪命题。但他对宁宣凤律师的推崇给这个问题提供了一个别样的答案。他说她不断地挑战自己，不断地突破自己的业务边界，还为事务所培养了大批中坚力量和有前途的合伙人，这些都和她本人是不是"大律师"没什么关系。如果你很诚恳地相信律师是一个非常好的职业，那么无论是你在个人事业上的满足感，还是财务上的收获，都能够给你好的工作感受。但是你得有耐心，不能急于求成。在他看来，一个急功近利的人，一个气量很小、情商不足的人是做不好律师的，起码做不好金杜的律师。

对于年轻一代来说，他反复强调的是如何为人，怎么样对待比自己职位低的人，怎么样去帮助他们，怎么样让大家觉得你是一个值得信赖的人。这一点对合伙人来说尤为重要。虽然他自己没有取得美国国籍是因为税务的算计，但他还是诚恳地建议，年轻人不要太计较，不要过于争取个人利益，要更多地从金杜生存的大局出发，做一个有担当的人。

第七章

做律师需要有企业家思维

律师小传

我不知道自己如果不工作还能做什么

律师应当成为一个值得信赖的顾问，客户付多少钱都买不了一个律师的诚信。

肖马克律师不姓肖，他是一位澳大利亚出生的德国人，会讲德语和英语，还会说一点儿中文。

他是金杜中国第一位外国合伙人。他在金杜 20 多年的职业生涯是金杜国际化最鲜明的标志。

他的简历体现不出他的幽默，但是熟悉他的人真的觉得他很幽默。他的幽默不属于很聪明、妙语连珠的那种，有点儿像中国相声。他的中国搭档说这是黑幽默，有点儿自嘲，也有点儿讽刺。

肖马克——金杜律师事务所伦敦办公室合伙人

1967 年，出生在澳大利亚阿德莱德的一个德国家庭。父亲是一名油漆工，母亲是一名家庭主妇。

1984 年，在澳大利亚阿德莱德大学学习法律。

1990 年，在德国柏林自由大学攻读法学硕士学位。

1992 年，踏上从柏林到莫斯科，再到北京的西伯利亚大铁路，再次来到中国。

1993—2000 年，曾在高特兄弟律所和一家德国律所工作。

2000 年，加入金杜。

2018 年，搬至伦敦，成为金杜伦敦办公室的合伙人。

2020年11月18日,我在北京办公室的一间会议室里,隔空与肖马克开始了对话。此时此刻的肖马克正在他伦敦的寓所中,因为新冠肺炎疫情的影响,他已经好几个月没有去办公室了。他很向往北京的岁月静好,也很想念川菜和小笼包。

对话之前,我给他发了一份提纲。关于金杜的文化价值观,他写了三个词:家庭、诚信、创新。时年53岁的他希望自己能像爸爸一样,83岁了仍在继续工作。

对话之中,我不时想起王俊峰律师推崇的肖马克式幽默。

对话之后,肖马克的老搭档徐萍律师说,肖马克式幽默是黑幽默。

[一] 1990年探险中国做律师

您的中文名为什么叫肖马克呢?是您自己取的吗?

> 是我的中文老师给我取的,我觉得这是个好名字。肖马克在中文在线词典里是个外国法律专家,我挺高兴老师给我取了这个名字。

我听有些人称呼您"老马",老马识途,您喜欢别人叫您"老马"吗?

> 不太喜欢。虽然我年纪大了,但我觉得自己还很年轻。

有人说德国人都有哲学家的气质,特别是德国律师,一看就像半个哲学家,您觉得您像半个哲学家吗?

> 不,我的注意力范围很窄,思考不深入,也没有读过关于哲学的任何书。

您喜欢看中国的一些文学作品吗?

> 我不太读英文书或者德文书,也不读中文书。我不是开玩笑,除了工作,我真的没有什么兴趣爱好,很遗憾。我不看体育

比赛，也不看其他电视节目，我的生活相当无趣。

我有一些艺术品收藏，但只是因为我太太去朋友的画廊，喝了太多酒之后买的。

您当初怎么想到来中国呢？

我出生在澳大利亚阿德莱德的一个德国家庭。我父亲是一名油漆工，现在已经 83 岁了，仍然在工作。母亲是一名家庭主妇。我在阿德莱德大学学习法律，毕业工作了一年后，我工作的律所建议我去更远的地方工作，于是我就去了德国柏林。在柏林工作了几年后，柏林墙拆了，德国重新统一，我想我应该做些什么。于是我从柏林搭乘火车，经过俄罗斯，来到了北京，那是 1990 年，我第一次来中国。

后来，我回到了澳大利亚。当时澳大利亚的经济不太好，我想我可以再回中国，中国的物价更低一些。1992 年年初，我再次踏上了从柏林到莫斯科，再到北京的西伯利亚大铁路，回到了中国。我在中国一直待到 2018 年，这期间我一直在上海生活和工作。

您第一次来中国看到的景象，和您想象中的中国一样吗？

非常不一样。我第一次来北京是冬天，我刚刚途径了俄罗斯，俄罗斯看起来不太安全。到了北京，我发现人们都很有趣，看起来也比俄罗斯人更开心、更有活力，非常不同。这很有意思。当时，北京能说英语的人不多，也没有多少西式餐厅或商店。

在过去近三十年中，中国的变化非常大。当然，我的变化也很大，我来中国时没有钱，没有经验，是个什么都没有的年轻人。所以,我很幸运能来到上海,经历了中国近三十年不间断繁荣发展的经济。

您为什么刚到中国就会决定留在中国工作呢?当时您的中文好吗?

我刚来中国的时候不会中文,所以去华东师范大学上语言课、学中文。我当时只打算在中国待一两年,没有很明确的计划,但是后来就留了下来。

我到上海之后,最早在李孝如原来的律所找了份兼职工作,一边学中文一边工作。后来律所的上海办公室关了门,我就到一家德国律所找了份工作,就是我和徐萍原来一起工作过的律所。

上海、伦敦、柏林,您更喜欢哪个城市?

这些城市都是非常好的城市,但我想我最喜欢的应该是上海,因为这是我遇见我太太的城市。我在上海加入了金杜,在上海有了自己的两个孩子。所以,上海是我经历人生中很多事情的城市。

[二] 我的中国搭档比我更像德国人

您和您的太太在上海结婚的时候,金杜有合伙人参加吗?

我们结婚的时候,只有徐萍在场。我太太是个德国人,我来中国的第一周就遇见了她。那时外国人可以在中国当地的民政局办理结婚手续,我们身后有一面巨大的中国国旗,所以当时我都不知道我是在结婚还是在宣誓成为中国公民。

您在金杜最喜欢哪些合伙人?

最喜欢徐萍,因为我们认识很久了。第二喜欢的可能是王俊峰。

徐萍是个特别的人，她非常聪明，说话、做事非常直接，工作也非常努力。她是一个比我好太多的律师，思考问题总是非常有逻辑性。她还是个特别杰出的并购律师，总是知道别人是怎么想的。我们经常开的一个玩笑就是，徐萍应该是个德国人，而我应该是个上海人。

我以前经常生徐萍的气，不过，每次我生她气，都是我道歉。因为我每次生气，都会跟她抱怨，然后她就会批评我，最终还是我道歉，所以不如加快进程，跳过中间的步骤，直接向她道歉。

俊峰说您特别幽默，他特别喜欢跟您在一起玩，说您总是让人觉得很轻松。您自己觉得是这样吗？

我很奇怪他为什么觉得我幽默，是觉得我很有趣吗？我一直很严肃啊。我在很严肃认真地跟他谈话时，他却觉得我在开玩笑。

我觉得王俊峰是个很有意思的人，他非常能够理解别人的想法，对别人也很有同理心。王俊峰从来不会停下来，也不满足于金杜的现状，他总是有新的主意，而且总想推动事情向前走。虽然不是所有的想法都能实现，但金杜至少在尝试做新的事情。我想，这也是他的能力所在：思考创新，并落到实处。

[三] 加入金杜是件好事

1994 年时，您认为在中国做律师是有前途的吗？

当然不。我第一份工作的月薪是 1 000 美元,在当时已经是相当一大笔钱了。但我还是没想到中国法律行业,或者说金杜,会在过去约三十年中有如此迅猛的发展。我想,没有人能够预想到现在的发展水平。

那您什么时候意识到在中国做律师是有前途的?

2000 年,我和徐萍一起加入了金杜。那时,我很清楚,中国的律师事务所将主宰中国的法律市场。因此,对我来说,加入中国最好的律师事务所是件好事,很有意义。

您考虑加入金杜,主要是因为什么?

在上海,我曾在高特兄弟律所和一家德国律所工作,徐萍是我在德国那家律所的同事。徐萍当时和丈夫是异地,所以她每周都要两地跑,她不太喜欢这样。

后来,她从金杜当时在富华大厦的办公区租了一间办公室,买了一台传真机,组建了我们所在的德国律所的北京办公室,我去过那里几次。

再后来,徐萍和我都不太想留在德国律所了,但她可能更想去一家国际律所,而我更想创办一家我们自己的律所,所以我们就没有达成一致。后来有一天,她在电话里跟我说,金杜的主席王俊峰问她愿不愿意加入金杜。我的第一反应是:"他们需要外国人吗?"虽然不是立刻给了我反馈,但他们很快就接受了这个想法。这就是我们加入金杜的故事。

那时候,您认为金杜是中国最好的律师事务所吗?

虽然我当时不太了解金杜,但那时金杜已经是一家中国知名律所了。如果你问一个外国人知道哪一家中国律所,他们可能都会说金杜或者君合，当时我不知道哪家更好些。

徐萍律师邀请您加入金杜的时候，您犹豫过吗？

没有犹豫过。我想，为什么不呢？这会非常有趣、非常令人激动。

您当时为什么选择留在金杜的上海办公室，而没有去北京？

因为我不喜欢北京。我在上海学习，在上海生活，而且没有人问我要不要去北京，所以我就留在了上海。

您2018年去伦敦的时候，是自己主动申请的还是事务所安排您去的？当时您太太和孩子都去了吗？

是的，我太太和孩子跟我一起到了伦敦。

我25岁生日的第二天早上想：我要离开德国、离开柏林。所以，我搭火车来了中国。我在25岁之前一直很开心，但到25岁的时候，我马上想，我必须做点儿什么了。

那时候我还会琢磨，当我50岁的时候，我会怎么想呢？但是我到50岁的时候，却没觉得自己必须再做点儿什么，我很惊讶。

但当我51岁时，我觉得应该离开中国了，因为我年纪大了。如果再等下去，也许我会因为拿不到签证而无法继续留在中国。

我想要认识更多的人，尝试做不同的事，所以我突然觉得应该去海外。我也和徐萍讨论过这个问题，她总是有很棒的主意，她说我应该去欧洲。我又和王俊峰讨论了很多次，他说：好啊，你想去哪儿？

我希望是别人告诉我应该去伦敦，但我得承认这是我自己心里的想法。

然而，无论我走到哪里，我都是金杜中国的合伙人。

您去了伦敦以后，主要做哪些业务呢？

主要帮助欧盟和英国的企业进入中国，或者与中国合作，我也致力于帮助中国企业在欧洲达成投资交易。

您在工作中经历过哪些事，让您觉得金杜是一个以家庭为文化价值观的律师事务所？

我到伦敦之后做了一个紧急手术，当时挺严重的。我在医院住了将近一个月，伦敦办公室有四个人来看我，三个是中国人，剩下一个也在中国住过很久，没有英国人来看我。

在金杜，我们经常有聚餐，有的时候我甚至觉得聚餐太多了，因为我没有那么多朋友。现在我很想念可以和很多合伙人一起吃饭的日子。

在金杜，如果有人遇到困难，总会有人伸出援手，总会有人关心。这可能是很多外国律所，特别是像金杜这样体量的其他律所不会有的。所以，在金杜，大家不只是有经济利益关系，还有人与人之间的情感纽带。

[四] 一直焦虑二十年

过去的二十几年里，您有没有什么时候觉得压力特别大？

压力最大的时候是我刚刚加入金杜的时候。当时上海办公室不大，我是唯一的一个外国人，我知道所有人都对我很好，但我还是感觉压力很大，总是不由自主地想：我是不是做错了？事情能不能做成？将来会发生什么？等等。

做合伙人这么多年，您为创收焦虑过吗？

一直都焦虑，每年都焦虑。

这让我想起来一件事。我看过著名演员罗伯特·德尼罗年轻时的一个采访，那时他差不多是全世界最著名的演员了。他在采访中说：每次拍完一部电影，我都很焦虑，害怕这是我拍的最后一部电影。如果没有人再请我拍电影了，我该怎么办？

律师也有类似的焦虑，比如客户会不会再来找我。如果罗伯特·德尼罗都会焦虑，那我们感到焦虑也很正常吧。

您在金杜这么多年，怎么评价自己的成就？

我没觉得我有太大成就。

您怎么评价中国的客户？很多外国的律师会觉得中国的客户不太容易打交道，您是怎么看的？

外国律师觉得很难让中国客户付费，但中国客户可能是对的。我觉得美国律师做了很多工作，把每件事都变成一件非常复杂的事，让美国公司觉得律师应该做这么多工作，所以为此支付很高的费用。但是中国公司更在意效率，明白一份合同不是必须要有几百页，可能 30 页就够了，这样就不会太复杂，公司也不需要付出那么高的成本。

当中国客户走向海外时，有时候会因为没有关于当地司法的知识和经验而遇到困难。但我觉得外国律师，或者说相当一部分的外国律师不擅长沟通交流，不擅长向客户解释并帮助他们理解问题，也不擅长指导客户做出商业决策，我觉得这是律师，特别是外国律师身上存在的问题。这些律师喜欢强调风险而不是解决方式,这让中国公司做起决策来很困难。虽然你应该告诉人们真正的或者重大的风险所在,但你不应该把风险说得那么严重或者可怕,甚至比实际情况更复杂、更危险,只因为这样能保护自己。这是所有律师都应该改正的地方。

您有没有和德国、英国的朋友讲过,金杜在全球的多个办公室可以合作提供服务的模式?

很多人觉得中国办公室应该把客户介绍到欧洲办公室,欧洲办公室的律师完成相应的工作就可以了。但我觉得真正成功的方式只能是中国律师和欧洲律师共同接受委托,一起为客户工作,才能把事情做好。只是简单推介没有多大意义。

可能对一个纯粹的国际客户或者是一家已经完全国际化的中国公司来说,我们没有特别大的优势,但我们真正与众不同、吸引客户的特点在于,我们是一家非常有中国特色的国际律所,同时也是一家非常国际化的中国律所。我觉得让金杜国际律师和中国律师并肩奋战,才是客户真正想要的。

[五] 做律师需要有企业家思维

您发自内心地喜欢律师这个职业吗?

我想,如果不是在金杜,而是在其他律所,我可能不会喜欢做一名律师。但是在中国、在金杜做一名律师非常有趣,因为中国法律服务行业的历史不长,它很有活力、成长飞快。在金杜做律师也需要有一些企业家的思维。

我不仅喜欢做书面的工作,还喜欢律师工作中的 BD(业务拓展）部分，写写文章，见见客户，讨论一些能引发头脑风暴的问题。

您有没有注意到，中国有不少律师在工作中并不享受，他们不喜欢律师这份工作。您觉得这是为什么？

我认为当律师是一件困难的事，因为律师是一个除了金钱，很难衡量其成功与否的职业。比如有些律师的工作技巧很好，有些律师喜欢写作，有些律师喜欢开拓市场，我觉得这些人都会喜欢他们的工作。但如果你对律师工作的任何方面都没有激情，律师工作就会变得很艰难，你也很难拥有一个良好、开心的心理状态并从事律师职业十年以上。

您觉得中国律师和您了解的欧美顶尖律师事务所的律师相比，在专业水平方面有差距吗？

我从 25 岁起就在中国工作，现在已经 53 岁了。我以前觉得中国律师与欧美顶尖律所的律师有很大差距，但在过去几年中，我觉得中国律师和外国律师并没有那么大的差距，有些行为方式是通用的。

您在中国做了 20 多年的律师，您觉得自己是"老马识途"吗？

我知道我会做什么法律工作。刚来中国的时候，我们手头有一本很薄的汇编，包括了当时中国的所有法律，而且是中英文版的，但这已经是中国全部的法律了。

过去的 20 多年，中国的法律变得越来越复杂。我了解一些领域的法律，也知道我在不熟悉的领域应该去找事务所里的相关专家一起工作。因为现在中国的法律涵盖面太广阔、法条太复杂了，没有人能够了解全部法律领域的事情。所以，你需要与其他人合作，才能给予客户正确的回答和帮助。我在中国生活的 20 多年里帮助了许多客户在中国投资，有成功的经验，也有失败的教训，还经历了很多有意思的事。

您说希望自己 20 多年后仍然在工作，您为什么如此喜欢工作？

因为我不知道不工作的话，我还能做什么——如果我有一段很长的假期，我会觉得很无聊。只要我一直工作，客户就要付我钱，我很享受这个过程。哪怕是免费工作，我也愿意做。

您觉得工作的意义到底是什么呢？

显然是为了有收入。但更深层的意义在于，人们如何实现自我价值。

当你回头看金杜的发展时，你会感觉自己是这个发展的一部分，参与了某种成就，这也是工作的意义。见证某些事物的成长和远大前景，这让人感觉非常好。

[六] 做律师最好的时间是中国的 20 世纪 90 年代

有些人年纪大了会选择退休，去环游世界，您为什么不这样呢？

年纪大了就应该做些改变。但是很多人很年轻就退休了，之后也不再工作，我觉得他们在很年轻时就"死"了。

工作给了你一些生活的意义。有一个德国哲学家说过：为了让自己开心，你需要一些能给你带来生活意义的事、一些让你能够有所追求的事。

我记得十几年前您就跟我们谈过道德和诚信的重要性。今天我看到您回复我的邮件，您还是强调道德和诚信。为什么？

律师应当成为一个值得信赖的顾问，客户付多少钱都买不了一个律师的诚信。

这也是我 20 多年前很放心地加入金杜的原因——当时金杜起步不久，已经制定了所有律师都要遵守的很多规则。这些都刻在了律所的基因里。

所以，我觉得遵守规则比任何一笔账单都有价值。毕竟律所是合伙关系，不论你的行为是好是坏，都会影响其他合伙人。如果一个合伙人做得非常成功，就会给所有人带来荣耀；如果一个合伙人做了坏事，也会影响所有人。

基于此，我认为没有人有资格做损害他人名誉的事情。

您和金杜的年轻律师打交道时，觉得他们有哪些特征是您特别喜欢的，又有哪些特征让您觉得不太好呢？

我是以合伙人的身份加入金杜的，那时金杜已经是一家优秀的中国律所了，但还不是一家知名的国际律所。如果是以我当时的能力，我可能没有机会进现在的金杜。我想，金杜现在的很多资深合伙人在年轻时如果想来现在的金杜，甚至得不到面试的机会。

所以，现在的年轻律师们面临着更大的压力。我们这些 40~60 岁的人都是很幸运的人，遇到中国飞速发展的阶段了。回望过去的一百年，从 20 世纪 90 年代到 2000 年年初在中国做律师，是全世界最好的做律师的时间和地点。对于中国的律师而言，那是一个失不再来的时代了。

如果对金杜的年轻律师说一句期待的话，您最想说什么？

应该对自己有责任感。没有合伙人会让你的生活变得完美，你应当具有企业家的精神。你的主管合伙人是你最重要的客户，其他合伙人也是你的客户，你要思考怎么做才能让他们对你的工作成果满意。不要表现得像个旁观者，只是被动地做别人让你做的事，一定要尽自己最大的努力。

手 记:

肖马克律师是第一位加入金杜中国的外国合伙人,也是跟金杜携手年头最久的外国合伙人。从而立之年到知天命之年,肖马克人生中的黄金二十年是在金杜度过的。他的老搭档徐萍律师说,他对金杜的投入是全身心的,他虽然是一个外国人,但完全适应了金杜的文化,是一个地地道道的金杜人。俊峰律师对肖马克非常认可,多次非常有感情地谈到肖马克。

十几年前,我刚加入金杜上海办公室的时候,就听说有一个德国律师在这里做合伙人。直到这次对话,我才知道,其实他出生在澳大利亚,父母是德国人。他太太也是德国人,他们邂逅于上海。他在金杜的职业生涯是从一个叛逆青年的人生探险开始的。在对话的过程中,我很惊讶地发现律师这么呆板的职业居然可以如此浪漫地从事。

说到肖马克,就不能离开徐萍。在金杜的经典笑话中,他们俩经常相伴而出,比如,徐萍律师更像德国人,肖马克更像上海人。很多年以后,说起中外律师的友谊,他们之间的交往也许会成为一段历史佳话。我们聊天的时候,肖马克在视频另一端向我展示了一件瓷器,说那是徐萍送给他的结婚礼物。从肖马克对徐萍的述评中,你能够真正感受到金杜所说的团结协作、国际化有多么深入,尽管这样的深入是在很多平日的细枝末节中体现的。

俊峰律师曾跟我说,肖马克的幽默非常有意思。但肖马克在对话中,感到俊峰的这句评价很奇怪,他觉得自己是一个无聊甚至乏味的人,实在不知道自己跟幽默有什么关系。

可能是因为文化视角的差异所带来的趣味性,在和肖马克一会儿用中文、一会儿用英文的对话中,我倒觉得他真的是个很幽默的人。我说那是冷幽默,徐萍说那是黑幽默。徐萍律师说,其实肖马克作为合伙人的业绩一直很好,可他在对话中会大谈这些年一直感到焦虑且无法缓解,那就是黑幽默,既诚实又有点儿夸张。天底下有哪个合伙人不为业绩焦虑呢?犹如再优秀的企业家都会担心利润。

在对话中,肖马克给我带来最大冲击的不是他的黑幽默,而是他的诚实。我努力搜寻心目中诚实的声音,似乎找不出还有谁比肖马克更诚实了。

我曾经问他,在金杜这些年,他最差的个人体验是什么。他说他真的不想说,如果一定要说,最糟糕的经历就是在没有任何预告的情况下,被告知离开上海管理层。据徐萍律师讲,其实那是上海管理小组的一次正常更换,但当时大家在关注很多别的事情,就没有特意和肖马克打招呼,所以他在感到意外的同时也感到失望。如果是一个中国人遇到此类情况可能会掩饰情绪,但肖马克会诚实地说出他的感受。

我问他:既然你一直为业绩焦虑,为什么20多年矢志不渝地喜欢工作?他说:只有从工作中才能找到价值,发现生活的意义,除了工作,不知道自己还能做什么,如果有长假期,就会觉得很无聊。我问他:这么多年有哪些得意之作?他说:没什么特别的。我只好回应他:你太谦虚了。他补了一句,说他真的觉得自己没有什么太大的成就。

徐萍说,肖马克是一个谦虚和简朴的人,且肖马克的谦虚并非凡尔赛文学式的谦虚,而是发自内心的,他觉得什么事都可以从头做起。他是一个持澳大利亚律师执照的"中国通",帮助很多外国客户到中国投资,参与过各种各样的谈判,在项目中游刃有余,得到了很多客户的信任。他不仅对外商投资的法律问题有丰富的经验,还特别具有商业意识,常常会突破律师的惯常思维,为客户的问题找出商业解决办法。肖马克喜欢创新，对于新的领域没有一般人容易感到的恐惧，只有探索的乐趣。前两年，肖马克写了一本关于自动驾驶的新书，让很多熟悉他的人大吃一惊。2018 年，肖马克接受新的挑战，前往伦敦，不久就遇到新冠肺炎疫情，只能闭门不出。但这些都没有阻挡他探索和尝试的脚步，也没有成为他无所作为的借口。他通过视频进行 BD，结识新的客户或进行视频演讲，还成为 BBC（英国广播公司）关于中国问题访谈的常客。

在对话中，我很想知道，肖马克作为一个真正的外国人是怎么对待中国文化的。站在一个中国人的乡愿的角度，我们总是喜欢听到外国人说喜欢我们的文化、喜欢我们的哲学。遗憾的是，肖马克说他并不懂得孔子的儒家文化，但我在谈话中仍然能感觉到中国文化对他的影响。徐萍律师说，肖马克去欧洲以后常常会参与关于中国的各种讨论，由于国际环境的变化，对中国的批评之声不绝于耳，而肖马克总是为中国辩护。他常说，外国媒体报道的中国不是真正的中国。

在这篇对话中，你可能会想象到我在对话时颇为焦虑的心情。我总是希望从德国同事的口中，听到一些对我们今天的年轻律师或年轻合伙人来说正面、积极、鼓舞的言辞，可是，肖马克看起来好像和一个资深合伙人完全不沾边，他的言语听起来那么出其不意，却又真诚而朴实。

这就是肖马克。如果你带着某种预定的价值观和目标，希望借助他的嘴来完成你的对话，你就会"小失所望"。

从这样一个诚实的、不喜欢"高大上"言说的人的口中，听到他说做律师最重要的是道德和诚信，你会不相信吗？反正我信。我觉得，在与肖马克的对话中应该被我们记住的，是他对生活真诚和朴实的态度，是他希望每个做律师的人都成为一个值得客户信赖的顾问。

他认为，诚信才是律师的立身之本。

第八章

中国律师的历史机遇

律师小传

其他国家的律师没有中国律师这么好的历史机遇

如果要跟年轻律师说去什么地方好,我的答案是"来中国"。

吴正和律师是金杜国际化的敲钟人。

年逾古稀的他,穿着黑西装、白衬衫,打着红领带,鼻子上架着一副黑框眼镜,配上白发银须,是个典型的西方世界华人大律师的形象。如果再喜乐一点儿,足以充当发糖果的"圣诞老爷爷"。

他的特殊之处在于,他受西化教育,但他的人格修养是儒家的。他的理想是做一家可以与欧美大律所一争高下的有中国背景的国际律所。

吴正和——金杜律师事务所香港办公室合伙人

1950 年，出生于福建省。

1973 年，取得加拿大埃布尔达大学荣誉理学的学士学位。

1976 年，取得加拿大埃布尔达大学理论物理学硕士学位。

1980 年，取得加拿大埃布尔达大学法律学士学位。

1981 年，成为加拿大埃布尔达省的执业律师。

1986 年，加入加拿大司特曼（Stikeman Elliott）律所。同年，取得英国执业律师资格。

1987 年，取得中国香港执业律师资格。

1996 年，与方和律师共同创立方和吴正和律师事务所。

2005 年，夏佳理加入方和吴正和律师事务所，律所更名为夏佳理方和吴正和律师事务所。

2009 年，夏佳理方和吴正和律师事务所与金杜律师事务所合并，吴正和加入金杜。

曾多年任金杜律师事务所管委会委员。

[一] 穿正装是对客户的尊重

您第一次和俊峰他们见面的时候,也像现在(三伏天,坐标南京)这样穿得非常正式吗?

这个是习惯的问题。当时我所在的 Stikeman Elliott 律所相当保守,见客户也好,上班也好,全部要穿正装。我 30 多年前如此,现在基本上还是如此。

记得我刚来金杜开始做律师的时候,大家接受的培训里要求穿正装。当时我们年轻的律师不理解——有必要这样吗?

我就是老古董的思路,我感觉穿正装跟客户开会是对客户尊重的表现,上班的时候穿正装也是对自己尊重的表现。当然这些都是老古董想出来的东西,现在年轻人都爱打扮,无所谓的,世界一直在变。

您的发型和胡须是有意为之吗?方便说吗?

我真的没有不能说的。发型和胡须其实是有原因的,可能我父母比较保守,所以我从小几乎一直都是光头,因为父亲会说这个发型不行、那个发型不行。

到加拿大之后,我就开始叛逆,而且叛逆感很强。我从香港去加拿大时是 20 世纪 70 年代,你如果看历史,就知道 70 年代年轻人的做法最叛逆、最反传统。也是这个原因,当时我没有再剃胡子、剪头发,我的头发比女孩子的还长,几乎到腰了。

1980 年后,我开始做律师,没有办法再留长头发,但还可以留着胡子,我就只把头发剪短了。到现在已经 40 多年了。

[二] 一家中国律所应该怎样翻开第一页

您最初跟王俊峰律师是怎么认识的?

我跟金杜的关系要从我在加拿大律所工作的时候说起。Stikeman Elliott 律所的创始人 Stikeman 跟我现在一样是一个老头子,他联手 Elliott 成立了 Stikeman Elliott 律所。20 世纪 70 年代末,Stikeman 来中国游玩了一趟,这是他的首次中国游。回到加拿大之后,他第一时间就跟合伙人们说:"我们要帮中国培训律师。"合伙人们问他:"中国在什么地方?为什么我们要帮中国培训律师?"

Stikeman 是一个远见非凡的人,他一个人可以挡住所有人的疑问,最后合伙人们都同意了。所以从那时候起,Stikeman Elliott 律所就开始帮中国培训律师,并跟贸促会签了一份合同,每年选两个律师去加拿大培训一年,全部费用都由 Stikeman Elliott 律所承担。

当时,我帮律所来北京挑选律师去加拿大培训,认识了贸促会环球所的一批年轻律师。我很肯定,我跟王玲就是那个时候在环球所见面的。当时有没有认识王俊峰,我记不太清了,但是王俊峰成立金杜的时候,大家就已经认识了,而且都是老朋友。

所以,我跟俊峰和金杜所有的创始人最早是通过当时的贸促会认识的。

您还记得您第一次见王俊峰时的情景吗?您对他有什么特别的印象?

第一次见面应该是在北京昆仑饭店的咖啡厅,当时他已经离开贸促会了。

我对他没有什么特别的印象。当时我觉得这个人是一个有方向感的人。在谈话的时候，我们讨论到律所应该怎么做，往哪一个方向做，大家各自提出了论点。我记得，当初我说的是尽量不要算眼前的钱，如果算眼前的钱，这家律所就成不了。

那时候对每个人来说，钱当然是很重要的。但如果要发展一家律所，合伙人每天都在算计自己口袋里的钱，就会失去方向，而且凝聚力会不足。当时其他律所已经出现了这一类问题。

从长期来说，律所到底要做什么也是一个方向感的问题。幸运的是，我和俊峰的方向感很相近，没有任何分歧。这么多年来，我跟俊峰的合作都是小事情不计较，大事情看方向。

你们第一次见面的时候探讨的就是律师事务所未来的发展方向，而不是具体的业务合作？

当时没有什么业务合作，也没有谈我们该怎么合作。那个时候我是 Stikeman Elliott 律所的合伙人，不需要业务合作，而且金杜刚刚创立，可以帮我什么呢？所以，当时的思路完全不是你给我一点儿生意，我给你哪些客户，没有这回事。

我有时候会务虚一点儿，不谈太现实的东西。我和俊峰当时谈的是，大家有没有对理念的认同感，中国律师行业怎么发展。我从外国律师的角度怎么看中国的法律服务市场，中国律所的发展方向应该是什么，包括合伙制度在律师行业里的架构是怎么样的，以及如何把国外的合伙制度引进中国。那时大部分中国律所的体制跟金杜的合伙制完全不一样。

您那个时候觉得金杜是一家有前途的律师事务所吗？

是的。如果说我有什么特别长远的眼光，那我当时确实觉得中国律师行业基本上是未开发的情形。

我是 20 世纪 80 年代中期正式进入中国做法律工作的，当时的感觉是这片"田"没有人耕。我一向觉得中国律师行业有一大堆事情需要做、应该做，但是暂时没有人知道应该做什么。

我跟俊峰谈这种看法的时候，他也有同感。我们都觉得中国律师是大好行业，有大好机会。

作为最初的旁观者，您觉得金杜创立之初为什么会确定公司制？毕竟当时很多事务所不是这么做的，为什么金杜会独辟蹊径？

我说点儿往自己脸上贴金的话。当时我向俊峰介绍了 Stikeman Elliott 律所的制度是什么样的，以及其他美国律所和英国律所的制度。我当时的看法是，不要再花时间研究到底为什么要采用这样的制度了。做得最成功的律所都用这个制度，历史悠久的律所也用这样的制度，所以，先学它，再改进它。你没有试过，就根本不会明白怎么样做。因此，先得把制度"抄"过来，我们学习了之后，发现有好处，也有坏处，再想办法怎么把坏处改掉。就是这么简单，不能花太多的时间去研究制度形成的原因。

[三] 学习改进造就今日之国际地位

金杜是一家在本土环境中成长的律所，作为见证人，您认为它是怎样一步步地学习借鉴国际律所，把自己变成一家骨子里具有国际化精神和担当的律师事务所的呢？

整个时代都是如此。我们过去20多年发展达到的水平其实跟整个时代一样，就是不停地学习。特别是中国的律所，一直在不停地学习、不停地改进，因为我们起步比外国律所晚。从中国的律师行业来看，最早的一批律所大概是1992年、1993年成立的，到现在才20多年。但你看外国的律所，比如万盛，有180多年历史。金杜的起步比人家晚，如果大家要做到平起平坐，我们就要拼命地学习、拼命地发展。在学习改进这点上，我相信金杜做到了，也由此造就了我们今天在国际上的地位。

未来的20多年，世界上的对抗性和分裂性会很强，这是金杜现在的领导以及未来领导面临的最困难的问题。

其实我们是很幸运的一伙人，我们随着大势走，算是最成功的一家律所，一大堆律所都被浪打没了。未来的风浪更大，我们要怎样生存？这样的问题是大家都要思考的。

我对这个问题非常感兴趣，我确实非常想知道您是怎么思考的，也想知道在当今的国际环境中，您认为金杜未来应该怎么往前走？

我不知道真正的答案，我只知道有问题，这个问题怎样解决，全球各家律所的领导层都在考虑。

希望我们可以在浪潮之后说：我们不但生存下来了，而且更加强大了。

过去的几十年，世界的大趋势是开放融合的地球村，金杜随着这个趋势，走得很成功。

如果未来的几十年是反全球化的趋势，那我们应该怎样在中间取得一个平衡点继续发展，怎样在反过来的浪潮中生存并得利，这个是目前没有办法看清的。

[四] 我在哪里可以扮演更重要的角色

您最初为什么会从加拿大回到香港呢？

> 我对中国和中国的法律行业都是看好的，我在加拿大的时候就已经形成这个观点了。吹牛地说，当时我在加拿大做得蛮成功的，我在看全球形势的时候，就开始观察和思考我的去留问题。最后，我觉得还是要回到中国，但一开始只是回到香港。
>
> 这个思想的改变是因为当时我突然意识到《华尔街日报》开始报道中国香港和亚洲的事情。《华尔街日报》一直报道的都是世界上最大的交易、最重要的投资、最重要的公司。以前报上的内容都是西方国家的交易，终于，亚洲的交易、东南亚的交易、中国香港的交易开始出现在报道中，而且亚洲的金融行业，甚至所有的商业领域都一直在发展，成了《华尔街日报》的头条。
>
> 我问自己，为什么有这种转变？我觉得是世界的重心在变。当时我个人的看法就是，我是应该在纽约、多伦多和对手抢这些交易项目，还是回香港参与这些交易项目，哪种更容易做？如果交易项目在亚洲，我觉得我要参与的机会应该是在亚洲人主导的市场，而不是在白人、外国人主导的市场。
>
> 作为一个年轻的律师，我在哪个地方可以扮演一个更重大的角色，当时只要把这个想法弄清楚了，答案就会很明确。如

果要参与这类最高层次的交易，要不就去香港，要不就去纽约，所以我当时的选择是从加拿大回香港。

您为什么后来离开这家加拿大律所，选择到香港本地创办自己的律所？

这个很简单，加拿大律所的权力中心不在香港，而是在多伦多。我如果要参与律所的重大决策，就得每天凌晨两点爬起来跟多伦多方面交换意见，这不现实。

另外一点是加拿大人很保守，而律师更保守，我要说服在加拿大多伦多的合伙人将我们的重心转移到亚洲几乎是不可能的事。因为那时西方国家的律师，特别是国际大律所的律师是看不起中国律师的。

所以说，我离开 Stikeman Elliott 律所，不是因为跟合伙人们有什么不愉快，只是彼此的方向不一样：他们只想留在加拿大赚钱，而我说离开加拿大来亚洲会有更多的钱赚，他们不相信。所以，我只有自己出来打江山。

[五] 花两年多说服一个人做一件事

您当初是怎么邀请夏佳理先生和您一起打江山的？

这个问题有很多人问过我：为什么夏佳理会跟你吴正和合作？他们觉得这是不可能的事情。但是，我跟夏佳理最后确实谈妥了，谈了两年多，我介绍了他跟俊峰认识。

我跟王俊峰 20 多年来没谈过钱，没有签过任何合同。我跟夏佳理谈了两年多，也没谈过钱，大家只是谈理念和发展方向是否一致。我跟夏佳理说：不是夏佳理跟吴正和合作，而是金杜跟夏佳理合作。我还告诉他，这个方向感不需要看吴正和，而是要看明白整个方向是怎么形成的，加入金杜这个方向是对的。他最后信了我这个观点。

夏佳理作为一个资深律师，比我多十几年的经验，社会地位很高，可以说在各层面、各领域都具有巨大的影响力。我跟他探讨香港律师行业要怎么发展，如果大家出来开一家律所，应该怎样走。

谈了两年多的结果就是他同意加入金杜。金杜的未来发展方向是对的，我们一定要这样走。只要说服了他这一点，其他都是小事。

用两年多的时间持续地去说服一个人，您哪儿来的如此惊人的毅力？

我想是失败太多训练出来的吧。我个人觉得，方向对，其他都是次要的事。多拿几千元或少拿几千元对我来说，从来不是决策的重点。

和夏佳理沟通两年多，您有哪些印象特别深刻的故事情节可以分享？

当然有了，但都是吵架。产生不同意见时，先看对方的方向感对不对。确认是对的之后，大家再谈不同意的东西就容易得多，也不会因此而分裂。如果没有共同的方向感，多拿或少拿钱就变成了大事。

[六] 说服夏佳理与金杜合并，靠的不是钱

起初是金杜跟您说合并，还是您去找金杜说合并，这个想法是谁提出来的？

我跟俊峰在这方面的感觉都是一样的，所以没有谁先提出来

的问题。大家都知道，任何时候都可以处理这个问题。

您是怎么说服夏佳理同意与金杜合并的？

我跟夏佳理谈："夏先生，如果你只是跟吴正和合并，那我根本不会来找你，你的生意比我的生意做得好多了，我来给你打工算了。"我一直跟他说的是，最后的终点是加入金杜，可以有机会共同打拼，打造出一家国际化的、具有国际名声的律所。我当时跟他说的时候，这个理念很清晰。

我相信这个说服点改变了他的思路。当然，这只是我个人的推测。

但以夏先生从英国念书，拿到律师资格回香港做律师的经历来看，打拼出一家由华人创立的全球性律所的这个说服点，对像他这样有能力、有能量的人产生了很大的吸引力。他最后可以这样说：这家律所是我打拼出来的，赚没赚钱无所谓。如果跟他谈钱，就没办法再谈任何事情，所以我是不谈钱的人。

夏先生和您一起成立一家事务所，多长时间以后你们才正式并入金杜的，这两件事是同步进行的吗？

是分两步进行的。他加入的时候是 2005 年，2009 年我们才正式并入金杜，把名称都改掉，采用同一个制度。

所以夏先生先加入我的律所的时候，事先知道我们的方向感是什么，之后才正式合并。合并过程中也有一堆事情需要讨论，当时他已经加入，那大家就一起讨论了。

我和很多年轻的同事经常感到奇怪，您和夏先生都是非常有成就的律师，你们为什么愿意放弃自己的品牌名称而选择金杜这个品牌呢？

如果你要打拼的是一家全球性的律所，那么一个人的名字，比如夏佳理或者吴正和并没有多少价值，最重要的是出来闯的新个体到底叫什么名字。

所以我跟俊峰讲：我从来没想过这家律所要叫吴正和律所，吴正和这三个字是不值钱的，没有累积的价值，最后有价值的一定是一家全国性的律所，至少是以全国性做基础，我们才可以打到全球。

就全国性的基础来说，当时最有潜力的名字就是金杜。夏佳理应该也同意这个观点。

您刚刚说的，让我们这些年轻的合伙人非常惭愧，因为我们很多时候都喜欢想自己的那点事儿，很难像您这样站在行业发展建设的角度思考问题。您能够理解并包容年轻合伙人只想自己的事吗？

听起来我好像不看重钱，可能是因为我把钱看得不是那么重要。但是我明白，我如此，并不等于天下人都如此，别的合伙人也会有不一样的价值观。所以，我完全可以理解只考虑自己的人，也能接受这类思路，而且这类思路可能是主流的思路。

看全盘还是看眼前？其实两样都要看，单靠一样是不行的，都没饭吃了，你还看什么方向，对不对？这是很简单、很现实的问题，一定要先有钱吃饭。不管是我们律所的年轻律师、合伙人，还是领导层，都要把这两样平衡好。

[七] 做决策不是律师的专长

您觉得律师事务所和商业企业比较的话，我们的自我认同和成就感应该来自哪里？因为跟客户比，我们赚得少得多。

客户常常跟我说："吴律师，你赚的钱这么少，你不要做律师了，你跟我合作算了。"如果说每天都有客户劝我换单位，那是夸大了，但这类对话的确经常出现。我跟他们说：如果我跟你合作做生意，最大的可能性是你破产，我也破产，因为我不会做商人；如果我继续做你的律师，你的生意失败的可能性会小一点儿。

我确实问过自己，也反省过，我真的会做生意吗？我的结论是我不会做生意，我会做的是规避风险。律师行业其实是一个很保守的行业，帮客户做的绝大部分事情都不是赚钱，而是怎样避开未来的风险，让客户安全赚钱的可能性增加一点儿。如果是以为规避风险就可以赚大钱，那我们律师就应该是最赚钱的人，但现实不是，最赚钱的人是最冒风险的人。

做律师则是要把未来的风险看得很细，能在很复杂、很乱的情势中进行分析，让决策人明白他做这样的决定可能有相应的后果。律师只会列出风险，不做商业综合性的最终决定。

那律师到底做什么呢？

做决策不是律师的专长，分析风险才是律师的专长。如果我来做生意，那我一顿分析之后，会跟自己说还缺了三点东西，再等一下，我不敢做决定，于是机会就此流失了。但商人会说：好，明白了，还有三点我们不知道，但我愿意冒这个风险。

所以年轻人如果要做生意，就做生意，不要等做了十年、二十年律师之后，反过来再想做商人。

[八] 夏佳理是少有的天才

可是夏佳理先生就是把生意和律师职业都做得不错的人。

> 他是一个少有的天才。

您和夏先生交往这么多年，您是怎么看待夏先生已经那么有成就了，最后还会选择去律师事务所做律师？

> 他一开始就是做律师的，所以不奇怪。人生一开始想追求的东西通常会变成让他感觉自豪的事情。如果要他把自己的成就写出来，他一定会写"我是一个律师"。
>
> 其实他现在还在做具体的业务。他以前在英国做诉讼律师，到现在有重大诉讼项目的时候，他的参与度跟其他任何一个合伙人是一样的。他不会去"看"别人开会，而是深度参与，每一样东西都想得很仔细，条文也都是自己看。所以对他来说，律师是他人生的一个成就，他很注重律师这个身份。
>
> 他做律师应该是很满足的。人生之中，让他有满足感和成就感的就是做一个好律师。

夏先生本人现在还会把大量时间投入具体的律师业务中吗？

> 是，我几乎每天都跟他开会，他是开会必到的。他真的是在处理案件里的客观事实，做具体决策。他经常要求把法律文件全拿给他，他看清楚之后，再来开会，而且他真的是每页都看，所以他确实是很难得的天才。
>
> 他有时候真的有很多创新思路。大家在讨论法律问题的时候，正常的推理都是从这一点到那一点，但他会忽然间叫停，问大家为什么不能从上往下，要想一个办法从上往下，有没有可能就把问题解决了呢？大家会说：我们怎么从来没想过这

个方法？

他比我大十多岁，可以说思路比我更创新，这样年龄的人可以想出这么多创新的主意，是很难得的。

[九] 没有高徒是我职业生涯的遗憾

是什么样的动力鼓舞着您每天如此严肃、认真、勤奋地工作？

客户的信任对我来说是一种满足。

我从律师行业中得到了一定的尊敬，有了一定的影响力，这对我来说又是一种人生的满足感，人有满足感就有动力继续坚持。

俊峰律师说您有一身本事，遗憾的是，一辈子没有培养出徒弟。对此，您怎么看？

俊峰的评价非常准确，我的确没能培养出徒弟。当我回顾自己的职业生涯时，这很可能是我的一大遗憾。过去的几个月里，我一直在思考，在退休前如何弥补。同时，我也在更进一步思考，为什么没有在早些年做这件事？

恭维我们的朋友会说我们是大律师。您认为什么样的律师担当得起"大律师"这个称呼？

跟你说那句话的人如果是真心的，那在他的心目中，你就担当得起；如果是客套话，那就一笑置之吧。

您作为一个资深、年长且有成就的合伙人，对金杜今天的青年律师、青年合伙人有哪些期待呢？

我期待大家思考一些虚的东西，比如，我们的理念是什么？我们的价值观是什么？这些虚的东西如果不去想，大家就会忘掉，最后我们就都变成了低头做文件的人。做文件很重要，因为最后收律师费需要靠文件，但是除了做好文件，还要想想我刚刚说的这些问题，不然你就只是个体，不是团体。

[十] 外国人可以，我们为何不可以

跟您说话，老觉得您有一种使命感，而且是中国背景的使命感。您在年轻时没有在国内长期学习、生活的经历，为什么会有这样的使命感？

我在加拿大的时候，没听说过一家亚洲律所能做到全球前几名。为什么没有？我一直在想，外国人可以，我们为什么不可以？

那我就要做给你看。你说这是压力也好，使命感也好，它影响了我一生的奋斗方向。

现在的年轻人可能已经没有这种感受了，因为中国已经强大起来了，所以没有这种感受也是可以理解的。

其实，如果我留在加拿大律所或者其他国际律所，我也会打出一片天下。但是为什么我一定要回到中国？区别就是，我把一家加拿大律所做好了有什么意义呢？它本来就挺好的。但如果我对中国一家律所的建立有一点儿贡献，差别就很明显，因为我是华人，我们是华人，我们一直都很棒。

对标国际一流律师事务所，我们还有哪些差距？

无论是技术层面还是客户层面，以及架构方面，都有差距。我们还是缺人。

现在我们的客户还是以华人为主，业务都是跟中国有关的。

要做一家全球化律所，我们在全球化方面还需要花很大力气，也会困难重重。

[十一] 中国律师行业发展速度落后于中国经济

您在十几年前还说过一个观点，不知道您的观点现在有没有变化。您说中国经济的发展要比律师行业发展得快，律师没有出现过剩的情形，您认为这种情形还会存续一大段时间。如今，您还认为中国律师没有过剩吗？

> 我当时说的观点现在仍然正确。从商业的角度来看，中国企业的发展速度确实比律师行业的发展速度快，为什么呢？要思量。

您当时说中国经济发展太快了，但是律师行业没有跟上来，律师的职业素养、经验和技能都跟不上经济的发展。您今天仍然这么看吗？

> 还是如此。从商业的角度来说，现在中国有一大批企业成为世界前列，中国整个商业的金融影响力是全球第二，但中国的律所有做到全球第二的吗？没有，所以我们要谦卑一点儿，不要自大。

您觉得中国的高端法律市场仍然存在巨大的机会吗？

> 我相信这点是肯定的。我对中国市场向来抱持看好的态度。

可是我们在中国内地经常见到很多律师同行说，现在的生意越来越难做了。您怎么看这个问题？

> 全世界的生意都是越来越难做的。真正的精英有一大堆，不要以为只有自己才行。

您曾经说其他国家的律师没有中国律师这么幸运，缺乏中国律师这么好的历史机遇，您现在还是这么看吗？

> 还是这么看，没变。现在比以前困难了一点儿，因为整个世界变得复杂了。但是如果要跟年轻律师说去什么地方好，我的答案是"来中国"。
>
> 总体而言，中国法律行业的发展空间是无限大的，比如2008年的奥运会项目。在外国，任何一个国家的律师事务所要做奥运会的项目，那它一定是全世界一流的事务所，应该具有50年以上的经验。但当时我们接这个项目的时候，金杜还是小规模的，不了解奥运会，对这种大型的活动根本没有经验。从全球来看，金杜也是律师事务所小兵中的小兵，不应该承担奥运会这样大的项目，但在中国市场中，当时没有一家律所比金杜更适合。这在外国是不可能实现的。

有个青年律师发现，客户，特别是国有企业对律师的价值并不是很看重。她想问您，她应该怎么做呢？

> 不要高攀遥不可及的客户，因为你的层面跟客户的层面不一样的时候，你是没有办法做对方的顾问的。不如把时间集中在可能会受你影响的人身上。你要找差不多等级的客户，跟客户一起长大。比如我现在的客户，就算不是CEO（首席执行官）也是董事长才会说跟吴正和开会。三十几年前我刚回到香港时，是没有这个可能的。夏佳理应该也是如此，现在谁会不接他的电话？如果是夏佳理打来电话，接电话的人会马上转给董事长，不会推三阻四地随便找个人接，但三四十年前并不是这样的。

有时候面对客户与市场的需求，作为年轻律师不知应该往深度发展还是往广度发展，对此，您有什么建议？

深度跟广度缺一不可。有的律师会说自己人脉广，但如果他所认识的人中没有人觉得他是一个能解决问题的律师，那他的人脉根本没用。

所以，从做律师的角度来说，既要人脉广，还要让认识的人觉得你确实是个好的律师。

那您觉得在时间有限的情况下，年轻律师到底应该尽可能扩大知识面，还是把一个专业点钻研透？

以我的经验来说，两样都需要。

手 记：

吴律师是夏佳理方和吴正和律师事务所的创始合伙人之一，现在是金杜香港办公室的台柱子。

每一个见过吴正和律师的人都会对他印象深刻，他的白发和银须太有冲击力了。在香港，满头白发的老律师并不罕见，罕见的是他特意蓄起的横跨上嘴唇的银须。

在金杜创始合伙人王俊峰律师眼里，吴正和律师是他一生敬重的人，是金杜国际化的敲钟人。

吴正和律师在对话中说他第一次见到俊峰律师的印象是模糊的。但是，俊峰律师不久前跟我说到这一次见面，他的印象却是清晰的。

当时，金杜创立才第二年，吴正和来了，他风度翩翩，穿一双浅棕色皮鞋、一身灰色西服、一件米色大衣，还系了一条围巾。俊峰说，那时候，这是既年轻又成熟的大律师的标配，从吴正和身上，他看到了国际大牌律师的风采。回忆自己去剑桥大学和哈佛大学当访问学者，去加州大学伯克利分校读博士，俊峰说，吴正和律师当年给他的印象大概是他后来不断出国学习的原因和动力之一。

吴正和律师对金杜和俊峰律师的影响不止于此。

俊峰记得，第一次见面时，吴正和律师有点儿居高临下，因为年龄是大哥，也因为来自欧美一流律所。吴律师临走的时候丢下一句话，在俊峰心中砸出阵阵波澜，他说："俊峰，这么多年，到目前为止，世界上还没有一家真正的华人律师事务所可以跟西方律师事务所平起平坐。以前是没有机会，现在你们的机会来了。"

俊峰说，吴正和说完这句话就走了。

这句话对俊峰的影响很大，因为这恰恰是他辞职办律所的初心，但是那个时候，他说不出来这样的话。吴正和说出来了，点燃了他们的共识。从这之后，吴正和好像跟金杜达成了一种默契，矢志不渝地推动金杜往国际大律所的方向走，甚至受过委屈。吴正和是最早接受金杜律师去香港律所学习的人，等我们成立深圳办公室后，他每周都去，帮着看文件、出主意，那时候他并不是我们的合伙人。

俊峰跟我谈到吴正和，说到动情处时，他认为，整个金杜香港办公室都欠吴正和的。因为有他在，香港没有人觉得金杜香港办公室是一个内地的律师事务所。

俊峰说，夏佳理曾说吴正和是一个很好的人，是可以被信赖的人。

一千个人眼中有一千个哈姆雷特。年轻合伙人看吴正和律师的视角与俊峰律师显然不一样。不过，大家记住的都是他一丝不苟的大牌律师风范，是"百年大律所"版本的独特气质。广州办公室合伙人李春开跟我说，她当年和吴律师一起出差，曾见他穿着一身正装在成都街头吃火锅，热得汗流浃背，依然没有脱下西装。

在我们的对话中，吴律师把自己总是西装革履的习惯解释为对客户的尊重、对自己的尊重、对工作的敬畏。

俊峰律师觉得吴律师哪儿都好，唯一的遗憾就是没有带出徒弟。俊峰感慨道，吴正和的个人能力太强，一身本事，是香港某些名门望族的顾问律师，他永远看不上助手，也没带出过徒弟。

在对话中，吴正和律师让我强烈地感受到，他是一个有着极强的中国意识和中国人意识的香港律师，他始终在区分华人与白人、中国人与外国人。你可以发现他努力的方向中始终有一点，就是我们要做一家受人尊敬的有中国背景的国际化律师事务所。

吴正和律师还跟我讲到，他曾经是怎么说服夏佳理与金杜合并的，我听得很入迷。他们放弃以各自名字命名的律所品牌，这曾经让我觉得不可思议——我总觉得一个人创立一个品牌之后，他对这个品牌的爱护就像对自己的孩子一样。到吴正和那个年纪，他其实不再需要为钱工作，也不用放弃个人的品牌，我却诧异地发现他作为法律职业共同体的一员，在"法律帝国"中还有不少超越金钱的理想和追求。以前我老怀疑境外律师没有什么理想，只知道为钱工作，吴正和律师让我修正了成见。

这一点也让我想起俊峰常讲的所谓的"小我"和"大我"，如果不明就里，你会怀疑"小我"和"大我"是不是一句漂亮的体面话。从这位一直被俊峰称作"吴老大"的前辈身上，我们会发现，所谓"大我"，还真不仅仅是一句漂亮的体面话。

第九章

时间是挤出来的

律师小传

时间是挤出来的

走出自己的舒适区，去适应变化的市场。

在金杜，张毅是很多年轻律师的偶像。他晋升合伙人特别早，做金杜上海办公室负责人的时候还不到 30 岁。

他看上去社交能力相当强，却说自己天性不爱社交。

他顶着"毅主席"的名头，就有应接不暇的应酬、马不停蹄的行程，还要遭大家遭不了的罪。对于年轻律师，他的存在就像一个座右铭：当幸运来敲门时，你应该如何迎接它？

张毅——金杜律师事务所中国管委会主席

1973 年，出生于上海。

1991 年，考入对外经济贸易大学法学系。

1995 年，大学毕业，进入中国医药保健品进出口总公司（现中国医药保健品有限公司）法律部工作。

1996 年，加入金杜。

1999 年，被破格提拔为金杜律师事务所合伙人，成为金杜历史上最年轻的合伙人之一。

2002 年，被任命为金杜上海办公室负责合伙人。

2005 年，赴美留学，获得斯坦福大学法学硕士学位，取得美国纽约州律师资格。

2010 年，调至金杜香港办公室。

2014 年，成为金杜国际联盟全球执行委员会成员、金杜中国管委会和金杜全球管委会成员。

2015 年，担任金杜香港办公室联席首席管理人。

2017 年，担任金杜中国管委会主席。

[一] 从甲方到乙方的革命意识

您还记得您是什么时候加入金杜的吗？

> 我是 1996 年 10 月加入金杜的，但我跟金杜的缘分实际上从 1995 年就开始了。

您不是大学一毕业就加入金杜的？

> 不是。我 1995 年大学毕业后，在对外贸易经济合作部下属的中国医药保健品进出口总公司的法律部工作，我是因为一个案件跟金杜结缘的。

> 之前，我有个大学同学在金杜实习过，我很早就听说这家事务所很厉害，就想跟它建立联系。

听说您在跟金杜结缘的那个案件中，一张口就指定王俊峰律师代理"贵公司"的案子？

> 当时我不知道天高地厚。公司有一个贸仲会的案子，我要指定王俊峰律师作为这个案子的代理人。王律师很谦虚且平易近人，他说没有问题，他是贸仲会的仲裁员，做过这方面的代理，也处理过大量的仲裁案子。我和他以及金杜的缘分从此开始。

您作为客户，对王俊峰律师的服务满意吗？他给您留下什么深刻的印象了吗？

> 是的，印象很深刻。我把厚厚的材料给了他，然后他说：你把案情给我讲一讲。我讲完后，他略一思索，告诉我这个案子里面最重要的点是什么。我听完感觉醍醐灌顶，崇拜得五体投地，觉得俊峰太聪明睿智、经验太丰富了，5 分钟就能够从这么厚的卷宗里总结出一个关键问题。

我从此坚信这家事务所是很厉害的事务所，因为创始人太厉害了。

所以您萌生了从甲方去乙方的念头？

是的。我当时有一些朋友和同学陆陆续续进了金杜，就使得我产生了一种想法：我不想在国有的外贸公司工作了，我愿意到金杜这样的机构来。

我希望自己从事一份充满挑战性的工作。俊峰问我：你是什么地方的人？我说我是上海人。他说：我们上海办公室刚开不久，需要人，要不然你去吧。

您就这样变成了金杜人？

对，就这么简单。我火速办了离职手续，赔了公司的违约金，收拾好铺盖卷就去了上海办公室。时间是1996年10月。

那个时候您在北京，为什么愿意跑到上海呢？

因为金杜上海办公室需要人啊。当然，我是上海人，对上海没有反感情绪。

您毕业的时候本来就可以直接分配工作回上海啊。

我喜欢北京，特别喜欢北京的文化氛围。一般来说，在什么地方读大学，留在那个地方的概率就比较大。

您的高考成绩那么好，为什么没想到上北大呢？

那时候北大有一年的军训，我爸不让我去。

当时全国需要军训的大学只有北大和复旦大学，因此还有不少其他不错的学校可供我选择。

您本人的想法也是这样吗？

那时候年轻人能有什么想法？没什么想法。

您的父亲说什么,您都得听吗?

因为他是老子,否则谁给我钱呢?(笑)

您在进出口总公司请俊峰做那个仲裁案子,金杜收了多少钱?

几万元吧。

才几万元,您就把金杜的老大忽悠来、忽悠去。您有没有反过来想想,自己以后收了人家的钱也得被人家忽悠来、忽悠去?

没有忽悠,当时我想着见识下金杜的老大。那时候想不到后来的事,因为我当时是甲方,只会觉得甲方的要求就是合理的。

现在,您个人怎么评价金杜?

我觉得这家事务所之所以有今天,是王俊峰律师的理念、视野、格局、担当、为人,以及他对金杜文化价值观的塑造和对金杜发展愿景的规划,支撑着金杜成为与众不同的金杜。比如金杜很早就不实行提成制,有人说提成制的事务所里赚钱多,但是团队合作没那么紧密,专业化分工肯定也做不好。再比如我们很早就实行的国际化,也塑造了一个完全不同的金杜。

[二] 但行好事,莫问前程

您刚去上海办公室的时候,主要做什么业务?

当时上海办公室很小,只有一个合伙人带了三个律师,每个人具体做一块业务,早去的那两个律师,一个做诉讼业务,另一个做金融业务,就是我的同学李绍文。绍文的金融业务做得既精又专,是上海办公室第一个做金融的合伙人,他把业务做大了以后,又分给了其他合伙人,对上海金融业务团队的发展厥功至伟。但当时大家都是从零干起的。

当时的合伙人跟我说：小张，他们一个做这个，一个做那个，剩下的业务就你做吧。我问：剩下的业务是什么？他说：剩下是公司业务。我当时觉得失望，因为他们俩都有各自的专业领域，而我做公司业务，就是个没有专业的人。但我后来逐渐发现，公司业务实际上是一个万能的联合体，有很多细分的领域，交易频率很高，和金融、证券、诉讼、重组等其他业务领域有千丝万缕的关系。

可是，我看您的业务领域，一开始不是纯粹的公司业务啊？

我做业务，转型过很多次，最早是做 FDI 业务，1997 年逐渐接触并购业务。我早年还做过银行业务、诉讼业务和一些证券业务，比如 1997 年江南造船厂［现已改制为江南造船（集团）有限责任公司］钢结构业务的 IPO 项目，我是从头跟到尾的。

从 1997 年开始，我接触了保险公司业务。

我接触私募基金也比较早，2003 年开始就跟凯雷投资集团（以下简称"凯雷"）合作。后来凯雷并购徐工集团工程机械有限公司（因审批问题尚未完成），我当时是代表凯雷参与的，这个项目涉及杠杆收购、上市公司实际控制人变化引发全面要约收购、国家安全审查等当时非常前沿的法律问题。我也做过公用事业民营化业务，现在叫 PPP（Public-Private Partnership，政府和社会资本合作），我是 2000 年开始做这个领域的。后来，我还做过一些红筹上市和 A 股的业务。

我的业务一直在跟着市场的发展、市场的热点走。用现在比较流行的话来讲，流量在哪里，我们的服务就跟到哪里。

您在上海起步做律师的时候，会主动地做一些市场的活动吗？

会啊。我们早年就是个野蛮生长的过程，什么活可能都要干。

您最初做普通律师那几年是什么样的状态？

很勤奋。我开始的时候做的是初级的工作，关键的问题是顾耀良律师负责的。我工作的成熟度逐渐提高后，才承担涉及大量重要法律问题的工作，直至整个项目的全盘把握。

经常加班？

长期加班。

我感觉您特别能吃苦耐劳。我还记得在上海的时候，有一天傍晚，您提着行李箱回到了办公室。我跟您说：辛苦了，张律师。您当时说：中国人要是都像我这样，十个美国都干不过我们。

我还有这般豪言壮语？

我从1999年开始，到2005年去美国学习之前，基本上没有休过年假，连春节都是歇两三天就去办公室加班。当然，那时候也因为手头的活多。

有的律师刚入行一段时间，就觉得很辛苦，比较烦。回想自己初为律师那几年，您能够理解他们既苦又烦的感受吗？

能理解。如果你把它作为工作来做，正常人都会有这样的感受，在任何地方这么干，都会有同样的逆反期，都会有同样烦躁的时候。但如果你把它作为一项事业来做，可能就不一样了，因为你会自带动力。

如果年轻律师跟您说，自己希望未来在金杜有所作为，您会给他什么样的建议？

这个问题很难回答啊。

我觉得有几方面很重要：知识，不断累积经验，同理心，对金杜文化价值的认同，持之以恒的勤勉，踏出自己的舒适区，对市场有灵敏的嗅觉，等等。至少我觉得这些是我成长中曾经受益的方面，而且我会不吝分享给所有的人。

我觉得这家事务所实际上是靠一代代人的支撑才能够基业长青的，每一代的合伙人不是从天下掉下来，而是从律师逐渐成长起来的。让他们的路走得好、走得稳、走得扎实，是我们事务所价值最大化的基础。

您在金杜像个传奇，仅用三年左右就从律师做到合伙人，您觉得这段时间对您来说是太长了还是太短了？

当然是太短了，缺乏基本功。我主要是赶上了特殊的时期，是这个时代给了我们这个机会，是事务所给了我们这个机会。

今天，我们从律师助理做到合伙人，通常情况下需要至少七年。有没有人能以您为例说自己为什么不可以用三年走完这条路？

时期不一样了，发展路径也就有差异。我那个时候是金杜创业的特殊机遇期。

您刚开始做律师的时候，对您影响最大的是哪些人？

我说不出影响最大的人，因为每个人都在不同的方面教我，给我指导。但是我总结，在我受到的教导中，以下几方面对大多数青年人都有帮助。

第一是专业。如果没有专业，就不能给客户提供好的服务。

第二是经验和经历。俊峰管这叫历练，就是磨炼自己。

第三是适应性。走出自己的舒适区，去适应一个变化的市场，去适应变化的客户需求，思考如何改变自己（包括知识结构），才能在我们给客户提供服务的价值链上往上游移动，提供增值服务。

您受俊峰的影响是不是比较大？

对，而且会潜移默化地受他的影响，包括他的理念、为人、思考方式，以及待人接物方式，比如"但行好事，莫问前程"；善待他人；事务所是个大家庭；格局担当；等等。我觉得他对所有人和金杜这个组织都有巨大的影响。

[三] 中国律师考美国律师执照

您做合伙人不过五六年，为什么会突然离开火热的市场，去美国法学院念书？

俊峰跟我说：你别混得一副土鳖样，还是出国见见世面吧。

我就去美国读书了。

您觉得自己有交际天赋吗？

没有，我其实不太善于交际。但每个人只有走出自己的舒适区，才可能突破自我。这是另外一个话题。

但是我确实觉得您在跟人打交道方面是很有天分的。

其实没有。我觉得讲什么不重要，别人想听什么才重要。

我觉得这方面最牛的是俊峰，甚至别人还没有开口，他就知道别人要说什么。

我觉得您总能把一些行业内的问题用比较通俗的话转述给客户，您这方面的能力挺强的。

我觉得这是一种夸奖。

用一个现在的时髦词来讲,这叫"供给侧改革"。不要把你想讲的东西讲给别人听,而应该把别人需要的东西用他需要的方式讲给他听。

[四] 上海律师管理香港律所

您从美国回来之后就开始参与事务所的管理吗?

我参与事务所的管理,其实是更加简单的一个故事。

我是非常幸运的,1999年年底,俊峰说:你们这几个年轻人可以成为事务所的合伙人了。当时,我们都觉得这是天上掉馅饼,因为我们大学毕业没几年。按照现在事务所的要求,大学毕业或者是研究生毕业工作至少七年,年龄不能低于30岁,才满足晋升合伙人的条件。我们完全是被时代的特殊机遇期眷顾,才能够这么快地发展。

后来,我协助上海分所的管理合伙人管理上海分所的业务,再后来俊峰给我压担子,我成了上海分所的负责人。从斯坦福大学毕业后,我回到了上海分所。一直到2009年,俊峰跟我说:香港办公室需要人,你能不能去香港挑个担子?于是,2010年我就去了香港。等到2016年年底,俊峰又说:再给你点儿其他的活干干。我就离开香港,回到了北京。

我作为合伙人参与事务所的管理基本上就是这样一条时间轴。

您在香港的那几年都干什么呢?

我参与了几件事,觉得还是挺有意义、挺重要的。

一是内部的整合(当然,到现在为止,也不能说整合已经全部完成)。我们香港办公室的商业文化没问题,但跟金杜的文化价值观相比还有一点儿差距。我们要考虑，怎么将两者兼容，怎么在充分调动人员积极性的情况下，让他们更好地融合，变成组织的一个有机部分。

二是跟澳大利亚谈判。我是谈判组的成员。谈成后，金杜和万盛各自的香港办公室合并，这是金杜全球网络里第一个完全整合的境外办公室。

香港办公室整合以后，效益有待提升。我又和大家一起花了一段时间，提升香港办公室的效益，使之可以向金杜中国和金杜澳大利亚返还超额利润。

提升效益花了多长时间？

从我正式担任香港的联席管理合伙人开始，大概两三年。

您跟夏佳理律师、吴正和律师的年龄差距都挺大的，那时候怎么能够跟他们比较好地平等沟通和交流呢？

是他们很好地和我沟通。他们身上有很多非常优秀的品质，我们至今都没有充分地挖掘。

比如您跟夏佳理沟通的时候，一老一小，会相谈甚欢吗？

很容易做到，因为他很平易近人。其实我觉得这不是我要应对的难度（笑），应该是他要应对的难度。毕竟他是地位和辈分都这么高的一个人。

你们在一起讨论事情的时候，多数时候能够达到您的目标吗？

不一定要达到我的目标。实事求是，谁讲得对，就听谁的。

那吴正和律师呢？

一样啊。他也是地位和辈分这么高的人，连俊峰都叫他"吴老大"。

我没有见过您拍桌子、跟人吵架的样子。

  其实我是脾气蛮急的一个人。但如果别人讲的话是对的，那我为什么要跟他吵？

您好像也没有跟别人发生过什么冲突。

  也会发生冲突，那是我的修炼不够。

认识您这么多年，我从来没见您恼羞成怒过。您有过这种时候吗？

  肯定有过。（尴尬地笑）丢脸了就会恼羞成怒，但那就是自我修行不够，所以要改正。

您怎么理解事务所管理合伙人的"管理"？

  我个人觉得有三个维度。

  第一个，律师事务所的人合性质决定了事务所的管理不可能是很精确、很严格的，同时金杜这种公司化管理的律师事务所比以提成制为基础的律师事务所管理要精细一点儿，更有系统性。

  第二个，管理的本质目的是能够行稳致远、基业长青，同时产生更大效益，而不是为了管理而管理。让每个合伙人为事务所做出更多贡献，回过头来也会让个人得到更好的发展。我觉得这是管理的落脚点。

  第三个，这么大的一家机构除了俊峰总揽全局，大家的参与也蛮重要的。这就是为什么现在管委会的人数增加了，各地有管理小组，每个部门有管理小组，让更多人参与。

[五] 时间是挤出来的

最近几年，我跟您接触得少一些，觉得您总是"一日三城五拨人"。

最近几年，我更多地参与事务所的管理，在业务开拓方面做一点儿工作，还有一部分社会职务，忙碌的程度可能和之前不太一样。

这个纪念牌是您的母校外经贸大学法学院发给您的，学校是在什么背景下给您的办公室添了这么一块纪念牌？它上面写的是外经贸大学法学院"沈达明-冯大同法学教育基金"。

我们以事务所的名义给这个基金会捐过款。

您出钱了吗？

我出钱了，是托底的。比如总共要捐多少钱，没达到的差额我来补，这次补得还挺多的。（笑）

您补了多少钱？

二三十万元吧。每个捐款的人好像都有纪念牌，只不过我这个纪念牌的含金量比较高。

您在外经贸大学的法学院教过书吗？

给学生上过课，是和其他合伙人一起上的。

我还有华东政法大学和上海外国语大学的兼职教授头衔。

您现在参加一些活动，跟您做律师业务的时间上有冲突吗？

有冲突，但时间都是挤出来的。

现在参加这种公共性质的活动占据您工作时间的比例大概是多少？

20%~30%。有的时候，我一天都在搞活动。比如去扶贫三天，那就是三天的时间。

这样的公益活动，庸俗地说，对于事务所发展有什么样的好处呢？

我们要做这些事情来体现金杜回馈社会的公益贡献。事务所每个合伙人，甚至再降低一个标准，每个金杜人，都应该代代表金杜做点儿事情，为反哺社会做一点儿工作。

您参加了中国经济 50 人论坛，您觉得这对您做合伙人、管理人有哪些好处？

让我大开眼界，增长了很多见识，尤其是对宏观经济的认识。

我经常把所学所悟分享给其他合伙人。

从事务所工作计时的角度看，您参与社会活动能计时吗？

当然不能计时，就把它当成为社会做贡献吧。

对于这种短期内看起来没有收获，但是个人要投入很多时间和精力的事，您的看法是？

我觉得很正常，应该干这个事儿。俊峰代表金杜天天参加各种各样的社会活动，相对来说，我还是做得少。

您现在还做一些具体的法律业务吗？会审阅文件、给团队开会吗？

会。我也在维护一些客户，跟进一些项目。律师业务是手艺活，不练就会手生，而且法律发展变化这么快，不跟也不行。经验主义是行不通的。

[六] 四十还惑

过去这些年，您比较得意的项目是哪个？

我个人觉得最得意的项目，是 2002 年开始的深圳五大国有企业集团国际招标和改制项目。因为这个项目的成功经验经总结提升后，被写进了党的十六届三中全会报告。当时市场上称其为"深圳模式"，也成为国资国企改革当时的样板。

这个项目是您一个人去做的吗？

当然不是，我和荣康等深圳办公室的几个合伙人一块做的。

那时候您做项目需要别人指导，还是您自己去琢磨、去研究？

那时候我已经是合伙人了，当然也会跟荣康商量。

插一句，您说的荣康是不是王荣康？我们所刊《金杜》有一段2004年度杰出合伙人的颁奖词，很有意思，说的是不是他？

是的，就是他。那段颁奖词不是说了吗，"荣康者，江南才子也，英文尤佳。在珠三角的外商投资业务领域，其鼎鼎大名，几近无人不晓。在金杜珠三角大家庭中，民望甚高"。

您什么时候开始觉得自己做业务游刃有余？

我到现在都不会这么觉得。我始终觉得客户的进步比我们的快。我们唯有"Stay Hungry，Stay Foolish"（求知若饥，虚心若愚）。

到了岁末年终，您有过突然之间重新总结一下自己的时候吗？比如想想这么多年自己是怎么走过来的？

这种时候不太多。但我觉得年纪大了以后，可能需要做点儿总结的事。

您过40岁生日的那一天，有没有什么独特的感受？

别人都说四十不惑，为什么我四十还惑？我到现在为止还经常会问自己：你到底有没有做到不惑？

比如，没有找到更好实现自己价值的方式，或者没有改掉自己的坏毛病，又或者是没有能力走出自己的舒适区等，这些都是惑。甚至是我走路的时候喜欢驼着背，为什么我到现在为止还改不了驼背的坏毛病，这也是惑。（大笑）

手 记：

最熟悉的人，最难与之对话。在这些对话对象中，张毅是与我相处最久的人。当我还是一个律师助理的时候，他就是我的主管合伙人。那时他30岁出头，是金杜上海办公室的负责人。他口才好、形象佳，做合伙人之后去美国读过书，刚入行的年轻同事第一次看他就以为他是从华尔街大律所回来的。

第一次见面的时候，张毅就跟我说到了金钱和价值。现在，每当我看到年过三十还有点儿天真、有点儿萌的资深律师时，我就会想起张毅那张早就成熟的脸，感叹人与人之间真是大不同。想当年，互联网不像今天这么发达，翻报纸、读新闻、找案源，就是张毅教我的。

张毅是第一个让我知道什么叫勤奋的人。我最初跟他做律师的那几年，很少见到他，他总是拖着行李箱飞往各地。他的秘书就坐在我的旁边，会三番五次地跟他通电话、改航班。

见过张毅的人都觉得他南人北相，他的祖籍在江苏北部，他在上海待过，在北京待过，在香港待过，在美国待过，对于中国的南北文化和中外文化的差异，有自己的感悟。一位自称了解他的合伙人说，张毅天性善良豁达，不求回报。我们在对话中说到这一点时，他颇为惊讶，觉得自己受表扬了。回想我跟他做律师的那几年，未见他训斥过律师助理、冲下级律师撒气，也没听他私下非议过谁、抱怨过谁、瞧不起过谁，口德甚佳。这一切不像是后天练习的结果，更像是天性。

有些跟他互动密切的合伙人常感慨他工作的不易。他有很多不能计时的付出是多数同事看不到的，他甚至会因此得罪人。张毅自己却不以为然，丝毫不矫情，似乎不太愿意别人知道。

希望年轻律师从这番对话中体悟，当幸运来敲门时，你应该如何迎接它。

第十章

律师的修养离不开艺术之美

律师小传

律师的修养离不开艺术之美

律师应该培养艺术和文化修养,这对于开阔眼界、提高推理能力、加深对人性的理解非常重要。

夏佳理的律师成就,超越香港地区,超越整个中国,是世界级的水平。

夏佳理不姓夏,夏佳理是他的中文名,有浓厚的中国色彩。他做过香港赛马会主席、香港行政会议召集人、香港联交所主席。即使是在金杜,知道年过八旬的香港办公室合伙人夏佳理还在做具体律师业务的人也不多。获颁"爵士"头衔的夏佳理律师对很多年轻律师来说,是神话,也是谜。

夏佳理——金杜律师事务所香港办公室合伙人

1939 年，出生于香港，中印混血。幼时生活艰辛，从圣若瑟书院毕业后，在亲人的资助下，远赴英国攻读法律。

1961 年，取得英国和中国香港的大律师资格，开始从事律师职业。自此，从未离开律师行业。

1976 年，担任胡关李罗律师行合伙人。

1988—2000 年，担任香港特别行政区立法会议员。

2000 年，担任夏佳理方和吴正和律师事务所合伙人。

2002 年，就任香港赛马会主席。

2005 年，担任香港特别行政区行政会议非官守议员（2005 年 11 月—2012 年 6 月）。

2006 年，担任香港交易及结算所有限公司（即香港联交所）主席。

2009 年，夏佳理方和吴正和律师与金杜合并，加入金杜。

2010 年，夏佳理获颁大紫荆勋章。

2011 年，担任香港特别行政区行政会议非官守议员召集人（2011 年 12 月—2012 年 6 月）。

2013 年，担任富卫保险公司主席及董事。

不少人知道夏佳理律师做过香港赛马会主席、香港行政会议召集人、香港联交所主席，但很少有人知道他是香港一些重大案件的代表律师。

对话前我跟他说，我的英文口语很糟糕。他回应我，他的普通话肯定比我差。他说这句话的时候，很天真地笑了一下，这个表情在一位老先生的脸上荡漾，很有感染力。

[一] 我初为律师时，金杜创始人还没出生

您是全球律师界的杰出人物，也是我们许多年轻律师的偶像。我们准备了一些问题，大多数是关于您个人的问题，我们想通过这些问题更多地了解您，以及您与金杜之间的故事。您是如何认识王俊峰律师的？

我和俊峰是 2003 年前后在北京相识的。当时和我同行的还有吴正和律师，他现在也是金杜的资深合伙人，我俩现在都已满头白发。

说来有趣，我们三个人恰巧都是虎年出生。所以，俊峰、正和跟我都是"老虎"，有句俗话说"一山不容二虎"，但金杜容得下。

我现在 81 岁了（2020 年），从 1961 年开始在香港做律师，至今已有 59 个年头。我刚踏入法律行业时，俊峰还没出生。初遇俊峰时，我还在香港某家与澳大利亚 Gilbert + Tobin 律所合资的律师事务所工作，我们正在讨论 Arculli & Associates 与 Gilbert + Tobin 这两家律所的合并。当时，我在北京通过吴正和认识了俊峰，俊峰和我说，不如考虑加入

金杜。那次会面很愉快。

您是怎样决定加入金杜的？

见俊峰之前，我对金杜的情况以及俊峰的成就和抱负略有所知。见面时，俊峰对我说："我想创立第一家国际化、全球化的中国律所，希望您能考虑加入我们，帮助我实现这个梦想。"

他的话深深吸引了我，但我当时对内地的法律业务了解不多，我们的想法是从长计议，静观其变。实际上，大概在 2005 年，我们就已经开展合作了。

2009 年，我和吴正和在香港的律所并入金杜，成了金杜的一部分。在香港办公室正式并入金杜之前，我们已经在一起合作了四五年。加入金杜对我来说是一个相当重大的决定。

当时，我已经与 Gilbert + Tobin 合作了四五年，从 2000 年开始，我们就决定在四五年后讨论合并事宜。但我遇到了俊峰，于是之前的一切计划都被推翻。所以，我认为当初选择金杜而非 Gilbert + Tobin 对我来说意义重大。

直到今天，俊峰和 Gilbert + Tobin 的管理合伙人丹妮·吉尔伯特仍然是好朋友。即使之后是与万盛合并，我们依然是好朋友。

[二] 一生所爱，无非律师

我们知道"夏佳理"实际上不是您的姓名，而是您的姓氏，请问这个译法是从哪里来的？

是我自己发明的。

我父亲的家庭在 1840 年从印度来到香港，我母亲的家庭是 1880 年左右从内地来到香港的，她与我父亲相遇并结婚，生儿育女，我是其中的一个孩子。

当我 1961 年回到香港时，我必须有一个中文名字才能执业，因为香港 99% 的人说粤语。有人向我推荐了一个名字，是 Arculli 的音译，于是我和朋友讨论了一下。我说：我不喜欢这个名字，因为它在粤语中听起来像是"高利贷的放贷人"。我朋友说：你是对的，确实不妥。

然后我朋友说：叫佳理吧。我问他这是什么意思。他说：因为你是律师，"佳理"的意思是你有很强的说理能力。

当时，我都不知道自己是否会成为一名好律师。

但您做到了，这个名字真的适合您。人们对您有许多不同的称呼，比如我们这些内地的后辈律师喜欢称呼您为"夏主席""夏律师"，有些人认为"夏主席"表达了最高的敬意。但是，当我们去香港时，我们会听到更多人称呼您为"夏佳理先生"或"Ron"（罗恩）。请问，在所有称谓中，您最中意哪个？您希望别人如何称呼您？

怎么称呼都可以，在这个问题上我不太在意。人们叫我"夏主席"，可能是受政治方面和媒体的影响。当你从政时，遇到的每个人不是朋友就是对手，但是大家仍然可以互相尊重。我很荣幸能够被人们在多个场合称为"主席"，也许是因为我曾担任赛马会主席、香港联交所主席、多家公司的主席等职位。

我曾是我自己的律师事务所的主席，但在那之前，我并不是主席，我也不是金杜的主席。所以，现在你叫我 Ron 就可以。

作为一名律师,您如何评价自己的职业生涯?假如从 1 分到 100 分进行打分,您会给自己打多少分?

> 你也许得问我的当事人,看看他们能给我打多少分,我自己打的分不算数。
>
> 不过,我在处理客户事务时倒是没有犯过什么大错。我坚信法律皆来自书本,即使面对一个你不熟悉的领域,如果做了充分的研究,你也一样能理解、分析相关问题,并根据你的研究结果,以及法官、期刊作者、学者等在判例法中陈述的观点,出具适当的法律意见。

除了是一名律师,您还是香港特别行政区立法会前议员、慈善家和商人。同时,您还在香港政界活跃多年。法律从业经验对您的其他工作产生了哪些影响?

> 我认为,律师和其他职业相比,其优势在于能够相对准确地理解事物,而且阅读的速度要比其他人快很多。当一件事听起来不太对劲的时候,你能很快发现问题。当客户告诉你他的观点,或者向你寻求关于股权投资或并购等事宜的建议时,在了解相关的信息后,你能明白应该做什么,在合同中加入哪些条款,来为客户提供最好的保护。

[三] 重新选择一次,还会做律师

如果有机会重新做决定,您还会选择成为一名律师吗?我们每天都在问自己这个问题,但很多人都无法给出答案,而且答案总是不那么坚定。我想知道您对这个问题的看法是什么?

我想我会做出和从前一样的选择。

我的建议是，如果在法律工作之外还有空闲时间，那么你可以尝试培养其他兴趣，可以是艺术、文化、慈善工作、演讲等；可以休整一段时间，去客户的办公室工作，看看他们的业务如何运转，尝试去了解更多；可以选择成为监管部门的顾问，提升对与受监管业务相关的监管信息的认识，无论是保险、银行，还是证券业务。

所以，如果你有机会做其他事情或做兼职，那么就去和事务所沟通，说出你的想法，尽情去开阔视野，扩大知识储备。因为你学到的任何知识都会在某个阶段对你的法律事业有所帮助。

其他角色对您做律师有哪些影响？

我一生中做过很多事情，但每件事都是围绕我的律师职业展开的。

最关键的是，我放弃了很多其他工作，但我从未离开过法律行业。

从1961年至今，无论我从事什么工作，有时甚至同时兼任两三个职位，我始终对律师这个职业不离不弃。我现在仍然是富卫保险公司的主席，这份工作可能占据了我20%~30%的时间，但法律依然是我的挚爱。我很庆幸金杜没让我退休。在过去近60年里，我参与的业务十分多元，涉及方方面面，既处理诉讼、仲裁业务，又做并购、私募股权等。

我看过你的履历，你在公司商业、私募股权、并购法这些方面的专业背景和我非常相似，做这些业务可能比做诉讼有趣得多。所以，你能加入金杜是我们的荣幸。

我理解您这样说，不是因为我杰出，而是因为您谦逊，能照顾我们晚辈的感受。

[四] 在不久的将来，为近 30 亿人做律师

听说您做任何事都追求尽善尽美，是这样吗？您是否希望晚辈律师也要有这样的追求？

希望大家任何时候都记得把事实搞清楚。

我在伦敦学习法律的时候，教授告诉我：每处理一件案子，首先必须要做的就是了解事实。无论何时，只要案子的双方对事实产生争议，他们之间就会出现矛盾。

如果你是甲方律师，那你需要确保甲方所说的事实是正确的，最后上法庭或仲裁庭，甲方必须就其所述的事实提供证据，你当然也会希望法官相信甲方，而不是对方。

每个人看法律条文时都会说这很简单，但如果不了解事实，就算你能把法律条文倒背如流，得出的结论也会大不相同。

所以，我认为，了解案件事实这一点，对年轻律师，或者说对所有律师都很重要。

对我自己来说也是如此，因为我现在仍然在香港做法律业务，也应谨记这一点。

从 2005 年至今，您已经参与并进入事务所工作了相当长的一段时间。您如何理解金杜的价值观？如何理解律所价值观对于律师个人的影响？

我认为金杜的首要核心价值观，始终是为客户提供最佳的

服务。

您认为金杜未来 25 年将如何发展？

我期待在未来 25 年或更短的时间内，金杜作为亚太地区最佳跨国律师事务所之一的地位将得到巩固。从我们如今的组织架构来看，这个目标是可以实现的。

如果我们能够在不久的将来，成为亚太地区一流的律师事务所，那么，我们就可以为近 30 亿人提供法律服务，包括中国、印度尼西亚、日本、越南和菲律宾等地。我没把印度加进来，因为在这个国家执业有一定难度。

[五] 律师的修养离不开艺术之美

听说您一直在收藏艺术品。早在 50 年前，您经济还不宽裕的时候就开始存钱买画了。我们了解到您在香港办公室里挂了一幅画，是旷野中的几棵树。这幅画现在还在您的办公室里吗？

是，这幅画还挂在我办公室书桌的后面。

收藏它是因为它描绘了一幅美丽的中国自然景观，画中有山、有树、有水，还有人在划船，让观者感到内心平静。这幅画有一点与众不同，是陶瓷制品，我很喜欢。

我还是个年轻律师的时候就接触了艺术。那时经人介绍，我认识了香港一所男子高中的艺术老师，每三个月左右，他就会带一幅他的新画来我们律所。有一次，我看上了其中一幅，问他卖多少钱，他说 800 港币。那是 1965 年，800 港币可是很大一笔钱（根据一则 1965 年刊登的招聘广告，当年一般文员的月薪约为 300 港币）。我就对他说：我买不起，只能每月付给你 50 港币。直到今天，我还留着那幅画。

现在，这位老师已经去世了，人们认为他是香港最好的艺术家之一。我收藏了 15~20 幅他的画作，现在都挂在我家里。

北京办公室几年前开设了艺术中心。在艺术中心刚成立时，有些人问：为什么律所要开艺术中心？这很费钱，而且和我们的主营业务没有关联。我们想知道您对这件事有什么看法？您认为培养律师的艺术品位对我们的工作有帮助吗？

我认为律师应该好好培养一下艺术和文化素养，因为我们平常都太严肃了，不懂得欣赏生活中的美好事物，比如文学之美。我们花了太多时间帮别人"争吵"、周旋，忙个不停地在处理各种"麻烦事"。

我认为艺术和文化，不论是书画、文学，还是音乐，都能传递宁静祥和之感，带给人美的享受。

我在伦敦读法学院的时候，会时不时地去剧院听音乐会或者看戏。念高中的时候，我还学习了文学和历史。我认为这些对于开阔眼界、提高律师的推理能力、加深对人性和人本身的理解来说非常重要。

对于律师来说，学习艺术和文化，也是理解社会如何运转的好途径。

[六] 我做不到工作和生活平衡

如果您不介意，我想顺便问一下，您喜欢喝茶还是咖啡？仅仅出于好奇。

我喜欢在早上喝茶，白天一般喝咖啡。喝茶的时候，我可能有一半时间喝中国茶，这样更健康。

律师经常很忙，工作节奏太快，所以导致睡眠不足。我们想问问，您是如何保持工作和生活平衡的？我们总是在努力维持这二者的平衡，但好像很难做到。您是怎样做到的？

我也做不到。

我想我能感受到我的家人，尤其是我的妻子和孩子，都非常有耐心且宽容，他们接受我占用陪伴家人的时间，去追求一些我喜欢的事情。

同时，我也非常愿意提供公益服务，以某种身份为政府服务。就像俊峰担任中华全国律师协会会长一样，也需要花时间。但你需要足够幸运，才能够获得你的律所或者家人的支持。

另外，年轻律师也需要认识到一点，你不需要超过五个小时的睡眠时间。我认为，对于年轻的律师来说，睡觉是浪费时间。

[七] 律师的价值被低估了

在美国、英国等西方国家以及中国香港，人们通常会认为律师是体面的工作，有一定的社会地位，但在内地，情况可能有点儿不同，很多人说我们的工作是"次等"的，并没有那么重要。在公司并购这样的项目中，跟投行比起来，我们也会发现自己扮演的是配角。不知道您对此有什么看法？

一个诚实的律师不会跟客户绕圈子，如果能在一个小时内找到答案，就不会去收十个小时的费用。

从这个角度来看,我觉得我们的职业价值可能被低估了,没有得到应有的认可。但归根结底,人们需要认识到国家、社区和人,是由我们所理解的法治和法治精神维系的。

从这一方面来说,只要你为客户的成功做出了实在的贡献,就应该感到满足。

虽然客户最初可能没有认识到这一点,但只要你们合作的时间足够长,在完成第一笔交易,或者第五笔、第十笔交易后,客户自然会意识到你的价值。

就您的个人经验而言,从了解一个行业到完全掌握其中的内容,再到能够告诉客户该怎样做,这个过程需要多长时间?需要付出多少精力?

香港办公室曾有一名律师一度被奉为香港的"比特币女王"。因为我的小儿子曾对比特币感兴趣,所以,我问起金杜有谁擅长这方面的业务,他们告诉我去找这位女律师。就比特币而言,她实际上是自学成才的。

这是一个互联网信息爆炸的时代,很多知识在指尖上。互联网让律师的工作容易很多,不像从前,只能从书本里找答案。

[八] 谈判专家的中庸之道

许多新闻报道都说您是一名出色的谈判者,很多人也说您能够在谈判中平衡双方的利益。您能分享一下自身经历过的最艰难的谈判吗?

作为律师,无论客户的要求多么不合理,你都不能忘记自己是在代表客户。律师经常会因为过于理性而犯错,换句话说,如果客户提出了五点要求,而你认为第五点是完全不合理的,你也不要直接告诉他。你应当将此要求告知谈判对手，由他们去否定。你不能对客户说"不"，而是应当让客户意识到你在为他而战。

如果经过五个小时、十个小时或十天的交流后，你还是无法提供解决方案，那么此时，你应当思考一个折中的方案，让谈判双方都能接受。这样一来，双方各退一步，最终会取得双赢的结果。

您能分享一个案例吗？

早在 1982 年，就有消息称香港将于 1997 年回归中国。一些香港人对香港回归的前路如何深感担忧和恐慌，即使是身在香港的内地人，也不了解中国内地。当时，有很多年轻人离开了香港，纷纷旅居或移民加拿大、澳大利亚、美国和欧洲各国。我当时是香港某地方议会小组的议员，我们试图与英国政府协商，要求其向香港的 5 万个家庭发放英国护照——如果香港人想离开香港，就有地方可去。但我知道，英国人非常不愿意这样做，部分原因是担心香港人可能会抢走他们的工作，并导致房价上涨等问题。所以，我必须告诉英国议会，这些家庭并不会去英国。英国人就不明白了，如果不打算使用护照，那为什么想要拥有护照？要解释清楚这一点可不容易。所以，我认为那次谈判的难点不在于法律，而是政治。那是我觉得经历过的比较艰难的谈判。

[九] 香港律师打的是"世界杯"

您能否和我们分享一下您在金杜这些年最美好和最糟糕的个人经历？

首先，我不认为我在金杜期间有过什么糟糕的经历。

我也许对俊峰当年与万盛的合并谈判有过些许意见，但当时有意见的不止我一个人，香港这边有些人认为他过于慷慨了，那可是万盛啊！但俊峰有他的理由，我无法质疑，我们没有对错之分。总之，当你担任主席时，就会肩负很多责任，他当时已准备好以自身信誉作为与万盛合并的担保。你要么像我们当初律所里的人选择的那样，愉快地接受并留下来，要么就离开，不要破坏这个机会。

到目前为止，他所做的一切都是正确的。

如今，香港办公室是目前唯一同时处理香港特区、中国内地和澳大利亚业务的办公室，一切进展顺利。

现在是2020年，距离金杜与万盛于2012年聚在一起已有8年之久，这期间的发展相当不错。

如果将今日的中国与20年前的中国对比，你会发现两者存在很大的不同。其中的一部分原因，正是有俊峰这样有远见卓识且有勇气付诸实践的人。

这很不容易，我认为香港律师的水平很高，他们在这里要打的是法律领域的"世界杯"，他们要与世界顶尖的律师竞争。我自己敢与世界其他任何地方的律师一较高下，我相信其他香港律师也都有这种勇气。

而作为一家没有长远历史背景的内地私营律所，金杜从20世纪90年代初成立，至今仅有不到30年的历史，确切地说是成立20年时就做到了这个水平。金杜还有一点令人称道，那就是在金杜中国内地的律师和合伙人中，有相当高比例的律师和合伙人拥有中国内地和其他国家/地区，如澳大利亚、英国、加拿大、美国，或是香港特区等的双重法律执业资格。因此，如果说金钱是最重要的衡量标准，很可能有很多律所，比如在中国开展业务的外国律所，都十分乐意以高薪雇用金杜员工，年轻律师也可以因此有机会赚更多的钱。

没错。我们是一家总部位于内地的律所，我认为合并在一定程度上是为了在国际上获得更多的认可。我们应该做些什么，才能共同将金杜打造成一家享誉全球的一流国际律师事务所？您有什么建议吗？

我们可以看这样一个例子。客户一般倾向于委托自己国家的律师，换句话说，对于一家位于香港特区的美国公司来说，除非该公司在中国内地或香港特区开展业务，否则，该公司仍然更愿意委托美国律所而非金杜，因为我们会被视为香港特区或中国内地的律所。

我想说，以香港特区和中国内地为例，我们应该争取让我们自己本地的工业巨头更多地委托我们作为律师。因为从专业水平上讲，我们不输任何人。而我们跟这类客户同文同种，沟通了解就更容易了。

我想知道您会对晚辈律师提出怎样的要求和期望。

我认为我对合伙人和年轻律师的期望都是一样的。你得为客户提供专业、优质的服务，并且能够维持客户的忠诚度。同时，你还应当拥有优质的个人生活，并维系与同事之间的良好关系。你需要保持一定的灵活性，能够到北京、上海、香港、伦敦或悉尼等不同的地方工作。可以说，只要你在"家"以外的地方工作、生活，总会有值得你学习的东西。

我认为，金杜在这方面为我们的年轻律师和合伙人提供了非常宝贵的机会。

但同时，我认为我们还有一个需要努力改进的地方，就是无论是上海办公室、北京办公室，还是广州办公室等，所有人都过于强调业务绩效和收入了，我觉得大家可以稍微看淡一点儿。同时，应在评估机制中引入客户忠诚度，以及各办公室合伙人、年轻律师之间的交流情况。

想在金钱和理想之间取得平衡确实不容易，您对我们或北京办公室有什么想了解的吗？我也可以回答您的问题。

谢谢，我没什么问题。我唯一想说的是，我确实很怀念在中国内地参加不同地区举行的年度合伙人会议。虽然对我这个年龄的人来说，出差实际上是一件麻烦的事，但我很高兴能见到像王玲和宁宣凤这样的合伙人，他们为我带来了很多美好且快乐的回忆。因此，在与金杜合作的15年里，我很高兴能够见证事务所一步步发展壮大、站稳脚跟，并成为亚太地区法律行业一道亮丽的风景线。

为此，我认为，当初选择和俊峰合作，无疑是一个正确的决定。

手 记：

夏佳理这个名字，我很早就知道。我过去一直很诧异，夏佳理为什么愿意放弃以他的名字命名的事务所，换上金杜的番号？这次对话，让我理解了过去不能理解的问题，打消了我的诧异。

他能够放弃自己的番号，一方面是基于对俊峰律师的信任，另一方面，是他作为一个律师，对中国律师职业共同体的期许——他有一种使命感。他希望金杜成为一家享誉全球的国际化的中国律所。

他的办公室里有一幅中国水墨画，画的是秋天的旷野，意境辽阔，很有意思！很难想象一个在西式教育背景下成长的律师为什么喜爱收藏这样的画。他在和我交流的过程中，谦虚而不谦卑，礼貌而不伪善，这么大年纪，还能用一种虚怀若谷的状态和一个晚辈讨论问题。他特别重视我的感受，会说"和你共事是很荣幸的事"。如果你不了解他的背景，你甚至会以为他接受的是中国传统的教育。

夏佳理是一个给金杜带来荣誉的人。当年，金杜香港办公室开业，俊峰律师和夏佳理站在门口迎宾，唐英年来了，何鸿燊来了，李嘉诚没来，让他小儿子来了。俊峰问夏佳理：为什么这么多政商名流、演艺大咖都来捧你的场？夏佳理回答他：因为我幸运。

我很难准确地解释，他所谓的"幸运"由何而来，但可以确定的是，他非常热爱律师职业，非常勤勉。如果不是他多年的搭档吴正和律师亲口所说，我根本不会相信，夏佳理律师现在还会参与项目，还会认真阅读项目材料，切实参与会议讨论。

谈到对晚辈律师的建议，他说"把事实搞清楚"。乍听之下，我以为自己听错了，这么大牌的前辈，居然给出这么一个"小儿科""入门级"的建议,一点儿也不高大上。但转念一想,我觉得这个建议真是太牛了——高僧只说家常话。试问:有多少律师,有多少时候,真的把事实搞清楚了?

第十一章

不单打独斗

律师小传

金杜的律师未必个个都是最优秀的，但金杜的团队应该是最优秀的

法律服务是一门社会科学，解决事情的能力有多个方面，一个人不会有那么多的经历，什么案件都见过、办过。律师应该低调点儿、谦虚点儿。

钱尧志没有尧舜禹的志向，却在三十七八岁，距离吉林省高级人民法院副院长一步之遥的时候下海做了律师，组建金杜争议解决业务团队。

他是法官下海的典范，对于考虑下海的法官、检察官来说，他是一面难得的镜子。

钱尧志——金杜律师事务所合伙人

1963 年，出生于大连农村，父亲为他取名尧志，并无望子成尧之志。

1975 年，随父母迁居吉林省梅河口市。孰料，到了吉林，就发大水。童年艰辛，可见一斑。然其爱读书，颇有青云之志。

1981 年，考入吉林大学法律系，懵懵懂懂开启法律人之路。

1985 年，被分配至吉林省通化市中级人民法院（以下简称"通化中院"），是通化市法院系统高考恢复后第一个科班出身的法官，被人笑称"钱大学"。读完本科后，先在北京大学的高级法官培训中心学习，后在吉林大学读完法学硕士。

1993 年，时任通化中院研究室主任，担任审判方式改革小组秘书长、方案起草者，推出审判长制改革经验，被最高人民法院确定为全国推广的"通化经验"，登上了《人民法院报》头版，当时成就感爆棚。28 年后回头看，他说："等闲识得东风面"，俱往矣。

1996 年，晋升为通化中院副院长，而立之年，风光无限好。

1998 年，调任吉林省高级人民法院审判监督庭副庭长，"春风得意马蹄疾"。

2000 年，王俊峰邀他加盟金杜，创建争议解决业务团队。此时，他作为后备干部，正在公示。

2001 年，加入金杜，成为吉林省高级人民法院第一个下海的法官，在北京租了房，摩拳擦掌，憧憬新世纪。然而，头两年，既不会做律师也不会做合伙人，一时间，后悔下海。

2003 年，从石头里撬出一条缝，获评"年度合伙人"。

2005年，出任金杜诉讼部管理小组牵头人，组建了国内诉讼部、国际诉讼部、知识产权诉讼部和破产重整部，很有成就感。

2008年，出任金杜争议解决部管理小组牵头人。

2011年，离京赴沪，出任金杜长三角管理团队牵头人。自此，再没离开上海。

2020年，亲自带徒弟，亲手做业务，老骥伏枥，志在"百里"，众乐乐亦独乐乐。

如果你今年三十七八岁，距离省高院副院长可能只有一步之遥，你愿意下海来金杜当合伙人吗？

钱尧志愿意。

他就是这么来金杜的。

与钱律师对话的前一晚，我们在上海一起小酌。其间，钱律师说了很多自己从法官到律师的过往经历，有彷徨失落，也有高光时刻。

[一] 省高院后备干部下海

人到了一定年龄，就不愿意接受新生事物了，尤其是和生活习惯背离的新生事物。而您刚好相反，看您从茶喝到咖啡，一个没少。您当年能从法院出来当律师，和您愿意改变自己、接受新生事物的个性有关系吗？

应该是有关系的。

您到金杜多少年了？

快二十年了。我于 2001 年 7 月来金杜报到，但在法院提出辞职是 2000 年年底。

中间拖了八个多月才把手续办完？

因为机关不放我走啊，需要不断地做工作。

您当时在吉林省高院担任什么职务？您为什么会下海？

当时，我在审判监督庭任副庭长。我是 1998 年从吉林通化中院调到吉林省高院的，在省高院工作了几年，干得还不错。2000 年年底王俊峰喊我下海的时候，我作为省高院后备干部，正在法院内公示阶段，根本没想过从省高院辞职的事。

现在我们都知道，当年您下海，是金杜创始合伙人王俊峰作为老朋友向您发出的邀约。您能说说他是怎么说服您的吗?

俊峰跟我是吉林大学法律系的校友,比我高一级,我俩都是从通化来的,关系比较好。我1985年本科毕业就去通化中院当法官了,他是本科毕业接着念研究生,然后被分配到贸促会环球所,我俩工作后没什么联系。他是个孝子,每年都要回通化老家看望他娘,我在通化中院,所以他一回老家就联系我,我俩就能见面、吃个饭。后来,我调到省高院,在长春工作,他去加州大学伯克利分校读书,我俩的联系就少了。

2000年年底,俊峰在北京突然给我打了一个电话,说:"尧志,你能不能来北京一趟?有事要聊。"我说:"不行,年底是结案最忙的时候,信访的当事人也特别多,我实在离不开。你有啥事情,咱俩找时间打电话聊吧。"

后来我问他到底有什么事情,他说:"我想让你下海,来金杜。"我一听,这事大了,于是说:"那咱俩见面聊一下。"俊峰说,他马上安排时间到长春。

就这样,俊峰到长春了。我跟家人一起和俊峰吃了一顿饭,那次交流时间并不长,我也没有答应去金杜。

我夫人也是从事法律工作的,对我下海去金杜做律师一开始是不同意的。我们双方的家人也不同意。

我听俊峰说,最后是您儿子在天安门广场替您做的主?

那是俊峰开玩笑的话。我跟俊峰见面后,利用春节假期带夫人和儿子一起去北京。俊峰开车带着我们去天安门兜了一圈,我儿子说:爸,你就听王叔叔的,咱们来北京吧,这里挺好的。

我儿子那时候刚满 10 岁，哪懂辞职下海意味着啥。

我最终答应俊峰下海来金杜，现在想想，有五个原因。

第一个原因，俊峰鼓励我，说我能干律师。他很了解我，知道我是什么样的人，感觉我有一股劲儿。他觉得我是一个什么背景都没有的人，靠着自己的努力能干到中院副院长，又干到省高院，所以他觉得我行。

第二个原因，俊峰觉得我是一张白纸，好作画，能把金杜诉讼团队组建起来。当时，有些诉讼律师靠老百姓讲的"关系"去"忽悠"当事人，养成了不好的职业习惯。俊峰说我没这些毛病，能成为他理想中符合金杜风格的诉讼律师。

第三个原因，我对俊峰本人非常敬佩。他是一个有目标、有理想、有追求的人。俊峰当时在美国加州大学伯克利分校读博，我记得他说，当时他一边读书，一边在美国调研律师行业，由于过于劳累，差点儿在开车时出了事故。我听了非常感动。他说考察的结果是，外国大的综合性律师事务所都有争议解决业务，我们金杜也要有。我听了很受鼓舞。

第四个原因，我喜欢法律，希望做专业的事，也希望自己成为法律专家。当时，南方经济发展非常快，对外开放热火朝天，新型案件层出不穷。邓小平南方谈话之后，我每次去深圳出差，看到吉大法律系的校友在那边研究前沿案件不亦乐乎的样子，就很羡慕。对比之下，我在长春，总感觉是在日复一日地重复劳动，和外省市法院审理的案件一对比，我就感到业务类型上的不满足。我在法院做的事，有很多都跟专业无关，我感觉自己离法律专家的目标越来越远。你想，工作以后，我在吉林大学读了研究生，在北大读了高级法官培训班，学的很多法律知识都用不上，是不是很难受？王俊峰劝我下海的时候跟我讲，外国大律师退休后，法院会留有他们的照片，后人会说，他是某个方面的法律专家。这对当时在法院工作的我来说太有吸引力了。

第五个原因，大概就是理想主义吧。我们在20世纪80年代参加工作的人经历了大变革时期，包括经济、政治、市场方面，甚至还有人生观的改变。当时，"人生就要奋斗"是流行口号。不单单是我，我大学的许多同学都是不满足于现状、要求改变的人，理想色彩浓郁。

如今，在全国范围内，能找到几个有希望当上省高院副院长的法官愿意到我们这儿当合伙人的呢？

是有这个问题。当年就更少了，我是吉林高院第一个下海的。

回忆一下，您第一次到金杜办公室是什么时候？

1993年吧。俊峰刚开始创立金杜的时候，我去过他们办公室。那时候，办公室在北京昆仑饭店。在我的印象里，就是宾馆的两个房间。

那时候您想过未来自己会跟他们一起干吗？

没有。

[二] 下海不是为了钱

您下海第一年，所里给您分了多少钱？

不多。（笑）

加入金杜之前，俊峰也好，其他合伙人也好，没有任何合伙人跟我聊过加入后的待遇问题，我也从来没问过。

加入金杜之后，俊峰他们说给我多少钱就是多少钱。我倒是想过，这是多了还是少了？

我需要钱，但与未来的工作状态比，钱是次要的。我下海真的不是为了钱。

早在1993年，我在吉大的研究生导师就推荐我去深圳一家律所当合伙人。当时，他们跟我说，一天能挣一万港币。那时候的港币比人民币值钱，一天一万港币是天文数字。可是我没答应。在我的印象中，律师不重专业重关系，拎着小包，到处瞎忽悠人，这样赚钱的方式，我不愿意做。

之后，我有个同学在北京做律师，向我承诺的工资比金杜给我的多，他拉我下海，我也没答应。

等我到金杜当合伙人后，大概在2004年，有一家美元基金管理公司邀请我一起干，基础工资一年有100万美元，比金杜给我的多得多，我还是没答应。

总的来说，我下海是希望自己能成为一个真正的法律职业人，可以实现一点儿理想。

您在省高院的时候，一年能拿多少钱？

工资加所有奖金和补贴，平均每个月大概一千元。

您什么时候觉得自己是一个有钱人了？

我到现在也没觉得我是有钱人。我是一个比较土的人，跟别人比，我应该也是不会生活的人，有吃有喝就很满足了。我现在就很满足。

做律师后钱赚得多了，不是您觉得快乐的原因？

只是原因之一。在金杜，能否赚钱是合伙人个人能力、团队能力、事务所综合能力的体现。能赚钱不仅仅自己快乐，也能为团队带来快乐。

我第一次看到您的名字，觉得您可能是一个志向非常远大的人。您的名字"尧志"是后来自己取的吗？尧的志向，志在尧舜，好大的气魄。

不是，是我爹取的。

我们这一辈犯"尧"这个字，我爹没有那么大的气魄。（笑）

现在看，我愧对这个名字。

[三] 头两年后悔下海

您经常说，刚下海的时候，从法官转型为金杜律师很难，到底有多难？

头两年，我甚至都后悔下海。

为什么？是不是因为您过去做法官，是个超级甲方，现在突然做律师，变成乙方，要从等律师上门变成上门找法官，有失落感？

一开始办案的时候会有失落感。

我很早就在法院做领导，研究案件，很少见当事人，主要对内部人说话。

等我做了律师，自己出庭，情况就变了。2002年夏，我去一个地方的法庭代理一个省高院发回重审的案件，见到一位法官，他50多岁，穿着一双拖鞋，套着一件短袖，带着一个书记员，两个人往法庭上一坐，一上来就问我们：你们律师有啥说的？

当时我说：我们有新事实、新证据，您不能适用简易程序审理我们这个案子。

法官来气了，说：你是谁啊？你懂什么？

我说：我是律师，我懂法。您这么做，在程序上是严重违法的。

我这么说不是为了向基层法官显摆我有水平，而是担心按照这位法官的办案程序，我们客户的胜诉机会渺茫。

到现在，所里的老合伙人还拿这件陈年旧事跟我开玩笑，说法官和律师换位思考、摆正位置的问题。

下海之初，从法官到律师，主要难在摆正不了位置吗？

不仅仅是摆正位置的问题。

首先，我不会做律师。如果没有服务概念，用法官的意识处理问题，客户就很难委托我。

其次，我不会做合伙人。我不知道怎么报价，都不知道有"风险代理"这个概念。过去在法院，不用出去开拓案源，每天的案件都办不过来。做律师后，我从外地来京，没有客户，就非常着急。当时，在北京的合伙人，我全都请吃过饭。干啥呢？请大家给我介绍案件。

在您的印象中，有哪些挥之不去的、今天一说起"下海太难"就能想起来的细节？

印象最深的是，我在赚不到钱的时候，为了给所里省钱，用我自己的手机打电话。当时所里不报销合伙人的手机费，只报销座机的电话费。我觉得自己没客户，没赚到钱，老是花所里的钱不好意思，就用自己的手机打电话，心理压力小一些。

这样的状态持续了多长时间？

起码有一年。当时为了省钱，我曾经先后与三个合伙人共用一间办公室和一个秘书。

[四] 下海三年才有了自信

您什么时候开始不再后悔做律师了？

大概是 2003 年。我在 2003 年被评为"年度合伙人"，正好是事务所成立十周年，当时我的创收在律所前列。但我个人认为是侥幸的，因为有一个案件成功了，而且是风险代理，所以拿到了一笔大钱。

不管是不是侥幸的，反正您有自信了，是不是？

应该是 2005 年左右，我开始敢做、能做了。所以我现在经常讲，做法官的时间越长，转型越难，转型期至少要三年。

您能否说说 2003 年让您荣获"年度合伙人"的那个案子？

我代表 A 银行起诉 B 集团。这个案件说起来挺难忘的，因为我们当事人的相对方 B 集团在结案后，成了我们的客户。案件标的额在当时特别大，本金是 1.4 亿元，再加利息，当时大伙认为这个案件做不了，有两方面原因：第一，过了诉讼时效，当事人 A 银行没有证据证明没超过诉讼时效；第二，这笔债务当年是亚洲开发银行贷款给一家耐火材料公司，后来耐火材料公司破产，B 集团通过"重整"，把对它的 6 000 万元的债权转为股权。当时的司法实践认为法人责任独立化，耐火材料公司是独立的法人，不能让母公司 B

集团承担责任。客户曾经到法院起诉，法院明确地说 B 集团不能承担责任。但我们研究认为，它应承担责任。

为了开拓这个业务，我反复研究，还飞到客户处六次。为了解决诉讼时效没过的证据材料等问题，我和现在的合伙人王风利穿着西服、打着领带，到了 A 银行的档案库。档案库里乱七八糟的，全是灰尘，甚至有蜘蛛网，他们自己的人都不愿意弄。最后，我们找到了 A 银行给 B 集团的催收函回执，是一封挂号信的一张小纸条，收件人就是 B 集团，这就找到了诉讼时效没过的证据。

解决完这个问题，我们起诉到某高院。某高院为了这个案件请示过最高人民法院，当事人双方最后达成了调解协议，支持 A 银行请求 B 集团承担责任的主体。第二年，最高人民法院出台司法解释，兼并方要在拿走的资产范围内，对被兼并企业的债务承担连带责任，而绝大多数法院不这样判。

这个案子让您学会了什么？

第一，要勇于挑战困难案件，再难的案件也要给它撬开一条缝。

第二，律师要讲政治。案情在无法可依的情况下怎么判断？这就要研究政策性文件和领导讲话。

您 20 多年来最得意的争议解决案件还有哪个？

当年我从网上得知某上市公司被证监会立案，进行行政调查。企业一旦被行政立案，股民就要诉讼了。我们不熟悉客户负责人，靠电话联系，我与张如积律师、夏东霞律师去见客户。我们去之前，该公司的董事长说，可以给我们一个小时。我们到了公司后,他又说顶多给我半小时。我跟他说,十分钟就够了。因为我们去之前做了充分准备,所以我把我们做过的这类业务的经验告知了对方,这个案件如果被行政处罚,面临的法律问题和将来的后果是什么,又讲了一下非诉讼与诉讼的综合解决方案。最后,董事长让我们当天不要走,第二天继续交流,最终决定由我们提供服务。

这个案件由北京、上海、成都三地办公室的 9 个合伙人参与,出具的法律意见书有 83 页。大家从不同的角度,比如投资、破产重整等讨论并形成解决方案。最后证监会的处罚比预处罚通知书上的轻得多,诉讼阶段的赔偿额度比客户预估的低很多,客户对这个结果非常满意。

这个案件说明什么呢?

一是我们精于涉及案件的多个专业。

二是我们有懂证券、懂投资、懂破产重整的郝朝晖律师参与,合理组建团队,并且团队合作得非常好。

三是让客户从我们的服务中得知我们与竞争对手的不同,这既能体现金杜的团队合作精神,也能让客户体验到金杜的体制优势。

[五] 诉讼部改旗易名

当时俊峰来找您做诉讼业务,就是想让金杜再出发一次,把整个诉讼业务做强,对吗?

对。

当时,金杜主要做非诉讼业务,客户也是这样看待金杜的。

但是，金杜的很多非诉讼业务客户有诉讼的需求。所以，俊峰第一次找我的时候，就说我们要发展壮大金杜的诉讼业务部门。

2001年我到金杜的时候，北京有两个合伙人做诉讼业务（他俩还做了一些非诉讼业务），主要搞涉外仲裁，国内诉讼的业务量很少。俊峰跟我说，希望金杜在三年内把诉讼业务的规模做到所内业务的三分之一。于是，我开始招兵买马，当时深圳的华邦律所就来找我。

我听说您合并的深圳华邦律所，是你们吉林大学法律系的？我开个玩笑，金杜的"吉大系"是不是这样形成的？

我知道你在开玩笑。当年确实有人问我，怎么你引入金杜的人都是吉大的？我说：没办法，我只认识这么多人啊。我是吉大毕业的，我刚来金杜开疆辟土、招兵买马，有很多吉大的校友加入，很正常啊，符合人员流动规律，外国律师不也是这样吗？

金杜的年轻律师未必知道华邦律所，当年该律所在深圳是很有实力的。在我的记忆中，华邦律所是我们广州办公室合伙人颜俊律师邀请我们几个吉大法律系校友创办的。颜俊于1993年在吉大法律系硕士研究生毕业后，被分配到中国工商银行深圳分行法律部，第二年下海做律师，找到现在同样在金杜做合伙人的陶章启、高峰一起创办了华邦律所。据说他们怕师兄弟之间彼此压不住，谁也不服谁，就请当时在深圳公证处当处长的王福祥大师兄坐镇。

颜俊律师现在承办大型重整项目，他读书破万卷，给吉林大学捐赠过上万册藏书。我刚刚下海的时候,想找一批国内外律师的书,都是颜俊帮我找的。他喜欢读书到什么程度呢?他给爸爸妈妈在深圳开了一家书店。

像颜俊律师这样的人很有理想主义精神。王福祥、陶章启都在吉大法学院当过老师、写过法学专著,同样有理想主义精神。1996年我去深圳出差,去华邦律所看大家,有人甚至劝我离开法院、加盟他们。今天的年轻人可能不理解,华邦律所被金杜合并不是因为华邦律所不赚钱——相反,华邦律所当时赚钱挺多的,合伙人平均赚的钱比金杜人的多。华邦律所主动找到金杜,就是因为认可金杜的体制、机制和文化。本来,颜俊他们在考虑加入北京的另一家律所,协议草稿都签好了,知道我下海之后,颜俊主动联系我,跟我探讨能否加入金杜。大家都是吉大毕业的,我对他们比较了解。我要按俊峰要求的速度发展诉讼业务,就要招兵买马。我知道他们几个做诉讼业务的能力都很强,自然跟他们一拍即合。

可是,我回到北京跟管委会讨论的时候,有的人反对,觉得他们可能土了点儿。现在回头看,他们的加盟为我们争议解决部带来了第一支破产重整团队,为我们今天在破产重整领域成为中国翘楚埋下了伏笔。当时,我特别看重他们的破产重整业务。21世纪头几年,还没人看得上破产业务。当时,我们跟华邦律所的几位合伙人探讨,大家认为未来会很有前途。事实果然如此。

华邦律所这几位吉大的师兄弟来金杜之后,金杜担心他们未来不能很好地融入,除了王福祥大哥年纪大一点儿,继续留在深圳，其他几个合伙人都被调离了，有的被调到北京办公室，有的被调到上海办公室，最近的被调到广州办公室。我们内部戏称为"洗澡"。

哈佛大学法学院第一位华人女博士叶渌，是您邀请加盟金杜诉讼团队的吗？

她不是我找来的。我记得她当时是从高伟绅香港办公室加入金杜深圳办公室的，不久又到了广州办公室。

2005年，事务所让我牵头组建诉讼管理团队，我感觉我的能力不够，没有在律师事务所做管理的经验。尤其是金杜的涉外业务多，当时与外国律师事务所合作也多，金杜要建立的既符合中国特色又适应国际化的诉讼团队到底是什么样的，我说不清楚。所以，让我牵头建争议解决管理团队的时候，我就提了一个条件，请叶渌来，她是哈佛大学毕业的，在国外顶尖律所干过，不像我比较土。

2006年，叶渌从广州来北京了，我们"土洋结合"，我从她那里学了好多东西。她有经验、有见识、有能力，对事务所涉外业务发展、诉讼仲裁文书规范化、工作流程规范化，都提出了想法，制定了一些制度。

您当时对于如何发展争议解决业务是怎么想的？

我有三点想法。

第一点，要建立有金杜特色的诉讼团队、诉讼文化。一句话：团队合作，不单打独斗。

第二点，要建立一些市场没有的团队，挖掘未来有前景的业务，与其他律所保持差异性。比如，为了发展审判监督业务、刑民交叉业务，我请吴巍律师，就是当时最高人民检察院民事行政检察厅民事处的处长，加入我们的团队。

第三点，紧紧围绕金杜的非诉讼业务特点和非诉讼部门的客户研究相关业务，形成"上下游"。比如知识产权非诉讼与诉讼的结合。我知道知识产权案件的特点是专业性强、涉外多，而金杜恰恰涉外业务多、大客户多。所以，我把曾任深圳市中院第一任知识产权审判庭副庭长李中圣律师请来，发展我们在知识产权的诉讼业务。

到2005年，我们的诉讼板块组建了四个部门：国内诉讼部、国际诉讼部、知识产权诉讼部和破产重整部。

您可以啊，相当于用四年时间就把诉讼业务结构搭建完整了。2008年，您把诉讼部改成争议解决部，当时是怎么考虑的？

改这个名字是叶渌律师提出来的，因为国外的一些事务所就称争议解决。我做律师后体会到，诉讼仲裁不是解决纠纷的唯一手段。从客户的成本、解决问题的效率、结果及可能产生的影响等方面考虑，就要实现解决手段多样化，不仅仅是打官司。

除了团队合作，您期待的有金杜特色的诉讼文化还体现在哪里？

怎么说呢？应该是规范化吧。

我们合伙人经常开讨论会，在2005年做了一本争议解决诉讼管理工作流程指导手册，有90多页，规定很详细。比如，会见客户前的准备工作，不仅包括研究法律问题，还包括了解客户的企业文化、商业模式、经营状况、成本需求，方方面面都规定得很详细。

当时，我们要求法律意见书、各类备忘录、律师函、代理词、上诉状等的风格要相对统一。我进金杜后，发现每个人写的备忘录、法律意见书的格式和风格都不一样。因为合伙人来自不同单位，做的业务也不同。有些案件需要交给不同的合伙人做，客户就会反映说，金杜不同的合伙人的做法怎么不一样呢？

还有就是行为规范，包括与客户、司法部门交流时，哪些事情不能做，哪些话不能说，不能乱承诺，要让人家一看就知道这是金杜人。

另外，我们年年讲风险控制、底线意识。

[六] 律师靠信誉吃饭

您之前好像说，律师应该办事而不是办案，这句话怎么理解？

办事与办案，是我们为客户服务的两个不同理念。

办案仅仅是研究案件本身，研究如何胜诉。

而办事就要从客户的目标出发，关注效率、成本、诉讼效果，考虑利益能否最大化、有哪些影响。比如，从效率的角度考虑，客户尚未起诉的纠纷如能快速和解，就建议客户不要对簿公堂。

您好像说过，律师应该做客户而不是做案件，这句话又如何理解呢？

我们做诉讼业务的人经常说两件事：过程和结果。我到现在也认为，过程永远是第一位的，过程好，往往结果也是好的；过程不好，结果好的情况不多。有时结果好也是侥幸的，客户不一定赞赏。

有些案件输了，客户依然跟你走，因为你原来给客户的预期就是这样的，但客户对服务过程满意，感觉你的水平高、经验足、不糊弄、实事求是，下次有事情还找你。反过来说，有些案件赢了，客户却再也不找你了。这是需要我们总结和反思的。

实事求是、不糊弄，怎么理解？

咱们事务所应该有大律所的气魄。比如，客户有个小的案件在新疆，但法律问题很简单，你应该实事求是地跟他讲，当地律所就能解决，如果你还不放心，我就帮你做指导。这样客户就会感觉你很真诚，就会信任你。不能为了收费，什么事都揽。对我们这样的专业服务行业来说，信任很重要。我们是靠信誉吃饭的。

您有句话挺牛的。您说金杜的律师未必个个都是最优秀的，但金杜的团队应该是最优秀的。

对，我经常在投标时说这句话。我从来不说金杜的律师是最好的律师。我认为法律服务是一门社会科学，解决事情的能力有多个方面，一个人不会有那么多的经历，什么案件都见过、办过。我们应该低调点儿、谦虚点儿。

我经常讲，在单一的法律问题上，我们不一定比同行的处理能力强，但在一些重大、复杂、无先例的疑难案件里，我们的团队和业务资源是最有优势的。在我们的体制里，一些案件我没做过，但别人做过，因此我们就能找到更适合的合伙人。如果不把这种体制优势放大，我们就没有利用好核心竞争力。

所以，遇到复杂的事情时，要有意识地组建团队，无论是谁的案件，都应该让更有经验的合伙人参与代理。

我觉得您现在做的项目很难分得清楚哪个是诉讼，哪个是非诉讼。

是的。我感觉现在有一个倾向是，诉讼业务的非诉讼化和非诉讼业务的诉讼化。

有一些争议是客户没有想好解决问题的方向、目标和办法，甚至都没搞清事实情况，这时的代理调查、出具方案和参与谈判就是争议解决的非诉讼化。

非诉讼业务的诉讼化，打个比方，从事商业谈判、签订合同时也要考虑如未来产生争议，应怎样为客户维权、解决争议。我们事务所这些年做了不少这样的事，非诉讼和诉讼这两个部门一起研究合同文本。

您说过，从诉讼到非诉讼，颜俊律师"穿越"得挺好。我跟颜俊律师见过一次客户，他几句话就能让客户佩服得五体投地。他的普通话不是很标准，但是有很多干货，人很实诚。

我原来到处讲，我在金杜有几个做诉讼的老师，颜俊算我的启蒙老师之一。

我加入金杜一年多，他就到了北京，我俩在一个办公室一起办公，关于怎么写法律分析意见书、怎么操作、怎么给客户提建议，他教了我很多。

后来，我跟青年律师说，不能成为一台办案机器，要有归纳、总结、提升的能力，为此，我组织写过一本《公司诉讼的策划与应对》，一个多月卖了五千多册。

您是中国法律专家，又只在中国境内执业，那您为什么要向那些在国外读过书，在国外做过律师的合伙人学习呢？

我给你举一个例子。你知道李晓阳律师吧？他在哈佛大学、斯坦福大学都学习过，还在外国律所工作过。

大概在 2002 年，李晓阳律师有一个外国客户要收购河北一家企业，这家企业有一个几亿元的诉讼，一审法院判决后，还要上诉到最高人民法院。这个案件如果输了，客户收购这家企业就要负担银行几亿元的债务，这是客户考量的重要因素。客户问这个案件什么时候能结束，李晓阳律师就找我给他写了个分析意见，我写了不到两页纸就给他了。当时的概念很简单，就是按照《民事诉讼法》大概一讲。

结果客户不满意？

不是客户不满意，而是李晓阳不满意。

李晓阳说：这写的是什么玩意儿，到底需要多长时间呢？我说：那谁说得准！他问了我一些细节，就说：你把能想到的所有的过程细节都写出来。我记得我和另一个律师写了四十多页，自己都有点儿蒙了。由此，我发现一个问题，在中国，程序和手续分不清。法律规定的程序性事项一般有期限，但是手续没有期限，比如邮寄卷宗、内部庭长和院长审批、判决书印刷、送达等，法律没有规定，各地做法不一。

但不管怎么说，这四十多页让李晓阳律师满意了，也让我学习了外国律师的优点——他们更关注解决问题的过程、细节，而不仅是法律问题。如果在国外学习过、工作过，那这一点早就清楚了。

金杜律师主任王玲说，您是金杜"土洋结合"的典范。金杜在 2000

年以后进的人，基本都是英文好的人和做非诉讼业务的人。您和李晓阳律师是吉林大学校友，他在国外名校学习过，还在外国律所工作过。

我和他没法比。不管是在学校还是在事务所，他都是我的老师。他既懂洋的，也懂土的，而我仅仅懂一点儿土的。

[七] 快 60 岁了，想得很开了

有个故事是说您的，主题是您不懂得工作和生活的平衡。上海办公室有位律师跟您说他当晚不能加班，需要回去给老婆做饭，您还以为他在开玩笑。

上海人给我的体会是太重视家庭了，我们那代人，包括我本人，可以说都是不会生活的人，投入工作太多了。我原来在办公室常年加班，整个晚上不回家的情况太多了。

有一次，深圳一个客户打算委托我们代理一个案件。腊月二十七当天夜里，我凌晨一点到深圳，马上与合伙人陶章启、宋萍萍等研究案件，弄到早上五点半。上午八点，我们开始跟客户开会，一直开到中午十二点。

谈完之后，客户的董事长要我们回去写个初步的分析意见书。我和助手当天返回北京，晚上七点多下的飞机，组织七个人来写意见书，写了四十多页，所有人都睡在办公室。我最后改完稿的时候是第二天早晨八点多，九点传真给客户，让董事长亲自看。董事长看完之后马上给我回电话，说："钱律师，这份材料我还没有看完，将近五十页的分析报告，你们昨天刚从我这儿走的，今天早晨你就给我发过来，你们肯定是加班一宿都没睡。第一，能看出你们的能力。第二，你们

太敬业了。这个事我定了,交给你们做。"

这样的工作节奏是偶尔的还是家常便饭?

不是家常便饭,但是很常见。

您在吉林通化中院的时候,著名民法学家、《中华人民共和国民法典》起草者杨立新教授曾是您的领导。后来,他做了教授,参与《民法典》的改革。您有没有想过以后也当个教授?

我在 1985 年毕业,是当时通化地区法院系统高考恢复后的第一个法学本科生。杨立新当时是副院长,比我大 9 岁,既是我的领导,也是我的老师,我向他学习了很多。当年我跟他讨论处理案件涉及的共同危险行为问题,他马上把它写成了一篇论文,发表在《法学研究》杂志上。他有这样的天赋,能当教授,我一点儿都不觉得奇怪。

我跟他现在来往很多,经常向他请教问题。我当年下海到金杜之前,还专门征询过他的意见。

他的人生很精彩,插过队,当过兵,做过最高人民检察院民事行政检察厅厅长。后来他辞官从学,去中国人民大学法学院当教授,作为《民法典》主要起草人,登临人生成就的新高峰。

我也想过像他一样做教授,但我既没能力,也没资格,还没有博士学位,想想就作罢了。

您怎么说自己没资格做教授呢?您很年轻的时候就做出了"通化经验",全国闻名啊。您能说说这件事吗?

那要归功于领导和大家。

那是 1993 年,我在通化中院做研究室主任,其中一个职责是研究审判方式改革。我跟着院领导连续出差 28 天，到七八个省市做调研，研究出了通化的司法改革方案。后来，最高人民法院在浙江金华开会时，肖扬院长确定在全国范围内采用通化法院审判长制的经验。这就是所谓的"通化经验"。

当时，我是审判方式改革小组秘书长、参与者、方案起草者。当年《人民法院报》头版还对通化法院经验做了介绍。如今，"等闲识得东风面"，俱往矣。

您现在回想，学习法律这么多年，从法官到律师，一生以法律为业，您觉得体验怎么样？

体验很好。这三十多年，我们的变化太大了，法治的进步、法官地位的提高、律师作用的提升，这些重大事件我们都经历了，不是哪一代法律人都能经历的。

有不虚此生的感受，对吧？

对啊，波澜壮阔。金杜一路走向国际市场的阶段，我都参与过，挺好的。

您给我的感觉始终是很自信、接地气的，不庸俗，跟人说话不兜圈子。

是性格特点。在法院工作时间长了，人相对简单，我反而感觉律师稍微复杂一点儿。

您做法官的成就感强一点儿，还是做律师的成就感强一点儿？

我做法官时的成就感，部分源于办案，但很少，多数成就感源于被组织表彰、提拔，当然这个频率也不高。（笑）

做律师获得的是代理案件成功后的成就感，所以频率高。

您做律师后，在办案过程中如果遇到一些当年比您差了很远的年轻法官，有没有感到不被尊重？

十几年前偶尔有，但很少，现在法官的素质很高。

另外，有时因为金杜的品牌影响力，法官也会尊重我们。2014年，最高人民法院组织在宁波开研讨会，三百多人参会。最高人民法院一位副院长主持研讨会，我和云南省高院一位副院长作为论文的总点评人。会上，这位领导介绍我既有做法官的经历，又有做律师的经历，说选我做点评人，可以从两个角度看问题。

在您的同龄人中，有些学法律的都成了省部级干部。作为一个律师，您有没有羡慕之情？您有没有想过，如果当年不下海，自己现在可能在仕途上有更高的成就？

以前有这个想法，但现在没有了。各有各的苦衷，各有各的快乐，有舍才有得。

您给我的感觉是个性开朗，对通过权力获得的优待和满足感好像不太在乎。是这样吗？

可能真像你说的这样。我下海时，同学、朋友、同事都不同意。权力会带来苦恼和压力，我是清楚的。下海，我是慎重考虑过的，思想准备充分，所以不会后悔。

手 记：

钱律师到金杜已经二十年了。

前十年在北京，后十年在上海。

他在上海的办公室在环贸广场第十六层，两面都是通透的玻璃，临近繁华的淮海中路，又避开了喧闹，可谓闹中取静。我说他"躲进小楼成一统"，像个大隐隐于市的现代隐士，怡然自得。他说：哪有你说得这么惬意，我一天忙到晚，就没想过看看楼下的风景。

每次走进他的办公室，我就不自觉地想起他大学时代的宿舍。他比王俊峰晚一年上大学，却因为宿舍紧挨着，又都是吉林通化老乡，就有了一份不一样的青年时代的友谊。这份友谊，在王俊峰日后创办金杜律所的日子里历久弥新，最终让他们走到一起，变成了合伙人。

所谓因缘际会，应该就是这样吧。

其实，钱尧志本来不是吉林人，12岁那年因为著名的海城地震，他随父母从大连农村迁居到吉林通化梅河口，日后又因为"通化老乡"结识了王俊峰。谁能说清楚，如果当年没有地震带来的父母一辈的"闯关东"，他会成为金杜合伙人吗？

也许，这就是造化弄人。

当然，钱律师不会这样解读他的下海经历。

对话钱律师时，他下意识地用"下海"这个词描述自己当年离开吉林省高院、加盟金杜的选择。在我过去的概念里，"下海"指的都是党政领导干部如何离开机关，去经商、做企业。法官或检察官来律师事务所当律师、做合伙人，好像很少用"下海"来描述自己。

与钱律师对话之前，我想当然地以为，当年下海是不是他犯了什么错误，受到了什么挫折。没想到，他当时的仕途一片光明。回头看，一个三十七八岁的年轻人能够放弃自己在仕途上的晋升机会，选择到一家在当时看来远没有今天这么有名的事务所当合伙人，这个选择是很惊人的。

换作今天，有几个年轻律师会做出这样的选择呢？

与钱律师对话的前一天晚上，我约他去一个英国作家在上海的故居小酌聊天。我发现，看起来很有东北风的钱律师，却有着非常浓郁的理想主义色彩。他能做出下海这个选择，固然与王俊峰的邀请有关，但骨子里还是因为理想主义。

我希望，读到此书的法官和检察官在思考下海问题的时候能够注意到这一点。律师这个职业看起来非常现实主义，但是，对于钱尧志这样的法官来说，如果没有别人看不见的理想主义，下海之后，能"游"多远，就不好说了。

第十二章

放下自我

律师小传

最重要的不是怎么表现

要知道什么事情必须要亲自动手,什么事要依靠团队,什么时候要找他人求助。

徐萍律师像一棵树,深深扎根在律师园地,没有一点儿浮萍的做派。

她的律师成长路径,是"教科书式"的。

她是对外经济贸易大学毕业的,是金杜"贸大系"的代表人物。

徐萍——金杜律师事务所公司业务部负责合伙人

1972 年，出生于安徽合肥。

1989 年，考入那个年代特别火的对外经济贸易大学，被调剂到没有填报的国际经济法专业。

1993 年，被分配进入体制内的中国技术进出口总公司法律部。三年后，交了一笔违约金，去了一家欧洲律所的上海办事处，如愿以偿进入律师行业。

1998 年，被欧洲律所派到北京开设办公室，并租用了富华大厦金杜的两间办公室，与金杜结缘。

2000 年，正式加入金杜，成为合伙人。当时，金杜关于不满 30 岁则不能做合伙人的规定还没有出台。

2003 年，赴斯坦福大学回炉再造，攻读法学硕士。之后，取得纽约州律师执照。

徐萍律师可能是最没有大律师派头的管理合伙人。几年前，我刚来金杜做合伙人的时候，做一场内部讲座，听讲的多是年轻律师，没想到她也来了，坐在一个角落，安安静静的，人淡如菊。那是我第一次见到徐萍律师，我非常惊诧，金杜公司业务部负责人竟然如此低调。

徐律师在金杜做了二十年合伙人，仍然每天亲自修改合同、参加谈判、回复客户邮件，二十年如一日，未见改变。

[一] 人淡如菊是一种境界

影视剧中的女律师的形象都是风风火火的，特别能说，得理不饶人。但是从我第一次见您，就一直觉得您特别"淡"，有同事评价您"人淡如菊"，这是一种天性，还是您自己在职业生涯中刻意练习的结果？

"江山易改，本性难移。"作为律师，外表是否占上风其实没有那么重要。年轻时可能更看重外在，比如代表客户谈判时一争高低、咄咄逼人。但做律师久了，看问题会更深入，能抓住问题的关键，明确我们要实现的目的。有时候你表面上占了上风，或者在人群中受到瞩目，实际可能并不利于你达到目的。所以，最重要的是踏踏实实地把事情做好。

我从走出校门到进入律师行业二十多年。今年（2020年）是我到金杜的第二十个年头，我一直在学习，也在改变。年轻时，我会更想要证明自己，后来慢慢会关注更深层的东西，由此发现，"我"之外还有更重要的事情。

通过偶尔观察，我觉得您很少在别人面前表现聪明的一面。您怎么理解"聪明"？

说实话，做律师，智商挺重要，要能够分析清楚复杂的逻辑关系，也需要有创造性。我们做并购业务，很多交易结构、法律关系是很复杂的，没有一定智商还真不行。但回到刚才讲的问题，你有没有必要把聪明都表现出来？其实没有必要。真正有成就的人不需要做这些表面功夫。

比如，我们帮客户出色地完成了一个项目，你是不是一定要不遗余力地大肆宣传？其实没有必要。绝大多数情况下，客户很清楚律师的水平如何，到底做了多大贡献。如果你过分渲染这件事，有时候就会起反作用。

律师是一个服务行业，本质就是跟人打交道。咱们经常讲"以客户为中心"，到底什么叫"以客户为中心"？实际上就是把客户放在自己的前面，所以，你要放下自我意识，当客户需要时，我们可以挺身而出，但我们也可以甘当配角。

我们见到的很多人都有很强的自我意识，特别是律师精英。因为这个行业的人经过了打拼历练，特别是有能力的人，更容易自我意识突出，他们永远要当主角，当不了配角。但是，客户并不总是需要主角。

您是做了二十多年以后慢慢理解了这些道理，变成现在这样的，还是刚开始就是这样的？

人都有一个要证明自己的过程。年轻人刚出道时，常常有强烈的愿望想要证明自己，希望得到他人的认可。自己做得好时，难免容易自满，这就是自我意识。但是，随着经历的事情越来越多，我们就能放下自我意识，也会慢慢地看到更多的东西。

俊峰律师前段时间发了一条关于领导力的微信，我觉得很有道理。它的大概意思是，在成为一个领导者之前，重要的是自己能成功。但是成为一个领导者之后，重要的是让别人成功。因为你的成功体现在别人的成功上，包括你的团队、客户。这就是说，要把注意力从我自己转移到别人身上。

[二] 金杜"贸大系"

您考大学的时候，为什么会选择学法律？

我于 1989 年参加高考，那是特殊的一年。我在中学可以算"学霸"，本来是有"北大情结"，非北大不上的。因为 1989 年的特殊情况，北大军训一年，而且招生名额临时调整，北大在安徽省招生的专业都比较冷僻，因此我转考了对外经贸大学。

那一年，贸大十分火爆，全国有十几个省的状元考到贸大。贸大的法律系只有三十多个学生，是一个非主流的小系，我没报法律专业，是被调剂过去的。黄滔律师和黄春光律师都是我在贸大的同班同学。

我们律所是不是有很多合伙人是贸大毕业的？有人开玩笑，说金杜的主流不是"吉大系"就是"贸大系"，是这样吗？

玩笑总是显得夸张，但我们确实有很多贸大毕业的合伙人。金杜中国管委会主席张毅是贸大毕业的，唐丽子老师曾经在贸大当老师，教美国证券法，编著过《美国证券法》。

读了法律专业以后，我觉得很有意思，一是它对逻辑思维的能力要求高，二是贸大当时的教育融入了很多西方法律理念。

这两点都与我后来的执业感受和经历息息相关。

您大学毕业后一开始没有去律师事务所，后来为什么选择到律师事务所工作呢？

我毕业时就想做律师，但当时中国的律师事务所刚刚起步。我毕业正是金杜成立的那一年。

贸大当时是对外贸易经济合作部的部属院校，毕业生会被分配到各大外贸公司。当时该部委有家长城律师事务所，是一个名不见经传的小单位，我专门去拜访，但那时学校没有那家律所的分配名额。后来，我到中国技术进出口总公司工作，也算进入体制内了。

机缘巧合，公司当时聘用了一家德国律所做欧洲的业务。我参加工作后不久，这家律所要在中国开办事处，希望我们法律部派个人去帮忙筹办。公司派我过去。我在那边干了两年后，律所就希望我能留下来。

当时，外贸公司正火，经常出国，待遇也很好。但我打定主意跳槽到律所，主要原因是觉得国企的公司文化不适合自己。国企是庞大的机构，有政治、人际关系等方面的复杂因素，而律所是专业机构。我还是希望做一个专业人士，依靠自己的独立思考和判断能力。

因为我是毕业被分配到公司的，离职的时候还要交违约金。那是 1996 年，我刚毕业不久，没什么钱，还交了七八千元的巨额违约金。之后，我到了律所，跟金杜现在驻欧洲的合伙人肖马克一起工作。那时候肖马克刚到中国，在律所做实习生，他上午去华东师范大学学中文，下午 1 点来上班。当时，我们办事处就在虹桥的银河宾馆，我跟肖马克共用一间办公室。我总开玩笑说我比肖马克的资格老，就是因为他那时候是实习生，而我是正式的员工。

[三] 最重要的不是怎么表现

当时您在德国律所具体做什么业务呢？作为一名中国律师，您如何获得国外客户的信任呢？

当时德国律所的主要业务是欧洲企业在中国投资。业务涉及中国法，当时我们办事处只有我一个中国律师，德国的律师和合伙人有关于中国的问题就会问我，然后根据我的意见答复客户。外国客户来到中国，我常常陪他们去谈判，不存在层级高低的问题。我跟很多客户积累了很深的感情。

那时候，我最大的体会是文化差异。当时不像现在，大家的观念都跟国际接轨了。那是改革开放初期，外资很热门，也很新奇，国内外的条件和人们的观念都有很大差异。比如，外国公司来投资，做尽职调查、提出各种合同条款，这些概念当时在中国闻所未闻，和中国企业沟通有很大的困难，双方常常不在一个频道上。有一次，我记得是在江苏省张家港市谈判，中间休息时，我们和外国客户出去散步。当时国人没有见过那么多外国人，就有很多当地老百姓跟在外国人后面看热闹，最后聚集了一广场的人。

那时，中国的法律不健全，我自己也有很多东西都不懂，我能起的很大的作用是帮助客户尽量理解和缩小文化差异。我把外国客户的要求用中国企业能理解和接受的方式去交流，再把国内的情况反馈给客户，比如有些事无法实现的原因是什么，促使双方换位思考，缩小认知差距，或者提出解决方案。这种能力在当时非常被客户看重，对促成项目也起了很大作用。因为除此之外，他们完全没有其他沟通渠道。

你可以想象，我当时的客户都是欧洲公司派到中国来负责投资项目的资深管理层，多是50岁左右的欧洲白人高管。当时，我就是一个20多岁的年轻人，只有几年工作经验，能和他们平等地对话，给他们提建议。我偶尔会觉得自己太年轻，还想着怎么能显得更老成、更有权威一点儿。

后来，有很多年轻的同事，尤其是团队的女律师，会问我怎么能够显得成熟、稳重一点儿，我就会讲述我的经历。其实，最重要的不是你的外表如何，而是你能够为客户做什么，你说出来的话有什么价值，对客户有什么帮助。

关于取得客户的信任，您有什么印象深刻的事吗？

当时我深度参与的第一个项目，是一家德国传统药企在中国设立合资公司。我从一开始帮它跟中方合作伙伴谈判到每个会议写会议纪要，再到起草谈判合同，参与了全过程。那时候没有电子邮件，用的还是老式的传真机。每一次修改合同，就要发几十页传真，非常耗时。项目在中国谈完一轮，再到德国谈一轮，谈了近两年。最终，项目谈成了，合资公司也设立了，客户就问我可不可以担任德方派到合资公司的第一届董事。我当时很感动，一家传统的德国企业任命一个年轻的中国女律师担任在中国的第一家合资公司的董事，这体现了客户对我的信任，是对我在那么多次谈判中投入的努力的认可。

您想到责任了吗？

当时没有想太多关于董事责任的问题。（笑）

作为中国姑娘，在德国律所工作有什么优势吗？

我最大的优势是能理解文化差异，包括法律、公司文化、管理、理念等方面，然后需要考虑怎么能帮助客户把项目做成。当时中国的法律很不健全，很多合同条款以前都没有见过。所以，做律师是从实战中学习，最重要的是拥有学习能力。

有更资深的律师带着你吗？

没有。没人教我合同怎么写，很多东西要自己学、自己探索。当然，有其他外国律师参与起草合同，但他不会告诉你为什么这样写，也不会告诉你遇到问题怎么办，怎样去跟客户交流，怎样去说服对方。关于中国法的问题，外国律师更加没有经验，不知道如何判断问题的重大性，如何提出解决方案。当时有合资的法规条文都是很简单的，什么都要审批，政府有很大的裁量权，这些都需要自己不断探索和学习。

回头看，您有哪些体会可以分享？

学习能力对律师而言是最重要的能力，这是我的切身体会。在学校打的是基础，但真正的技能是自己在实践中观察和学习得来的。如今也是这样，整体环境虽然成熟了很多，我们在工作中也有很多规范和先例可以参考，但唯一不变的是"变化"本身。

[四] 维系客户最基本的原则

我记得，2000 年左右，有一次司法部领导在某个省调研，有位女律师代表发言，说做律师太难了，做女律师简直难上加难。当时我还不是律师，就有了做律师主要靠关系的印象。我感觉您不喜欢请人喝酒，那您怎么能把客户维系好呢？

你说得非常对，我确实一年到头难得跟客户一起吃顿饭。做律师有几种类型，要么你干的是高难度、高技术含量的活，别人干不了，或者说你干得比别人好，客户只认你；要么就是你干的事虽然别人也能干，但你跟客户的关系好，客户也会找你。整体上，我觉得金杜还是技术派更多，关系派很少。这不能说都是优点，可能也有缺点。新合伙人参加培训的时候，我跟他们讲，我一年都难得跟客户一起吃顿饭，但这不是我希望你们学习的地方，这也不是一个优点。能够和客户保持朋友关系显然有很多益处，可能每个人都有自己的局限性。

我认为最重要的是能帮客户做好别人做不了的事，或者说我们有信心自己能比别人做得更好。

举个最简单的例子。你们家要装修房子，要找装修公司，要求设计好、质量好，工作人员又很上心，容易吗？不容易。那你想找一个律师，这个律师有能力、做事认真，又真正用心为你的利益考虑，这样的律师好找吗？其实是挺难找的。如果我能做到这些，那我为什么一定要去跟客户吃饭呢？就像你家装修房子，你是因为设计师跟你吃饭而用他，还是因为他确实能给你一套好的设计才用他？

所以我认为，维系客户最基本的原则是，一个优秀的律师，水平高，能全心全意地帮客户做事情，能解决客户的问题。这样的话，客户不需要你去跟他维系关系，也会一直跟着你走。

我有很多十几年的、二十年的老客户，我一直为它们服务。我过去帮客户谈的合同，过了五年、十年，客户在执行过程中遇到了问题，我们再去看合同，条款都经得起时间检验。所以，我没有觉得维系客户有多难。当然，做事总会遇到挑战，但是你把事情做好了，就有回报，你就会发现这个职业是很有意思的。

这些事情是您自己观察、总结出来的，还是别人教给您的？或者是您从别的事务所学来的？

是观察得来的。我觉得我是一个好的观察者，很多时候，我会观察别人怎么做，然后思考我同不同意他的做法，可以从中学到什么或者能引以为戒的地方在哪儿。当然，现在金杜有很好的培训体系，会教给我们的律师很多东西，但有太多的东西要你自己去体会。

我会观察不同的律师第一次见客户时的表现是怎么样的。比如，有很多律师一上来就介绍律所有多少人，有多少业务板块，做过什么项目。

客户关心这些吗？

其实，客户很多时候并不关心这些，他关心的是他自己的事。如果咱们见谁都是同样的一套，对他来讲就像在播放广告，并不能打动他。

您会怎么介绍？

> 我会更关注客户的情况，是什么类型的项目，在什么行业，有什么特点，介绍要有针对性，而不是采用标准套路。比介绍更重要的是，客户会更关心他自己的问题。比如，我们做外商投资，非常清楚外国公司到中国来投资会关注什么，以及会遇到什么问题。所以，见到一个新的客户，我一开始就可以跟他讲，你在中国可能会遇到什么问题，应该注意什么，而不是告诉他，金杜有多少个部门和律师。

有的律师可能觉得，我们刚见面，除非你聘我，我才能把实质内容告诉你，否则我不是吃亏了吗？

> 我不这样想。就像你是一个大夫，你跟病人说了手术的方案，不用怕他去找别的医生按照你的方案动刀。你讲的只是大概情况，具体要怎么操作还有很多细节，而关键点就在细节里。我们要有这样的底气。
>
> 所以，我的做法就是关心客户的问题，跟他讲和他相关的事。有的律师跟我一起开完会后问我：徐律师，你怎么把意见都告诉他了？那我们后面怎么办？我说：你不用担心，如果他用几分钟或一个小时就能习得我们的经验和能力，那说明这不是我们的真本事。我们既然有这个本事，就不用担心。你越没有顾虑，越开放地跟客户谈，他就越容易了解你并建立对你的信任。

[五] 这个女律师留下

关于您加入金杜，我听说过好几个版本的故事，我想听一下您自己的版本是什么样的。

在德国律所干了几年以后，我就考虑将来的发展道路怎么走。当时，我们在德国律所干得非常好，跟客户也建立了很深的信任关系，律所认为我们在中国业务中起的作用越来越大，就想提升我们当合伙人。但是我们想，如果当了合伙人，对律所就要有一个承诺，所以要考虑好到底如何发展，要不要当合伙人。

当时，在德国律所工作的局限主要是业务比较单一，我们服务的大多是同一种类型的客户，做的项目类型也差不多，熟悉了之后就成了重复工作。当时中国的经济蓬勃发展，但德国律所的业务面太窄，我们在考虑怎么能扩展业务。当时有几个选择，一是到更大的国际性律所；二是到像金杜这样的中国律所。我们最终觉得选择中国律所，未来既可以服务中国企业，也可以服务外国企业，实际上客户群体会更多，将来中国的经济发展空间也很大。所以，我们决定到金杜来。

其实，决定来金杜的时候，肖马克的决心比我的大。在那个年代，外企非常"高大上"，我对于到一家国际性的律所，尤其是一线的国际性律所，还是比较接受的。但是肖马克的态度很坚决，他说我们要去就去一家中国律所，因为外国律所是什么样的，我们都已经看到了，中国律所有更大的发展潜力，我们可以创造它的未来。他说服了我，于是我们很快就加入了金杜。

肖马克比我更有创新和探索精神，求新求变的意愿强烈。按理说，一个外国人对于加入一家中国律所应该会有很多顾虑，但他当时毫不犹豫地选择了金杜。

你们当时为什么选择金杜？

2000年，金杜的地位在行业中毫无疑问是领先的，只不过当时中国的法律服务刚刚起步，市场整体发展水平相对落后。因为我家在北京，1998年，德国律所允许我在北京设一个办公室，在北京上班。当时金杜在东二环的富华大厦租给了我们两间办公室，我和一个助理在那儿上班，所以我和金杜就有了天然的联系，跟他们的人比较熟。那时候俊峰在美国念书，我接触的几个金杜合伙人给我的感觉都很好。当时金杜人给我的印象是有理想、有情怀，整天意气风发的。可能那是一个意气风发的年代吧。在当时，金杜就具有国际视野，定位是做中国最好的律师事务所，跟国际律所处于同一水平线。这和我的想法是完全一致的。我的内心一直确信，我们不比国际上任何一个律师差，金杜也不比国际上任何一家一流律师事务所逊色。

另外，金杜的体制和国际律所的一样，我们比较认同。一家机构的制度是它的基础。事实也证明了为什么别人没有办法模仿金杜的体制，因为金杜从一开始就是这样的。如果从已经建立的其他制度调整过来，就势必会触动现有的利益，所以很难调整。这是我选择来金杜的一个很重要的因素。金杜人在一起是为做事，并不仅仅是为自己多赚钱。

那时候，金杜有不到20个合伙人，每半年开一次合伙人大会，年中、年底各一次。2000年7月，金杜邀请我和肖马克参加他们的年中合伙人会议，在大运河边一个度假村召开。

当时，我们做了PPT（演示文稿）详细介绍了我们个人，以及业务、客户和团队的情况。那是20年前，刚刚开始用电脑做PPT。后来，参加那次会议的合伙人告诉我，我和肖马克是最先用PPT来金杜做介绍的合伙人。据说，当时的资深合伙人赵兵律师在听完我们的介绍后，在闭门讨论时说了一句话：这个女律师留下。（笑）

就这样，我们加入了金杜。我和肖马克是金杜的第十九和第二十个合伙人。肖马克开了外国人加入金杜的先河。后来陆续有外国人加入金杜，但肖马克不仅是第一个，而且二十年如一日，现在已经是地地道道的金杜人了。

离开外国律所来到金杜，您当时犹豫过吗？

当时关于离开外国律所是选择去国际律所还是中国律所，我有一个考虑过程，但没有很多纠结，我不喜欢犹犹豫豫，认准了的路就走下去。我们就是想要更大的发展空间、一个更大的平台。

辞职前，我跟肖马克去了一趟德国，和律所总部提出要离开。他们很吃惊，因为我们就要被提升为合伙人了，为什么要走呢？我们说，如果升为合伙人再走，是对事务所的不负责任，所以选择现在离开，以后我们可以继续合作，也可以在中国帮助他们的客户。

事实上，我们的客户跟我们的关系都很好，都信任我们，我们在加入金杜之后，原来的很多客户也跟我们一起选择了金杜，我们在金杜继续为他们服务。同时，我们也和原来的律所维持着合作关系。

来金杜后，您觉得经历了哪些变化？

怎样把不是客户的人变成客户，是我来到金杜以后学习的第一课。来了金杜以后，我才发现，原来见面的人不一定就会是客户，他还可能去见其他律师，我需要给对方留下深刻的印象才能吸引他。这听起来也许非常小儿科，现在的律师可能自然就知道，但我那时确实经历了一个过程才明白。

第二个大的转变是，原来的客户都是外国客户，他们关心什么问题，怎么做事情，对律师有什么要求，都有相应的套路。尤其是我之前服务的很多客户是德国或欧洲其他国家的企业，都在制造业领域或者是技术型公司。但到了金杜就完全不同，有来自欧美的跨国公司，也有本土的国企或民营企业，五花八门，各行各业，不同客户的需求、关注点、风格都不一样，怎么去跟不同的客户打交道，需要琢磨、调整。

这和我说的放下自我意识其实是一个道理。如果只关注自我，那么可能见了谁，我都用一样的套路，这是行不通的。不同的客户喜好不一样，水平也不同。在面对一些客户时，你要讲大白话，不能中文夹杂着英文单词；在面对另一些客户时，你则要运用术语，把技术问题讲清楚。这样，你才能和客户在一个频道上。在此过程中，你必须要调整、要改变。我以前服务的外资客户注重细节、关注过程，我们常常需要写很长的备忘录向客户解释。但中国客户不喜欢看长长的备忘录，特别是最后再加上一大段免责条款，可能看了会很不爽，甚至可能没有耐心读完。中国客户更加关注结果，希望你给出解决方案，而不是把风险和问题都罗列出来就完了，没有结论。但如果你仅仅给外国客户一个结论，而没有分析，那你是不能说服他的。

事实上，我加入金杜后，整个市场也在无形中发生着巨大的变化。最初我的业务以外商投资为主，因为那时中国企业除了诉讼和上市，不怎么会花钱请律师。后来，中国企业以惊人的速度发展，开始走出国门并购，形成"走出去"的浪潮。得益于金杜的国际化布局，我从摸索着如何适应第一个中国客户到为众多的中国企业跨境并购服务；从在外商投资项目中听从外国律师指挥到在跨境并购交易中作为牵头律师，指挥多个国家的律师协同作战……我在这个过程中学习了很多技能，视野一步一步地放大。

回头看，这二十年里真是发生了巨大的变化。但很多事情都是从量变到质变的过程，你做事情的时候，变化慢慢地就发生了，这也是成长的过程。

您从以外资客户为主转变为以国内客户为主，这是直觉式的转变，还是基于理性预判做出的调整？

我加入金杜，就是认为将来中国企业飞速发展是必然的趋势。如果想在中国经济发展的浪潮中发挥作用，搭上这班车，作为中国律师，必然要给中国企业服务。

转变当然会有挑战，比如外资客户的付费习惯更好，而面对内资客户，短期的收费标准可能会降低。但市场的培育总要有一个过程，你要是不跟中国企业一起成长，也许就失去了机会。

我作为外方的律师，经常看到坐在对面的中国企业没有律师，或者没有像样的律师，在很多问题上都不是双方旗鼓相当的较量。所以，反过来，我想中国企业也应该有更好的律师。为外国客户服务获得的国际化经验，也正是中国企业缺乏和需要的。

[六] 成就感来自客户的信任与感谢

这二十年，您觉得哪些项目是一回想就很骄傲的？

数不胜数。有意义的或让我印象深刻的事情不一定是名气很大的项目。有时，客户有名或者交易上了头条，但是你在其中做的事情并不一定让你骄傲。相反，一些名不见经传的客户或项目，反而可能更有意思。

我觉得小项目和大项目是一样的，麻雀虽小，五脏俱全。听起来是小项目，却对客户依然重要，不然他不会花钱请律师，项目成功，客户会表达真心的感激，你也会得到成就感。而大项目是由无数件小事或无数个小问题组成的，需要你沉下心去做好，过程并不都是惊心动魄的。你不了解其中的每个细节，你就无法运筹帷幄。拿医生打个比方，很难说医生做的哪台手术是最成功的手术，你给一个名人开刀，就一定比给一个普通的农村老大爷开刀更复杂吗？所以，虽然我们去做市场开发的时候会讲大项目，但其实真正学到东西或遇见有意思的事情，可能来自一个名不见经传的普通客户或者所谓的小项目。

能说说什么最让您有成就感吗？

我觉得最有成就感的是我们在付出努力做好项目后，得到客户真心的信任和感谢。我有很多服务了十几年，甚至二十几年的客户，有的客户在十几年前进入中国的第一个项目就是我做的，后面在中国所有的投资、重组都是我参与的，客户的管理层可能都换了好几茬。有一家世界500强的跨国公司客户，它派到中国的高管基本是3~5年一换，从我为它服务开始到现在，中国法律总监已经是第五任了，但我一直是它的并购律师。前段时间，我和一个合伙人聊天，她在做实习生的时候，我为一个客户设立了一家合资公司，现在她已经成为合伙人好几年了，我们仍在一起为这个合资项目提供服务。再举一个中国客户的例子，从这个客户第一次试水几百万欧元的国际并购的小项目，到后来公司经过"欧洲三部曲""北美二重奏"，发展成一家行业领先的跨国企业，我参与了它国际化的每一步，公司在内部审批项目的时候，都要我在内部签报上签字。

我有很多这样长期服务的客户。虽然我不请客吃饭，和客户公司的人可能也没有私交，但二十年来客户没有选择别的律师，遇到问题或者有需求的时候，会在第一时间给我发邮件或打电话。这是不用语言表达的信任，是客户对我和团队付出的时间、努力，我们在项目中发挥的作用为客户的价值产生贡献的认可。我们担得起这个信任。这是我感受到的职业成就感。

[七] 做律师需要工匠精神

您现在在具体项目里还会投入很多时间，之前我还以为，资深合伙人最多在宏观层面上指导一下，不会参与具体的细节工作。

刚才（对话开始前）和客户开会，客户也问了我这个问题：徐律师，我们这个项目的谈判、内部汇报，你能亲自参加吗？

其实，客户非常看重律师的时间投入。就像医生一样，看过多少病人，有多少临床经验，水平怎样，这些都是病人看重的。你有二十年的做律师的经验，那你的水平能和三年级律师的一样吗？如果一个合伙人让三年级律师写东西，基本没改就原样发给客户，那不就等于你给客户呈现的是三年级律师的水平吗？

其实，客户都能看出来，即使一时没看出来，时间长了也会明白，你到底付出了多少。没有人是傻瓜。所以，做律师是需要工匠精神的。我知道有的律师以维护客户关系为主，并深感自豪，认为随着年资渐深就不需再辛辛苦苦自己做事了，但我认为这样是很难长久的。

您是什么时候觉得做合伙人游刃有余了？

我在德国律所的时候虽然只是一个律师，但很多事情都是独立负责的，所以做了金杜合伙人后，我并没觉得不适应，既没有捉襟见肘，也没有游刃有余。我始终会遇到新问题、新挑战，要思考怎么去适应、怎么去克服，都挺有意思的。

我觉得金杜有一点特别之处，就是不让合伙人或律师在舒适区里待着，每当你感觉差不多游刃有余了，就会给你提出一个新的挑战，让你继续努力。

您以前说，从自己干活到组织别人干活，是职业生涯中一个很大的转

变。您觉得应该怎么让别人干活，而且把活干好呢？

> 我觉得当合伙人需要综合能力。你是一个法律专业人士，还是个管理者，你就要管理好一个团队，打理好项目，还要处理好客户关系。
>
> 其实，管理能力和专业能力是两回事。你要把这两回事结合起来。这些并不是一开始就能把握好的，至少对我来讲都有学习的过程。

您平时带团队，会有生气或发火的情况吗？

> 肯定有。我确实有时候会缺乏耐心，也会冲团队的律师发火。可能会有律师觉得我的要求太苛刻，但是，长期和我一起工作的律师应该还能接受。第一，我就事论事，不论人；第二，我始终希望帮助他成长，他这件事做得不好，我会指出来，可能说话不好听，但如果没有人跟他说，他就体会不到。大家都愿做好人，不愿批评人，但这对律师的成长并没有好处。我属于有一说一的人，但目的是希望他能够改善，能够认识到他的错误或者不足。时间久了，律师的心里就明白我是为他好了。比如，我看律师写的文件，给他改正问题，只要有空，我就会跟他说一下为什么要改。大部分律师会觉得这样的反馈是有帮助的。当然，律师也需要鼓励，我也要给他们正向的反馈。

[八] 招聘律师不特意要求学历背景

您平时在招律师助理或新人的时候，会在意他的颜值和口才吗？或者他看起来是否机灵？我听到有合伙人说您的团队的招聘门槛特别高。

我觉得你讲的这些是人的第一印象。接触一个人，第一印象肯定重要，但是不能止于第一印象，因为第一印象不一定是真实的。

有的人可能一开始给你的印象很好，但是没有后劲儿。

我如果挑选律师，会试图去看更深层次的东西，包括他的性格、能力等方面，其实是看他有没有潜力走得更远。

我觉得非常重要的一点是要有学习能力。也许有人更看重学的专业是民法还是国际经济法，或者他在哪里实习过。我认为这些因素带来的影响可能是更短期的。比如，他以前做过类似的事情，可能上手会快一两个月。但是，放在更长的时间范围内，这些影响基本可以忽略不计。

您刚才说的"有没有潜力走得更远"，应该怎么理解和判断？

潜力就是可持续发展的能力。我觉得，做律师能吃苦很重要，但你不能把它当作苦来吃，你必须喜欢这个工作，不需要用所谓的毅力去强迫自己"坚持"，而是因为爬山能欣赏美景，因此你不介意爬山的辛劳。

所以，我觉得选择新人看重的方面，一是学习能力，二是对工作的热爱程度，三是能不能吃苦。

现在金杜招聘初级律师的时候，都会要求有比较好的学历背景，您对这一点怎么看？

其实，我没有特意要求学历背景。但我们做的涉外业务比较多，要求外语好，这就增加了一项要求。

金杜对学历有比较高的要求，说实话，行业内对本科学校的要求是水涨船高的。中国的高考是一种选拔人才比较公正的途径，一流学校毕业的学生，素质通常会更好一些，学习能力也比较强。但这不是绝对的，我见过很优秀的律师并不是从一流学校毕业的，也见过名校毕业生水平非常一般的。所以我对毕业院校倒不是特别挑剔，我觉得律师只要有比较好的基础条件，愿意多花一点儿时间学习，又能在这个行业内坚持，我就愿意选择他。

因为您是一位好师傅，所以学习能力强的人能在您的团队里迅速成长。

我相信一句老话：师傅领进门，修行在个人。

很多年轻的合伙人觉得，当合伙人的压力非常大，很多人早晨一起来就感觉这一天会很难度过，这使得有些资深律师感到胆怯。但我从交流中感觉到，您在过去二十年间的工作似乎没那么难。我不知道您能不能体会到刚做合伙人的这些年轻人的难处呢？

我能体会到年轻合伙人的压力。市场竞争越来越激烈，业绩压力越来越大，要满足不同客户的要求，又要管理好团队，家里还有老小。就像你说的，早晨一睁眼各种事情就来了，会带来很大的压力。

我自己的方式是，遇到困难就想办法解决问题，把注意力聚焦在问题本身。真的无解时，再看能不能绕过去，不要因为这件事影响其他，甚至去怀疑人生。

我对此给出的建议就是：抬头看清方向，低头专心做事。有强大的内心，就不会让焦虑占据我们的头脑。

当然，换一个角度来讲，事务所也应该给予新合伙人更大的支持、鼓励和宽容，而不仅仅是要求他们完成业绩。

事务所应该如何给新合伙人支持？

我觉得要给年轻合伙人提供支持，也要给他们指导，不是年轻律师当了合伙人就马上自立门户，自己去大海里游泳。老中青的合伙人在一起合作，能实现放大效应。反过来，年轻合伙人要敢闯敢拼，需要老合伙人支持的时候，也不用顾虑自尊或其他方面。

您的工作量非常大，既要做管理工作，又要做一线业务。然而，时间总量是不变的。您是怎么都能做到的？

我并不是一个管理型的人才。我更有兴趣的还是做业务本身，这对我个人来说可能更如鱼得水。但作为一个老合伙人，我对事务所和年轻人负有义务和责任，所以我尽力去做一些管理工作，也尽量在业务和管理二者之间平衡。

最近我父亲接受了手术，我观察医生做手术的流程，觉得挺有意思的。病人常常要想办法找一位知名的专家大夫做手术，实际上专家也是靠团队运作的。术前检查、准备、麻醉，有一整套流程，都是专人各司其职，专家大夫就是关键的时候动刀，动完刀后，会有别的医生给病人处理、缝合，进行观察。其实，我们律师也需要这样。我感觉我们的组织能力还有很大的提升空间。

我们常常见到两种律师，一种是什么事都要亲力亲为的、手工匠型的律师，这样的人有很大的局限性，因为一个人的精力毕竟是有限的。你一年的工时再增加还能增加多少？另一种人是甩手掌柜，什么事情都交给团队，自己不做具体工作，主要去维护客户关系、拉业务。说实话，我觉得你如果脱离了业务，客户终将脱离你。所以，你要知道什么事情必须要亲自动手，什么事要依靠团队，什么时候要找他人求助。

我们觉得，一位律师做到您这样，就功成名就了。如果我能做成这样，我就会对自己非常满意。您有这样的自我认同吗？

我觉得没有什么功成名就，我们都面临着巨大的挑战，需要不断学习。我们现在关注的不仅仅是个人的成功，还有整个团队、事务所，包括我们的客户。确实，对我个人来说，可能不需要更多的客户或者业务，但是整个团队、业务部门，乃至事务所的发展，都面临着不断的挑战。

当然，成就感肯定有，就像我之前讲的，能够得到客户的信任、认可；我的团队在成长，团队成员做得很成功，我认为这也是我的成功。这种成就感和危机意识是共存的，并不矛盾。就像我们爬山时行至半山，居高临下远眺，来时的风景已经被踩在脚下，但如果往上看，就会发现通往山顶的路还很长。

手　记：

传说中的徐萍律师是一位总是战斗在一线的劳模，即便做了管理合伙人，也没有离开一线的业务。对话结束后，大家谈到对徐律师的印象的关键词是专业、务实、严谨、勤勉。

如果把徐律师的成长路径说成"教科书式"的律师路径，会让我觉得有些为难。一方面，我们希望年轻律师应该按照"专业、务实、严谨、勤勉"的关键词，完成律师之路的修行；另一方面，你会觉得她的行事风格与当下流行的套路格格不入。比如，第一次见客户，她关心客户的问题到底是什么，想的是要针对客户的问题推荐自己和金杜，而不是片面地强调金杜有多强，我有多能干，警惕过多地、不成比例地介绍自己以及炫耀自己所在的组织。

我从和徐律师的对话中得到的一个很大的启发是"到底怎么样做一个律师"。一个标准版的律师、合伙人的大概样子是怎样的？

首先，应该是专业主义的，而不是一种营销型的，不应习惯性地往自己脸上贴金，或者吹嘘自己和自己所在的组织，而是应该把客户的问题当作你自己的问题对待，认真地解决客户面对的问题，才能够赢得尊重，可持续地做业务。学习能力对于律师而言也是首要的，不要局限于起初的经验差异，你只要具备学习的能力，愿意在工作中学习、观察、不断实践，你就能做好。

其次，律师应该"沉"下来为客户提供专业服务，就是要放下自我意识，让自己回到顾问的角色，站在客户的身后，而不是舞台中央。应该本着成就他人的意愿，专注于帮客户解决问题，回归服务的本质。其实你不需要特别有天赋，或者有特别多的知识积累，你只要具备学习的能力，愿意在工作中学习，来解决你面对的问题，你就能做好。

第十三章

女律师需比男律师更努力

律师小传

女律师需比男律师更努力

对律师职业的热爱就像一种本能。我们与客户之间的关系不是商业关系，而是基于尊重和价值的关系。

阚思思是澳大利亚人。金杜的英文不是 KW，而是 KWM，阚思思就是那个 M 的代表。阚思思的简历看起来，很像奋斗中的中国人会有的经历。这样的经历，对中国女律师来说是一份有价值的谈资。

阚思思——金杜律师事务所全球管理合伙人

1961 年，出生于澳大利亚。

1979 年，就读于悉尼的麦考瑞大学，学习会计和法律专业。学习期间，培养了很强的自学能力。

1984 年，加入悉尼一家中型律师事务所。

1989 年，搬家至伦敦，加入英国"魔圈"一家律师事务所，这是一段在她看来极佳的工作体验，她在工作中遇到了很多优秀的老师，自身优势大大增强。

1993 年，回到澳大利亚，以资深律师身份加入万盛，立志成为澳大利亚房地产领域最优秀的律师。在这期间，同她的丈夫结识。

1996 年，成为万盛律所房地产领域第一位女性合伙人。

2008 年，被万盛任命为合伙人委员会成员。

2011 年，成为万盛律所房地产部门的负责人。

2017 年，成为金杜律师事务所全球管理合伙人，并同家人一起搬迁至香港生活。同年，被《澳大利亚金融评论报》选为"100 位最有影响力的女性"。

在书稿即将杀青之际，俊峰律师突然建议我跟金杜全球首席执行合伙人阚思思聊聊。阚思思可能是金杜中国最熟悉又最陌生的同事。

她是一位即将迈入花甲之年的澳大利亚女律师，是金杜全球管理合伙人，她的名字不时出现在事务所给全球员工的节假日贺信中，与创始合伙人的名字并列出现。然而，她到底是一个什么样的人、什么样的女性？大多数人是不知道的。

[一] 律师这个职业太棒了

您当年为什么会学习法律？

> 我上大学的时候，一开始读的是会计学，是商科，之后才接触法律。刚接触法律的时候，直觉告诉我，我能在法律领域有所成就。随着学习的深入，我越来越享受。我真的非常幸运自己找到了"真爱"。

您毕业后为什么没有选择其他的法律工作，而是去了律师事务所？

> 我一直想去律所工作，因为我就想当律师。我的一位大学老师曾经问我想不想继续读研究生，我说不想。我迫不及待地想看看外面的世界，之后我去伦敦当律师。我感觉律师的工作真是太棒了，我可以在伦敦获得很棒的工作体验，还有机会去欧洲各国出差。

您为什么没有选择做诉讼，而是做交易律师？

> 我协助出庭律师做过诉讼类的工作，但我觉得诉讼不适合我，因为诉讼是一个把过去的事情掰开、揉碎并逐一分析的过程。我更喜欢做交易律师，喜欢将各类事务整合，这是完全相反的技能。

[二] 女律师需比男律师更努力

在中国，女律师、女合伙人经常感慨，做女律师、女合伙人要比男律师、男合伙人辛苦。您有这方面的感受吗？

> 我非常认同。
>
> 我想先分享一下我妈妈的故事。在她读书的那个年代，人们对女性的定位就是相夫教子。但我妈妈读完了大学，还成了一名数学家。她出身于律师世家，但家人却不允许她从事法律行业或做律师，因为这是男人的专属职业。也就是说，她可以成为一名大学教授，但却不能成为法律人。
>
> 虽然我妈妈没有机会选择法律行业，但她不会给我们设限。我还有一个双胞胎姐妹，家里也有别的姐妹，妈妈鼓励我们选择自己感兴趣的任何职业。

您的意思是，澳大利亚存在性别偏见？

> 读大学时，我并没有明显感受到社会对女性的偏见，也没有受到过这方面的歧视。
>
> 在我工作过的律所，同事对我都十分友好，他们都是很出色的导师。所以我真的很幸运。
>
> 然而，我还是遭遇过性别偏见。
>
> 我之前做房地产和基础设施业务时，是我们部门的第一位女合伙人。从那时开始，问题就出现了。律师们不愿意任命女性为合伙人，觉得女性要结婚、生育，可能无法专注于事业，甚至放弃事业。
>
> 就像我说的，我真的非常幸运，遇到了很优秀的导师和领路人。我获得晋升，成了合伙人。记得我成为合伙人后，第一

次参加合伙人大会,当我走进会议室时,坐在我身后的一位男合伙人问他身边的合伙人:那个女孩是谁?怎么还有一个女孩在这儿?如果是一位男合伙人走进来,他们还会这么问吗?当然不会。

这说明,作为女性,我们不得不承受一些误解或偏见,女人需要比男人更努力才能得到相同的回报。但其实女人是非常高效的,她们明白如何安排自己的时间。她们承担了很多工作,做了很多牺牲,为了完成任务,一往无前。但是,在职场上,女人会犹豫不前,觉得自己不如男人,总是在找原因否定自己。而男人不一样,他们容易觉得自己能力出众,有时候甚至过于自信。

[三]女律师需要一位贤达伴侣

在照顾家庭方面,是谁在帮您分担呢?

我有一位贤夫。这很重要,很现实。伴侣对女律师的影响很大,如果伴侣不支持,那我根本不可能做好工作。当初我晋升为合伙人之后,等了五年才要孩子。我原本不需要这么做,但我要向别人证明提拔我做合伙人是一项正确的决定。这不只是为了我自己,也是为了更多的女律师将来能成为合伙人。如果我成为失败的先例,提拔女合伙人的事就会到此为止。

您长期出差,很少陪伴孩子、父母和先生,您会觉得这是一个遗憾吗?

是的,是遗憾。因为没有办法一直照顾、陪伴孩子们,我常心生愧疚。虽然我有个很支持我的好丈夫，把孩子们也照顾得很好，但爸爸毕竟不能替代妈妈，有时候孩子们还是需要妈妈。所以我和孩子们聊这个问题时，告诉他们，生活并不完美，我不能同时出现在两个地方，有时候我不得不先处理工作。但我也告诉他们，我的工作也给他们带来了收获，让他们有了更丰富多彩的体验，比如我们以前在悉尼生活，现在定居在香港。孩子们很喜欢这样的经历，也见到了比从前更广阔的世界。他们因此明白了一个道理，要想得到别人得不到的东西，就得放弃别人拥有的东西。

我母亲更让我牵挂。现在她在澳大利亚，疫情防控期间边境关闭，我们无法见面。父母的年纪越来越大，我和他们相处的时间也就越来越宝贵。这比孩子们的问题更难处理。

您太不容易了。现在，越来越多像您这样的女律师加入金杜中国的办公室，加入律师行业。可以预期，未来我们会有越来越多的女性律师、女性合伙人，您对她们有什么建议吗？

这是个好现象。

我不爱做人生规划，而是喜欢顺其自然。我只问耕耘，不问前程。我只是一件一件地做事情，从没计划过有一天要做首席执行合伙人，也没有计划过管理澳大利亚团队，我人生中的际遇是偶然发生的。但是，你问我对年轻人有什么建议，我会说出跟我的人生不一样的意见，那就是，生涯还是需要规划的。

回顾过去，我觉得率性而为不好。我们的工作非常辛苦，所以要主动规划，勇敢尝试。

在中国，在金杜，有的女律师会因为孩子、家庭选择离开律所。对于那些留下来的女律师，您觉得她们应该如何平衡好生活和工作，从工作中获得更多的乐趣？

> 与其说是平衡工作和生活，不如说是和谐地安排工作和生活。我不可能对客户说：现在是下班时间，我不能跟你谈业务了。我在这方面做得很不好，我只能对女律师说：你的伴侣很重要，因为女人很难靠一己之力维持平衡。

[四] 不热爱就别做律师

律师的工作是高强度的，如何适应高强度的工作？

> 强度再高，也必须适应。我不会轻易放弃，也不会逃避问题。我们需要培养自己的韧性，这就像是肌肉锻炼，我们需要在高度紧绷的情况下锻炼出肌肉。
>
> 坦白地说，我有时也会不堪重负，很受挫。但第二天一觉醒来，我又会迎接新的开始，这就是我日益坚韧的过程。
>
> 从事务所的角度来说，我们要帮助年轻律师增加韧性，让他们开放思维，融入团队，得到优秀合伙人的指导。如果碰到实在难以解决的问题，他们也要知道应该去积极地寻求帮助。

和您说话时，我能非常强烈地感受到您特别喜欢律师这个职业。您觉得我们在招聘新律师的时候，应该怎样把那些喜欢律师工作的人招进我们的事务所？如何判断他们是否真的喜欢这份工作？

> 这是个好问题。这其实是一项招聘策略。我们挑选面试官，建立理想的工作场所，招聘合适的人，提出有价值的问题，为年轻人提供完善的培训，这会为我们带来长远的价值。然

后，我们要确保能留住优秀的年轻人，即使哪天有人决定离开，他也会因为在这份工作中获得宝贵经验而心存感激。

怎么理解"招聘合适的人"？

不能仅仅寻找成绩最优秀的人，因为优秀的律师是可以培养出来的，专业技能是可以训练的。求职者秉承的原则、文化、价值观，才是我们招聘时需要考虑的重点。

您为何强调"挑选面试官"？

面试官对候选人秉承的原则、文化、价值观的感受符合我们的期望吗？他们知道该问哪些问题吗？他们能否确保招聘的人会长期在事务所工作？如果我们只是为了临时性需求而招募人员，那么谁都可以来。

有些律师会在工作中叫苦叫累，但这不代表他们不喜欢这个职业。不过也有一些喊苦喊累的律师是真的不喜欢这份工作。对后者，您想说什么？

有的人并不清楚自己为什么做律师，有的人可能是因为需要钱。如果是为了赚钱，是不是喜欢这份工作就无所谓了。

但如果你是因为热爱法律而做律师，就要想清楚你工作的目的，每过一段时间，就需要重新审视自己，是否达到了目的。如果没有，那就应该换一份工作。

[五] 律师要停止互相打压

有的律师觉得我们这份工作不够体面，经常受到甲方的怠慢，所以厌倦这份工作。您在澳大利亚工作时有这种感受吗？您能理解这种感受吗？

我同意您说的现象。

但这是个很笼统的说法。以美国举例，从事法律工作非常受人尊敬，律师在政府中任职，受到很高的重视。英国的情况和美国的大致相同，澳大利亚的则略有差异。

但在中国，律师行业发展时间尚短，要让人们了解法律的价值，了解律师在交易中的重要性，还需要一个过程。作为律师，我们需要真正体现价值，要在促成交易、处理纠纷时为客户增值。我们与客户之间的关系不是商业关系，而是基于尊重和价值的关系，这相当重要。

我要说，律师很会给自己帮倒忙，我们把计费时间设定为每六分钟一个单位，之后，一切关注点都基于时间，越来越商业化。而这和我们能创造什么价值无关。

我们可以看一下投资银行的人都在做什么。他们在促成交易，展现价值，他们始终处于中心地位。所以对律师来说，占据中心地位和掌握信息都非常重要。你不能站在边缘，否则就会被淘汰，失去交易机会。在过去的十年或二十年里，我们一直站在幕后，律师需要就此做出改变。当然，需要做出改变的不仅仅是中国律师。

另外，律师必须停止自相残杀。为什么要把价格压到最低，让大家都得不到好处呢？压价有利于行业的发展吗？不能这样做，应该恢复价格并展现自身的价值。这是整个行业的问题。所以，我们要互相尊重、互相支持，不应对对方心存恶意，或者相互拆台。

但有时候，这是由市场决定的。

是的，是供需关系决定的。我们对此应该怎么做？应该增加市场需求。

现在的问题在于，中国客户能否认识到律师在复杂交易中的价值？律师需要为客户展现价值。而不是像有些律师那样，手头有无数件烦琐的事情要处理，从而忽视了创造价值。我们要了解真正能增加价值的因素，并充分掌握。

我认为只有这样，律师行业才能真正获得竞争力，或者说律师、律所才能真正在竞争中展现自身价值。其实客户也需要律师创造价值，因为这会让客户更具有竞争力。

[六] 入行头五年尤为重要

您对金杜中国的年轻律师有何建议？

职业生涯的头五年非常重要，因为这段时间，你的可塑性非常强，它也是自我提升、脱颖而出的时期。如果你在这五年里没有积累良好的经验、获得成长，就会受到质疑。

你要确保自己在此期间受到了良好的训练。你需要一边自学，一边接受别人的教导，这一点很重要。

[七] 合伙人与首席执行合伙人的区别

您喜欢现在的工作吗？

有些时候不是特别喜欢，但大多数时候，我非常享受我的工作，因为这项工作让我接触了原本没有机会接触的人和事。我觉得不管是做律师还是从事其他职业，只要不断学习，就会有所成就。不管是从个人发展的角度还是从法律职业发展的角度而言，都是如此。

担任首席执行合伙人后，我学到了当律师时不可能接触的许多东西，在从市场的角度和年轻人的视角看问题，以及人员管理等方面都有很多收获。和人打交道是最复杂的一个环节，需要考虑如何做到平衡。

做首席执行合伙人和做合伙人有什么区别吗？

我很怀念当合伙人的时光。当合伙人时，我们与客户并肩合作，共同完成了很多重大项目，这就是我最怀念的部分。

而做首席执行合伙人，要永远肩负着无穷无尽的职责。虽然我也喜欢这样的角色，但现在少了律师帮助客户实现目标、增强竞争力的那种成就感。

首席执行合伙人需要激励整个团队、凝聚员工士气，还需要总领全局、落实细节，循环往复。虽然合伙人也需要大局观，但首席执行合伙人的视角要广阔得多，不仅要处理内部问题，还要时刻关注外部市场动态。

作为首席执行合伙人，您怎样面对事务所的业绩？

在被新冠肺炎疫情笼罩的今年（2020年），这是非常值得思考的问题。今年年初，大家讨论的话题都是疫情。未来形势不明朗，资金对客户来说很重要，而我们的收入来自客户，需要客户收入支撑我们的现金流。所以，收入始终都是我关注的问题。

但是，我考虑的并不是收入本身，而是如何制定合适的业务策略。对于律所而言，收益才是关键，我们需要确保我们的业务能带来收益，同时还要控制成本。

[八] 500 万美元的收入没有一分是利润

和您分享一个故事。几年前,澳大利亚一家律所的一位合伙人把业绩做到了 500 万美元,体量非常可观,这位合伙人手下的团队也很庞大,这样的规模意味着市场已经被挖掘得非常深入了。您猜猜看,他能从中获得多少利润呢?

40%?

您的回答很棒,您可能期待的就是这么多利润。

实际上他一分利润也没有拿到。为什么会这样呢?因为这位合伙人带领的团队本身就有巨大的成本。所以,我们要清楚自身的运营模式,要了解我们的业务模式是什么样的,收入水平如何,人员组成是什么样的,成本有多少,能否赢利。

从整个事务所的层面考虑,虽然有些业务不赚钱,但出于战略性的考虑,我们需要这样的业务来丰富业务产品链,建立声誉。一些客户会说:如果你想接这个活,就得干这些事情。而我们得明白我们为什么要这么做。

您刚刚问我会不会担心客户和收入?会的,但我觉得更重要的是要做好适宜的安排,确保这是可持续的、稳健的状态。如果我只担心有没有赚钱,那我可能会越来越焦虑,会更赚不到钱,还可能会影响其他人,让他们不知道未来应关注的重点在哪里。

所以,我们还是更应该关注如何提升客户服务,关注哪些客户更符合我们的定位,哪些是高价值客户,以及如何进一步提升事务所的价值。

[九] 管理合伙人意味着牺牲

泛泛而言，您觉得一个优秀的律所管理合伙人应该具有哪些方面的特质？

我觉得优秀的管理合伙人应该善于思考。

首先，他们要思考当前的发展现状和未来的发展方向。

其次，他们要懂得赋能。管理合伙人要善于为合伙人和员工创造有利的环境和条件，使他们能够发挥自己的作用。管理合伙人身处业务前线，他们是能够看到、感受到市场的。所以，我们的职责就是确保为大家提供一切条件，人尽其才。你是否拥有最优秀的团队和最符合所需的工作资源？事务所这个平台是否足以让你大展拳脚？这些都是管理合伙人最需要考虑的事情。还有就是管理好后台支持部门，这样你就不需要忧虑这方面的工作了。

最后，管理合伙人还需要创造一种能够凝聚人心、促进协作的氛围，这样才能为客户提供我们最好的服务，而不是一味地获取收益。

金杜这个平台的独特之处，不在于我们的规模比其他律所的大，真正起决定作用的是这个平台能够增进大家之间的合作。如果您拥有一位客户，事务所只有您一位合伙人为这个客户提供服务，那不会增加事务所的效益；如果您把客户推荐给四位合伙人，那么事务所的收入可能会是之前的四倍，这就是事务所获得的优势。

因此，合伙人不只是被组织在一起的个体，而是协作的力量，这一点很重要。如果只有一个客户，我们就会变得患得患失，非常紧张，但如果拥有了客户网络，这就会形成更稳定、更牢固的基础。同样，一旦形成网络，即便其中一位合伙人离职，我们依然拥有客户网络，业务依然可以继续。

总的来说，做管理合伙人对一个合伙人的职业生涯来说，是不是意味着对事务所的奉献和牺牲？

奉献很重要，它是领导力的基础。如果不愿意为事务所奉献，就不可能成为一位好的领导者。

担任管理合伙人后，我接触的和学到的东西是之前担任合伙人时无法相比的，因此，我收获了很多。的确，有收获，就有牺牲，但我觉得和收获相比，牺牲是完全值得的。

[十] 合并是全球前所未有的创举

您觉得金杜和万盛能够合并，大家赞成的原因是什么？今天回头去看，我们当时赞成合并的这种目的有没有达到？

当年，两家律所都希望有更大的发展，不仅仅是要在各自的国内市场站稳脚跟，更要在全球市场占有一席之地。

两家律所都有抱负，不只是空有愿景，问题是怎么行动。

对金杜来说，是凭一己之力打开海外市场，还是携手美国律所或英国律所？显然，金杜希望成为推动者，占据主导地位。

万盛也面临同样的问题：是被别人带着走，还是自己掌握方向盘？我们希望能拥有主导权，这就是当年的想法。

当时，我们意识到了中国经济正在腾飞，潜力无穷。那时，美国已形成成熟的体系，拥有众多律所，欧洲也一样。但是，中国乃至整个亚太地区都需要一家本土成长的律所，不是引进美国律所或英国律所为亚太地区制定规则，而是一家本土有实力的律所书写自己的规则，发挥自己的影响力。当时，金杜在中国法律服务市场已经确立了坚实的市场地位，它在整个亚太市场也必定会发挥更大的影响力。

万盛原本可以专注于深耕澳大利亚市场，但我们有责任在全球市场上发挥更大的作用，这就是我们的愿景。就像我说的，我们需要付诸行动。

当年合并是全球前所未有的创举，但合并的过程其实很艰难，文化差异、语言困难、距离上的阻隔都是我们要解决的问题。如何解决？那就是让大家凝聚在一起。

万盛在和金杜的互动过程中有分歧吗？如果有，您怎么看待这些分歧？

如果说我们之间不会有分歧，那这是不现实的说法。我们是独立的个体，看问题会有不同的角度，自然会有不同的看法。

出现了分歧，该怎么做呢？

把问题摆到明面上，开诚布公地谈谈。我们要彼此尊重对方，对方如果持有不同意见，那我们自然想听一听为什么对方会这样想。

虽然我不能让每一场沟通都顺利进行，但是我会尽力推进。

您前几天在金杜中国合伙人大会上的讲演让我觉得，您是澳大利亚人，我是中国人，但我们的想法是一致的。

的确是这样。我们已经走到了一起，所以我谈到了八项原则。不同的国籍背景、生活经历和成长环境，会塑造人们不同的价值观，但原则会奠定非常稳固的基础。只要我们每个人秉承相同的原则行事，事务所就能紧密协作，我们就会形成共同利益。

[十一] 中国合伙人讲究谦虚、低调

这段时间，您回到中国主要做哪些工作呢？

> 和不同的人交流，了解激励他们的方面是什么。
>
> 我刚才谈到要执行和落实战略，这类事情不能闭门造车。就像翻新一间房屋，我需要知道阳光从哪里照进来，哪些角落没有采光。了解所有情况之后，我才能知道要修理哪些地方。管理事务所也是一样的，所以我需要先在律所亲身工作一段时间。

您对金杜中国的合伙人的印象是什么样的？

> 他们很有动力，求知若渴，雄心勃勃，踌躇满志。

很多中国人其实不太会展示自己，也不太会让别人了解自己。中国人讲究谦虚低调，不表现自己有成就的地方，这会导致您短时间内不容易了解他们。中国人其实不像外国人理解得那么虚伪，有时候，您觉得一个中国人没说实话，只是他谦逊慎言。

> 我读过一本很棒的书，书名叫《文化地图》(*The Culture Map*)，作者是艾琳·梅耶，她在书中对各种不同的文化进行了分类，将其中一些归为高情境文化，另一些归为低情境文化。中国的语言文化属于高情境文化，你需要关注语境等其他一切情境因素；美国是低情境文化，一切都显而易见，说得明明白白。

手 记：

从和阚思思的对话中，我没有感觉到她是澳大利亚人，我是中国人，我觉得我们都是金杜人，是同事，时时可以产生共鸣，基本在同一个频道上。她对奉献、牺牲、平衡以及家庭的理解，和我们在金杜所倡导的理念，实在没有什么区别。

她近四十年的律师职业生涯很能诠释金杜核心文化价值观中的"追求卓越"。她对律师职业的热爱让我大为吃惊，她是迄今为止第一个让我强烈感受到喜欢律师职业的律师。

我觉得她对律师这份工作的热情来自她对世界的好奇心。从上大学的时候开始，她就迫不及待地说：世界很大，我想去看看。她把做律师当成满足她对世界产生的好奇心的一个法门。这太神奇了。我对这样的说法并不陌生。二十年前，新闻界的朋友就跟我说，没有哪份工作比做记者更能满足他们对世界的好奇心，还能为他们提供周游世界的旅费。我没想到，如今我在阚思思这里听到了几乎一模一样的说法。我希望年轻律师能够思考好奇心与工作热情之间的关系。阚思思觉得做首席执行合伙人相对于做律师来说，成就感会低一些，然而，她总体上还是喜欢这份工作，理由是工作能够帮助她接触很多她原来根本没有机会接触的人和事，说到底还是满足了她对世界的好奇心。

阚思思在对话中不兜圈子，让我强烈地感受到她的真诚。

她说女律师在澳大利亚受到歧视，这一点可能很难在金杜女合伙人中引起共鸣。但是，她所说的女律师、女合伙人的难处，或许可以引起广泛的共鸣。

我期待金杜律师，特别是刚入职的律师助理们，能仔细听听这位年近六旬的前辈关于入行头五年的建议，再想想她对世界的好奇心，以及对律师职业的热情。在我看来，这是这篇对话最有价值的地方。

后记
不妨当作历史书来读

虽然本书是个人作品，不代表金杜立场，但是书稿杀青的这个早晨，我依然在想：十几年前，如果我初入金杜的时候能够看到这本书，我在律师行业的成长会不会更快一些、更好一点儿？

我真诚地期待，如今进入律师行业的新人，十年后可以告诉我，这本书对他们的律师职业生涯有没有产生积极的影响。

我建议我们预设的读者不但要留意金杜资深合伙人在本书中表达的他们个人的价值观和方法论，还要留意他们所处的时代。在某种程度上，你不妨把本书当作历史书来读，留意对话中那些不经意的诸如求学、求职的担心，你要把它当作历史的碎片，而不是一个有趣的故事或者段子。今天，法学院毕业生可能也有同样的担心，但是，彼担心与此担心，大相径庭。

我想在这里啰唆几句，解释一下，我为什么建议年轻律师不妨把本书当作历史书来看。简要地说，理由有六。

其一，就风格和性质而言，这是一本借鉴口述史研究方法写就的有几分历史风格的读本。本书中，每一位资深合伙人讲述的个人历史既是金杜历史的一页纸,也是中国当代律师行业发展史的一段文字。

其二,虽然本书不是"金杜律所传",但是,如果你有心,你就可以利用资深合伙人对话中的闲言碎语,拼凑出20多年的金杜发展史。你有没有问过几个在中央直属机关工作的年轻人是怎么掀开金杜发展的第一页的?为什么金杜创业之初,就知道对标国际百年律所的运作模式?金杜为什么要在如日中天的时候,突然要和一家澳大利亚的百年律所合并?凡此种种历史问题,在本书资深合伙人的讲述中都有细节。

其三,你可以从金杜资深合伙人的个人历史中看到中国当代律师行业四十多年发展史的脉络。书稿中,有很多零散的历史碎片犹如国画中的白描。请读者不要把资深合伙人本人的故事当作个人的传奇,而要当作历史书中的一页,用"一叶知秋"的方式翻阅中国当代律师行业发展史。

其四,你可以通过金杜的历史得见世界律师行业发展史的中国镜像。因为从本书的资深合伙人身上,你可以看到金杜与国际律师界的关系,遥想金杜国际化的征途。

其五,如果不能从中国律师行业发展史的角度理解金杜,也就很难理解金杜的初心与使命,很难理解王俊峰律师平时所说的话,比如"心怀理想,感恩时代,感恩历史,回馈时代,回馈历史"。只有你对中国律师行业的发展与法治国家、法治政府的历史关系了然于胸,你才会认为此话不虚。金杜能有今天,固然与大家点灯熬油的努力分不开,可是,如果没有改革开放,没有经济全球化,没有邓小平南方谈话,没有律师行业改革,没有法治国家建设,没有全面推进依法治国的总目标,金杜怎么可能在二十几年的时间内走过西方大律所历经百年才能走完的路？所以，王俊峰说：我们要想继续引领行业，就不能漠视行业发展的历史背景，把成功归结为我们自己的勤奋、聪明、运气。

其六，洞察金杜资深合伙人与金杜历史及中国律师行业发展史的关系，有助于青年律师思考自己的"诗与远方"。我们对话资深合伙人、回顾历史的初衷，不是老人在炫耀过去，收割年轻人崇拜的目光，而是呼吁"敢为天下先"的青年律师矢志不渝，做一家有理想的国际化律所。对青年律师来说，心里想着在国际法律服务市场上与西方大律所平起平坐固然过于宏大，但是，你不要以为这样的金杜理想对个人来说不着边际。如果你能从这样的初心理解金杜在纽约、迪拜、伦敦的布局，思考法律服务国际化与个人的关系，你就更容易迈出从优秀到卓越的那一步。

二〇二〇年十二月二十日初稿
二〇二一年五月十八日二稿

补记
虽不能至，心向往之

本书定稿的最后日子里，新儒家代表人物余英时先生去世了，留下《士与中国文化》，供后来者凭吊评说。

由这位年过九十的逝者，由这本曾经洛阳纸贵的学术名著，我想起金杜创始合伙人王俊峰跟我说过的一句话："我希望金杜合伙人都有士大夫精神。"

士大夫精神已有共识，无须赘述，然而，合伙人如何担当、践行士大夫精神，俊峰律师没有展开。

我在对话金杜债务重组业务负责人刘延岭律师的"手记"中，提到孔子与"儒"的关系。孔子生前，"儒"是一个职业，一个饭碗，一个掌握礼、乐、射、御、书、数六门手艺的手艺人。孔子去世后，"儒"变成了受人尊重的弘毅之人，不但掌握六门手艺，还流淌着"六经"的血液，寄寓着任重道远的期待，社会地位得到了革命性的提高。这样的改变，不是因为孔子主观上要提高"儒"的社会地位，而是因为他们客观上创造了社会价值。

每一个通过自己的专业为社会创造价值的人，都能实现自己的光荣与梦想,都能让自己所在的行业发光。我们律师界的前辈先贤马文·鲍尔就是这样的人。这位麦肯锡历史上最为卓越的领导者,曾经是一位破产重整业务律师,像刘延岭律师的团队成员一样。短短三年,他就离开律师界,加盟创立不久的麦肯锡,几十年如一日,矢志不渝,让"管理咨询"成为一个全新的行业,让"管理咨询顾问"成为一个受人尊敬的职业。

这一切,不是因为他和他的团队聪明,而是因为他和他的团队为美国商业发展贡献了价值。各位有兴趣的金杜青年律师可以看看麦肯锡的书。走进马文·鲍尔的世界,或许可以让大家触类旁通地理解王俊峰律师所说的士大夫精神,理解刘延岭律师等本书对话者所说的"做律师不是为了钱"。

仅仅为了赚钱是做不好律师的。把律师当作专业或是买卖,不但会影响一个律师的职业成长,也会影响一家律所的专业价值观。希望年轻的金杜同事读到这里的时候,能够把刘延岭律师、阚思思律师的对话对照阅读,看看一中一洋、一男一女两位资深合伙人对律师的工作价值和社会地位的理解,有无异曲同工之妙。

律师作为乙方,在很多青年律师那里,已经不再是若有若无的思想问题,而是实实在在的工作问题。年初,《金杜内话》在金杜内部分发赠阅的时候,有一位年轻律师就曾向我表示,很难理解本书多位对话者为什么对青年律师念念不忘的乙方地位不以为然,怀疑资深合伙人是不是故意唱高调。

我想,这个问题,既可以借助孔子与"儒"的关系,也可以借助马文·鲍尔与"管理咨询顾问"的关系来理解。

在此,我想告诉大家一个事实,在马文·鲍尔于 1933 年离开律所、加盟麦肯锡创造管理咨询行业的时候，商业人士的社会地位不如我们律师这样的专业工作者。

那时候，能够选择受人尊敬的行业的人通常是不会经商的，就像今天能够去最高人民法院、最高人民检察院的法学院毕业生往往不愿意做律师。

那时候，在美国，也没有几个企业高管愿意向所谓的"管理咨询顾问"请教企业发展战略。

然而，马文·鲍尔和他的团队以独立而公允的姿态，以良好的职业声誉，开创了管理咨询行业，证明了他们的价值，赢得了美国商业社会的尊重，给麦肯锡贴上了"重大问题解决者"的标签，抬升了商业人士、"管理咨询顾问"的社会地位。

今天，有几个不怀偏见的人会认为"战略咨询顾问"低律师一等呢？

本书定稿之前，我再次增加了对话刘延岭律师的篇幅，其意图无非是希望我们年轻的金杜同事，能够洞察金杜债务重组团队通过创造价值赢得政商两届广泛尊重的秘密，能够对所谓的乙方问题有更为长远的考量，能够明白金杜创始合伙人为什么一再鼓励大家做律师行业的引领者。

律师行业的独立价值、专业价值，跟马文·鲍尔缔造的管理咨询行业一样，都不是金钱可以衡量的。如果年轻的金杜同事能够理解这一点，就能够理解多位资深合伙人在本书对话中所说的"不要与企业家比钱"的内涵。这句话的潜台词不是让你认命，而是让你反思你为什么要做律师。

说到这里，我再提两个小问题：

其一，我们是不是瞧不起"做律师，为稻粱谋"？

其二，金杜是不是一个士大夫精神饱满的理想化组织？

对于这两个小问题，我想说：没有人会掐灭世俗烟火、反对为了饭碗做律师，金杜不是一个完美的理想化组织，本书对话者也不是圣人，但是，人不能没有理想，组织不能没有典型，作为一本写给金杜年轻律师的书，字里行间不能没有理想主义的典型刻画。也许，在金杜历史上，从来没有一位有血有肉的律师完全符合我们在本书中刻画的理想典型，就像中国历史上从来没有一位有血有肉的士大夫，完全符合余英时先生所刻画的"士"的理想典型。

在这里，我想补充说明的是，在本书对话之中，所有以律师为主语的理想主义的典型刻画，出发点都在于回答年轻律师成长中的疑问，鼓励大家往理想典型的方向努力，而非美化金杜、美化金杜资深合伙人。

我相信，哪怕孔子在世，也不会完全符合"士"的理想典型，可是，这不妨碍两千多年来无数有血有肉的"士"试图靠近理想典型的努力。作为本书的对话者，我们希望，成百上千的金杜年轻律师，不管距离资深合伙人对话中的理想典型有多远，都能在捧读本书的过程中，涌起"虽不能至，心向往之"的冲动。

二〇二一年八月二十一日

致谢

感谢每位对话者在书稿中体现的坦诚。对话之前，我特别担心，送到年轻同事手中的终稿是一本高调、宏大的书，非常担心对话者对个人历史的回忆只有成就，没有彷徨和受挫。没想到，他们的讲述相当真诚，几乎没有预设立场。你能在这本书稿中看到他们的自嘲、窘态和反思。他们的真诚和坦率让本书具备了所有好书之所以成为好书的首要条件，那就是真实可信。

我曾请十几位年轻的金杜律师试读初稿，希望了解他们看完本书的第一感受，告诉我书稿有没有炫耀、吹牛的嫌疑，是否真实可信，能否走进大家的内心，能否一口气看完，对大家重新思考自己的成长之路有没有益处。从目前收到的反馈来看，还不错。这让我松了一口气。

感谢金杜律所的张永良律师、龚牧龙律师、焦福刚律师、王鑫律师、郝朝晖律师、李春开律师、陈铃律师在本书写作过程中给予的支持。张永良律师还在方法论层面给予我难得的提醒。一开始，他就跟我聊到如何保证内部人写作的独立性，从而保证本书的信史价值。有鉴于此，我始终注意保持内宣价值与公共价值的平衡。所以，你可以看到，大部分篇章都采用了引言加手记的方式。引言是为了交代对话和对话者的背景，意在符合口述作品的方法论要求，强调客观可信。至于手记，是为了抽象概括对话正文，是有意识地引导读者，相当于《史记》中的"太史公曰"和《资政通鉴》中的"臣光曰"。我用"手记"来命名，并非凸显谦卑，而是力求可信，是想强调它是我个人的言论，而非金杜律师事务所作为一个组织给出的结论。

感谢金杜业务支持部负责人陆青律师、金杜学堂执行院长汪蕊律师、金杜业务支持部高级编辑王静静女士，以及证券部律师阮敏、彭龄萱、吴梦恬、吴上扬、徐云紫、张一泓和董雅婧在对话过程、内容编辑、英文翻译、文字校对等方面的参与。特别是王静静、阮敏、彭龄萱，她们废寝忘食，承担了大量琐碎的工作。

感谢金杜市场部摄像贾肖男女士，管委会办公室主任李迅先生，翻译张雨薇、李双珍、袁静、赵秀阁、张芊和曹驿，以及帮忙审读校对的证券部律师董昀、于晓腾、高舜子、孙伊迪、李倩和朱行健。他们的参与大大减少了本书的谬误。

最后，感谢出版人路金波先生就这部书稿对我的鼓励。感谢本书策划编辑韩笑女士为本书的出版做出的贡献，她的耐心、勤勉、细致、高标准，让我深深感觉到职业编辑的专业价值，领会到中信出版社快速崛起的秘密。

还有一些需要感谢的同事，在此不一一列举。在回顾致谢名单的过程中，我再次感受到金杜团队协作共享的文化价值观对我们每个人的重要性。

出书永远是一件带有遗憾的事。本书明显存在的遗憾有四点。

其一，本书对话的金杜资深合伙人只有寥寥十三位。限于篇幅、结构、人物代表性，包括金杜创始合伙人王俊峰律师在内，很多杰出的金杜资深合伙人没有成为本书对话者，并非因为他们不如十三位对话者杰出。好在与资深合伙人对话是一个持续性的项目，本书只是"第一季"，未来还会有"第二季""第三季"……

其二，诸多在金杜历史上留下痕迹的金杜旧人没有出现在本书中。归根结底，这是一本以金杜新人为主要读者的"内话"，而非"金杜所传"，旧人的名字和故事对他们来说是阅读上的障碍。我们没有像传记作品那样写到金杜旧人，不代表我们不记得、不感恩旧人在金杜历史上做出的贡献。

其三，多位金杜合伙人的大名、故事、风范未能保留在对话中。对话中，每一位资深合伙人忆往昔峥嵘岁月时都会提到很多金杜合伙人的大律师风范，感慨他们对金杜事业做出的贡献。然而，考虑到读者的阅读感受，本书编辑删减了很多人的姓名与故事。

其四，我在一定程度上辜负了汉语与生俱来的优雅。限于时间，我对词章的考量远逊于义理、考据。本书对话者的讲谈用语，有的非常雅达，意蕴深远，谐趣横生，而我未能将其完美地留存给读者诸君。